La théorie économique dominante :

Un siècle d'imposture

ISBN : 2-7384-7174-9

Elie Sadigh

La théorie économique dominante :

Un siècle d'imposture

L'Harmattan
5-7, rue de l'École Polytechnique
75005 Paris - FRANCE

L'Harmattan Inc.
55, rue Saint-Jacques
Montréal (Qc) - CANADA H2Y 1K9

Du même auteur :

MONETA E PRODUZIONE (1988) ; ouvrage collectif. Giulio Einaudi editore. Collection Scientifica Einaudi.

LA RENTE FONCIERE (1990) ; ouvrage collectif. Ed. adef (Association des Etudes Foncières).

CRISE ET DEPENSE DU PROFIT (1994) ; préfacé par Augusto GRAZIANI, professeur à l'Université de Rome. Ed. LATEC. Centre national de la recherche scientifique, Université de Bourgogne.

A la mémoire de mon père

INTRODUCTION

Le premier problème posé à l'économie salariale est celui de la détermination de la répartition, ce qui n'a pas échappé à Ricardo qui affirme avec force dans son introduction aux « *Principes* » : « Déterminer les lois qui règlent cette distribution, voilà le principal problème en économie politique ». (1970 ; P.9). Un autre problème se pose aux sociétés industrielles : c'est celui du chômage. Ce problème doit trouver une solution économique car le chômage représente un gaspillage des forces productives et constitue une cause d'aliénation et de désespoir pour les travailleurs. Il est donc important de savoir si les analyses qui dominent l'enseignement de la science économique, et par conséquent influencent les décisions de la politique économique, permettent de déterminer de véritables lois de la répartition ainsi que des lois favorisant la réalisation du plein-emploi.

C'est pourquoi le premier chapitre de cette étude sera consacré à l'étude des lois économiques qui gouvernent l'économie salariale, ce qui nous amènera non seulement à poser la question de savoir comment ces lois sont établies, mais aussi à étudier les conditions de leur acceptation. En effet, selon la définition du petit Robert, la science est la « connaissance exacte, universelle et vérifiable exprimée par des lois ». Il s'agira donc de savoir, dans un premier temps, si les lois établies dans une économie d'échange non-salariale peuvent s'appliquer à une économie salariale. Par ailleurs, tout au long de ce travail, nous nous attacherons également à vérifier si les hypothèses qui fondent l'analyse néoclassique sont conformes aux exigences d'une analyse scientifique.

L'ambition des Néoclassiques est d'établir des lois scientifiques de la répartition, qu'ils expliquent essentiellement de deux façons. Leur première explication est fondée sur la productivité marginale des facteurs déterminée à la production grâce à la fonction de production (détermination marginaliste). Leur seconde explication est fondée sur l'échange, qui détermine la rémunération des facteurs ou leur « prix » sur le marché (détermination walrasienne). Or, on constate d'emblée que ces deux déterminations ne sont pas établies au même niveau, et le problème est de savoir si elles sont compatibles.

La théorie marginaliste de la répartition écarte dès le départ une grande partie de la réalité économique représentée par les rendements croissants et constants. Elle ne tient donc compte que de la phase des rendements décroissants, et, de ce fait, elle est obligée d'introduire une hypothèse hardie qui limite encore son champ, à savoir que, sur une quantité fixe d'un facteur, il est possible d'employer n'importe quelle quantité de facteur variable, hypothèse nécessaire pour établir la productivité marginale des facteurs. Cette exigence écarte, de ce fait même, une autre partie de la réalité économique, où les combinaisons de production sont imposées par la technique de production. En outre, pour donner à leur théorie un fonds de vérité, les Marginalistes établissent une analogie avec la rente ricardienne. Or il s'agit d'une fausse analogie, ce que nous devons démontrer. En effet la répartition marginaliste ne peut pas avoir sa source dans la détermination de la rente ricardienne car la théorie de la rente foncière de Ricardo n'a pas pour but de déterminer la rémunération d'un facteur. Il apparaît clairement chez Ricardo que, si les terres étaient homogènes, la rente différentielle n'apparaîtrait pas, or les auteurs néoclassiques supposent que les capitaux sont homogènes. Enfin, la détermination marginaliste de la répartition aboutit à une confusion entre le prix du facteur en tant que bien et la part du facteur dans la production qui, selon cette théorie, doit déterminer son taux de rémunération, ce qui est un non-sens.

Quant à la détermination walrasienne, elle est fondée sur les relations d'échange qui déterminent les prix relatifs. Or, cette détermination ne permet pas de connaître la part de chaque facteur dans la production.

L'analyse néoclassique s'attache surtout à étudier le chômage volontaire, qui équivaut au refus des travailleurs d'accepter un travail pour un taux de salaire compatible avec l'équilibre du système, ce qui signifie que les chômeurs sont responsables de leur situation. Pour mesurer la portée de cette affirmation néoclassique, il est essentiel de voir comment est déterminé le taux de rémunération du travail dans cette analyse. Les auteurs de l'Ecole de pensée néoclassique fondent l'étude de l'emploi sur l'offre et la demande car, dans ce système, le travail est assimilé aux biens. Par conséquent, pour eux, la réalisation du plein-emploi ne pose pas de problème, le travail est considéré comme une ressource rare qui trouve toujours à être employée. Aussi l'équilibre du système implique-t-il le plein-emploi. Cette analyse nous amène à soulever essentiellement trois problèmes qui en marquent les limites.

1° Le travail ne peut être ni considéré ni étudié comme un bien, car le bien résulte de la production, tandis que le travail est la cause ou l'une des causes de la production ; la rémunération du travail ne peut pas être considérée comme un achat (le système dans lequel le travail peut être acheté est le système esclavagiste), elle équivaut à une formation de revenu, tandis que l'achat d'un bien exige une dépense de revenu ; ces deux actions n'interviennent pas au même niveau. Dans une économie salariale, l'une intervient à la production, l'autre au moment des échanges sur le marché des produits. Ainsi la rémunération d'un facteur ne signifie pas son achat mais la formation d'un revenu.

2° Dans la partie consacrée à l'emploi nous démontrons que le niveau du taux des salaires ne peut pas être considéré comme la cause du chômage.

3° Pour déterminer le « prix » du travail, il faut, selon les auteurs, soit établir des rapports relatifs, ce qui n'a aucune signification dans ce cas, soit imaginer des courbes d'offre et de demande de travail ; or la courbe de l'offre de travail, telle qu'elle est proposée par ces auteurs, n'a aucun fondement économique, elle est imaginaire. En outre, même si l'on accepte la détermination du niveau de l'emploi (de plein-emploi), par l'intersection des courbes d'offre et de demande, d'une part, cela ne signifie pas forcément le plein-emploi, d'autre part, cette détermination fait apparaître une confusion entre le prix du facteur en tant que bien et son taux de rémunération en tant que facteur de production. Or, le prix d'un bien (facteur) ne signifie pas son taux de rémunération, qui doit représenter la part du facteur dans la production. Les auteurs des analyses marginaliste et walrasienne pensent pouvoir résoudre le problème du chômage en supposant une fonction de production à coefficients variables (ou de facteurs substituables). Cette hypothèse, qui leur permet d'employer sur une quantité fixe d'un facteur (le capital) n'importe quelle quantité d'un facteur variable (le travail) est une fiction.

L'analyse néoclassique fonde ses raisonnements sur les courbes de l'offre et de la demande dans sa tentative de détermination des taux de rémunération des facteurs aussi bien que dans celle de l'équilibre de plein-emploi. Ainsi faut-il commencer par se demander dans quelles conditions ou selon quelles hypothèses ces courbes sont obtenues. Si l'on parvient à démontrer que l'obtention de ces courbes est fondée sur des hypothèses fictives, c'est-à-dire des hypothèses qui ne représentent pas la réalité d'une économie salariale, on est amené à en tirer les conclusions qui s'imposent, à savoir que l'analyse néoclassique n'est pas apte à étudier ce système économique.

L'un des principaux reproches qui furent adressés aux modèles de croissance du type de celui présenté par Solow est le fait qu'ils ne pouvaient pas rendre endogène le progrès technique. Les travaux de Romer (1986) et de Lucas (1988) eurent donc pour objet d'intégrer le progrès technique dans les modèles de croissance.

L'un des problèmes qui se posent est de savoir si la croissance endogène qui engendre des rendements croissants peut être intégrée dans le cadre de l'équilibre économique au sens néoclassique. Est-ce que l'hypothèse de la concurrence monopolistique permet d'écarter le problème l'incompatibilité des rendements croissants avec la rémunération des facteurs selon leur productivité marginale ? D'autre part, il s'agit de savoir si, dans l'analyse néoclassique, l'existence du monopole permettant aux entreprises qui se trouvent dans cette situation de réaliser des profits est compatible avec l'explication de la croissance du système dans son ensemble, sachant que dans l'analyse néoclassique les profits de certaines entreprises correspondent aux pertes d'autres entreprises, ce qui revient à dire que la croissance des unes n'est possible que grâce à la disparition des autres.

Ainsi le but du chapitre IV, consacré à la croissance endogène, est-il d'une part, d'étudier la cohérence interne des modèles de croissance endogène, d'autre part, de les confronter avec les exigences des hypothèses qui fondent l'analyse des courants de pensée constituant le cadre de ces modèles. Autrement dit, l'un des nos objectifs dans l'étude de la croissance endogène est de savoir si les auteurs qui se sont penchés sur ce type de croissance respectent les hypothèses sur lesquelles est échafaudée l'analyse néoclassique. Et, si l'on parvient à démontrer que les exigences de l'analyse néoclassique ne sont pas compatibles avec l'étude de la croissance endogène, on parvient à démontrer que l'analyse marginaliste n'est pas apte à étudier la croissance avec le progrès technique. Or, nous savons que c'est ce type de croissance qui domine les économies salariales, depuis l'industrialisation.

Dans ce travail, nous nous référons non seulement aux fondateurs de l'Ecole néoclassique, mais aussi à des auteurs contemporains et en particulier à Samuelson, à qui nous voulons ici rendre hommage pour sa tentative d'élaboration d'une synthèse pertinente des analyses économiques dominantes.

Par ailleurs, nous faisons appel à un certain nombre d'auteurs classiques et en particulier à Ricardo et à Smith afin d'évaluer le chemin parcouru depuis lors, ce qui nous permet, notamment, de vérifier la portée et les limites de certaines tentatives de rapprochement entre le raisonnement marginaliste et celui des Classiques.

CHAPITRE I

ECONOMIE NON-SALARIALE ET ECONOMIE SALARIALE

INTRODUCTION

L'Ecole Classique a fondé la valeur, la cause de la production, sur le travail, mais elle n'est pas parvenue à expliquer la répartition du produit entre salaire et profit réels. Cet échec relatif (cf. 1.2.2.) a constitué le point de départ d'un changement radical qui a engendré, d'une part, un refus de la loi de la valeur, fondée sur le travail, établie à la production, d'autre part, une tentative d'élaboration d'une analyse économique fondée sur les échanges. C'est ainsi que des voix se sont élevées pour dire qu'il n'existe pas de lois propres à l'économie salariale, et que les lois établies pour un système d'échange s'appliquent à l'économie de production salariale.

Une fois édifiées les lois permettant d'expliquer le fonctionnement de l'économie d'échange, il s'agit de savoir si ces lois économiques qui gouvernent le système non salarial, ou économie d'échange, peuvent être généralisées et appliquées à une économie de production salariale. Si l'on parvient à établir que cette généralisation n'est pas possible, on doit alors distinguer l'analyse qui étudie le fonctionnement de l'économie salariale de celle qui étudie le fonctionnement de l'économie non-salariale. A cette fin, il est nécessaire de démontrer que les problèmes concernant l'organisation de la production, la façon dont l'économie est monétisée, le niveau auquel sont déterminées la répartition monétaire, la répartition réelle (la détermination de la valeur monétaire de la production ou la détermination du revenu monétaire à la production, et la fixation des prix résultant de la dépense du revenu ainsi formé), l'explication de la formation des instruments de travail ou du capital, ainsi que l'explication des causes du chômage, s'analysent différemment, selon que l'on se trouve dans une économie non-salariale ou dans une économie salariale. Autrement dit, si l'on parvient à établir que chaque système économique a ses propres lois, on voit qu'on ne peut plus généraliser les lois établies, par exemple, dans l'économie d'échange, pour les appliquer à l'économie de production salariale.

Une grande partie des économistes néoclassiques, qui étudient de façon pertinente le fonctionnement de l'économie non-salariale, pensent pouvoir analyser selon les mêmes règles le fonctionnement de l'économie salariale. Nous verrons que cette tentative de généraliser les règles de fonctionnement établies dans le système d'économie non-salariale au système d'économie salariale engendre une confusion dans l'analyse de ces deux systèmes, confusion qui est l'une des principales causes de l'incompréhension du fonctionnement de l'économie salariale, et l'une des raisons de la méconnaissance des causes des maux qui frappent ce système. La connaissance des lois propres à l'économie salariale permet non seulement de déterminer qu'un certain nombre de pathologies qui frappent l'économie salariale n'apparaissent pas dans une économie non-salariale, mais aussi de déterminer quelles sont les causes de ces pathologies, et quelles sont les mesures à prendre afin de les écarter.

1. LES LOIS QUI GOUVERNENT L'ECONOMIE D'ECHANGE.

Il s'agit d'établir les règles qui gouvernent le système d'économie d'échange, puis de voir si ces règles peuvent être généralisées pour expliquer le fonctionnement de l'économie salariale. Si la réponse est négative, il convient, d'établir de nouvelles règles. Encore faut-il, au préalable, établir la condition principale susceptible de rendre effective la réalisation d'un échange.

Deux propositions sont généralement avancées pour expliquer la principale cause de l'avènement de l'échange. Pour les uns, c'est le besoin qui est considéré comme la principale cause de l'apparition de l'échange. Pour les autres, l'échange ne peut avoir lieu que si les échangistes peuvent payer leurs achats par leurs ventes. Or, si la première proposition est nécessaire pour que l'échange ait lieu, elle est, en revanche, insuffisante pour expliquer l'échange effectif, tandis que la deuxième proposition est fondamentale pour que l'échange effectif ait lieu, car, économiquement, l'échange ne peut avoir lieu que si l'acheteur peut honorer son achat, aussi l'acheteur satisfait-il cette exigence en devenant lui-même vendeur.

En effet, quand un objet dépasse par son abondance les besoins de son producteur, il est échangé contre d'autres marchandises produites par d'autres producteurs indépendants dont le produit dépasse les besoins. Ainsi, dans une économie d'échange, ce sont les ventes qui paient les achats. Il va sans dire que, si un produit n'est pas utile, il ne sera pas échangé.

1.1. A quel niveau sont déterminés, dans une économie d'échange, la valeur du produit, le revenu du producteur direct et la monétisation du produit ?

Dans une société non-salariale, les travailleurs indépendants disposent de leurs propres outils et ils échangent librement leurs produits ; ces producteurs sont également échangistes : ils reçoivent le produit de leur propre travail sous forme réelle et l'échangent contre d'autres produits, directement (mais, dans ce cas, les échanges sont difficiles, voire limités) ou indirectement, par l'intermédiaire de la monnaie (ou d'un équivalent général) qui permet les échanges généralisés.

Dans le système de producteurs-échangistes ou dans l'économie d'échange, la valeur du produit est déterminée de façon relative au moment des échanges. (C'est l'une des principales raisons qui permettent de dire que, dans une économie d'échange, la valeur est fondée sur la rareté, car elle s'établit de façon relative). C'est cette relation d'échange qui permet d'établir, au moment des échanges, le revenu ou pouvoir d'achat du producteur direct. Autrement dit, dans ce système, avant les échanges, le producteur direct ne connaît ni la valeur de son produit ni, par conséquent, son revenu. Le revenu destiné à la consommation propre du producteur-échangiste résulte de la différence entre le montant de ses recettes et le montant de sa consommation productive. Ainsi, le problème de la répartition ne se pose pas dans une économie où le producteur est échangiste car, comme nous l'avons vu, celui-ci obtient son produit à la production et, son équivalent, réel ou monétaire à travers les échanges. Remarquons que, dans une économie d'échange, la valeur et le prix du produit sont confondus et qu'ils sont déterminés au moment des échanges. Dans ce système, les produits sont monétisés au moment des échanges et la quantité de monnaie qui entre dans les transactions n'a aucun effet sur les rapports relatifs établis au moment des échanges ; c'est pourquoi, dans ce système, quelle que soit la quantité de monnaie qui entre dans les transactions, celle-ci permet d'établir un niveau des prix sans que ce niveau des prix ait un effet sur le pouvoir d'achat des échangistes.

Prenons un exemple pour éclairer ce raisonnement. Imaginons un producteur-échangiste qui présente son produit sur le marché, soit (a) unités d'un produit (a UP_1), et qui les vend obtenant x unités de monnaie (a UP_1 = x UM). Le même individu se présente ensuite sur le marché des produits en tant qu'acheteur, et il achète une quantité (b) d'une autre marchandise (b UP_2) pour la même somme de x unités de monnaie (x UM = b UP_2).

Ainsi : a UP_1 = x UM = b UP_2 ; d'où a UP_1 = b UP_2.

Le même individu aurait pu échanger la même quantité de son produit contre une quantité différente de monnaie : a UP_1 = y UM. En dépensant sur le marché des produits la monnaie ainsi obtenue, il s'approprie la même quantité de produit : y UM = b UP_2. On le voit, la variation de la quantité de monnaie ne change en rien le rapport d'échange établi dans le premier cas. En effet, dans une économie d'échange, quelle que soit la quantité de monnaie qui entre dans les transactions, cette quantité n'a aucun effet sur les rapports d'échange réels ; dans cet exemple, ce rapport est de : a UP_1 = b UP_2. Il est clair que, l'équation des échanges s'adapte parfaitement à l'étude de ce système.

Il convient toutefois de remarquer que l'équilibre monétaire n'a aucune signification dans ce système, et cela pour une raison simple : la valeur de l'offre et celle de la demande sont établies simultanément, au moment des échanges. Le contrôle de l'évolution de la masse monétaire n'apparaît pas comme une nécessité pour écarter son effet sur le pouvoir d'achat des échangistes, puisque la variation de la quantité de monnaie n'altère pas le pouvoir d'achat des producteurs directs ; en revanche, l'augmentation de la masse monétaire a un effet sur le pouvoir d'achat de ceux qui vivent de leur épargne.

Il est intéressant de voir comment Walras, l'un des précurseurs de l'Ecole néoclassique, établit les fondements de la détermination des rapports d'échange dans une économie non-salariale : dans une économie d'échange.

« Revenons donc un peu sur nos pas, et, pour donner à nos observations un caractère scientifique, prenons deux marchandises quelconques que nous pourrons supposer être l'avoine et le blé, ou que même nous désignerons plus abstraitement encore par (A) et (B). Je mets les lettres A et B entre parenthèses afin qu'on ne perde pas de vue qu'elles représentent non pas des *quantités*, qui sont les seules catégories susceptibles d'être mises en équation, mais bien des genres, des espèces, ou, comme on dirait en termes philosophiques, des *essences*.

[...]

Comme il faut une première base à l'enchère, nous supposerons qu'un agent offre et cède *n* unités de (B) contre *m* unités de (A), conformément, par exemple, au cours de clôture du marché précédent, et suivant l'équation d'échange :

$$mv_a = nv_b$$

en appelant v_a la valeur d'échange d'une unité de (A) et v_b la valeur d'échange d'une unité de (B) ». (Walras, 1952, P.48). Et à la page suivante, il dit : « Ainsi : - *les prix, ou les rapports des valeurs d'échange, sont égaux aux rapports inverses des quantités de marchandises échangées* ».

Remarquons enfin qu'il ne convient pas de parler du profit dans une économie d'échange car le producteur direct obtient l'équivalent de son produit au moment des échanges ; en outre, dans une économie d'échange, on ne tient compte que des produits qui ont été échangés, et l'échange n'a lieu, par définition, que si les échangistes sont d'accord, ce qui signifie que l'égalité entre l'offre et la demande est établie sur le marché de chaque produit, et que l'équilibre est réalisé sur le marché de chaque produit au moment des échanges. Autrement dit, dans ce système, par définition, dès qu'il y a échange, l'équilibre de l'offre et de la demande est réalisé. Ainsi, dans une économie d'échange pur, du fait que s'établissent des rapports d'échange relatifs, il n'y a pas lieu de parler de déséquilibre, ni monétaire, ni réel. En effet, le déséquilibre n'a de sens que dans le cas où la valeur de l'offre est déterminée avant l'échange, ce qui permet de la comparer avec la valeur de la demande. Or, comme nous venons de le voir, ces deux valeurs sont déterminées simultanément, au moment des échanges.

1.2. Conditions d'évolution dans une économie non-salariale.

Il s'agit de savoir quels sont, dans le système d'économie non-salariale, les éléments qui distinguent essentiellement le renouvellement de la production, sur la même échelle, de l'augmentation du niveau de la production.

Dans le premier cas, c'est-à-dire dans le cas de la reproduction simple, le producteur-échangiste emploie son revenu gagné dans la vente de son produit uniquement comme fonds de consommation, aussi périodiquement qu'il gagne ; il y a, toutes choses restant égales par ailleurs, simple reproduction. Autrement dit, les moyens de production du producteur direct continuent à fonctionner sans s'étendre et le niveau de production reste donc toujours à la même échelle.

Dans le second cas, c'est-à-dire dans le cas de la reproduction élargie, le producteur-échangiste a deux possibilités pour améliorer ou augmenter ses instruments de travail : épargner son revenu (actuel ou futur, futur dans le cas où il a financé l'achat de ses instruments de travail par un emprunt qu'il devra rembourser grâce à son revenu futur) ce qui signifie qu'il passe par le marché, ou épargner son temps, ce qui lui permet de se passer de l'échange et donc du marché.

1° Le producteur direct met à profit son épargne pour augmenter ou améliorer ses moyens de production existants ; de ce fait, il augmente sa production, en augmentant la productivité de son travail. Il peut réaliser une augmentation de sa production en contractant un emprunt auprès d'un producteur-échangiste, qui s'est présenté sur le marché comme vendeur excédentaire, c'est-à-dire comme vendeur ayant vendu plus qu'il n'a acheté durant cette période. L'emprunteur peut rembourser sa dette en devenant lui-même vendeur excédentaire, c'est-à-dire en devenant épargnant.

2° Le producteur direct peut épargner son temps pour améliorer ou augmenter ses moyens de production. En effet, prenons le cas d'un cultivateur (ou d'un groupe de cultivateurs) qui met à profit un certain nombre d'heures de travail pour construire une canalisation d'eau. Cette canalisation lui permet, soit d'augmenter la superficie de sa terre cultivable, soit d'améliorer la productivité de sa terre. Cet exemple montre que, dans une économie non-salariale, il est possible au producteur direct de réaliser ou d'améliorer ses moyens de production directement, sans passer par l'échange. Ainsi épargne-t-il une partie de son temps de travail dans le but d'investir.

En revanche, si le producteur-échangiste emploie son épargne, en totalité ou en partie, en tant que fonds de salaire, pour faire travailler d'autres personnes, il agit en entrepreneur capitaliste. Nous constatons qu'historiquement, l'une des lois du développement économique veut que les fonctions d'organisateur de la production (entrepreneur) et de producteur (travailleur) se répartissent entre des individus différents. Le producteur direct (l'artisan) se transforme peu à peu en entrepreneur qui emploie des travailleurs, ou il perd ses moyens de production en devenant un travailleur salarié.

Dans le système de producteurs-échangistes, l'utilisation des instruments de travail a une limite qui apparaît du fait de la capacité d'un individu à employer ses instruments. En effet, il ne servirait à rien qu'un cultivateur s'approprie plusieurs pelles d'une même espèce car il ne peut les employer toutes à la fois, ou qu'un tisserand ait plusieurs métiers à tisser d'une même nature. Or, l'apparition et le développement de l'économie salariale fait reculer les limites de cette accumulation. A. Smith, dans la *Richesse des Nations*, démontre de façon pertinente les effets de l'accumulation du capital qui engendre l'apparition et le développement de la division du travail et son action sur l'augmentation de la production grâce à l'amélioration de la productivité du travail. (Sur les conséquences sociales de la division du travail qui résulte de l'accumulation du capital, cf. Marx *Capital,* livre I).

2. LES LOIS QUI GOUVERNENT L'ECONOMIE SALARIALE.

Il s'agit de savoir si l'analyse fondée sur l'économie d'échange, qui a permis de déterminer comment et à quel niveau sont établis la valeur du produit, la monétisation du produit, le revenu du producteur direct et la formation des moyens de production, convient à l'étude de l'économie salariale, ou si ce dernier système exige de nouvelles lois dans les domaines que nous venons de citer. Cette clarification est fondamentale, non seulement pour la compréhension de l'économie salariale, mais aussi pour la recherche de solutions aux problèmes qui se posent dans une économie salariale ; nous pensons ici aux problèmes tels que, par exemple, le chômage, la répartition, la croissance, l'équilibre et le déséquilibre monétaire, etc. En effet, certains économistes, dont Léon Walras, l'un des pères fondateurs de l'Ecole néoclassique, ont mis en lumière les lois qui gouvernent l'économie d'échange, lois qu'ils souhaitent appliquer à l'économie salariale.

2.1. Des différents systèmes de production à l'avènement du salariat.

Il existe essentiellement deux propositions qui expliquent l'apparition et le développement des différents modes de production et en particulier celui de la production salariale.

Pour l'école historique allemande, l'apparition de l'économie salariale est le résultat de l'évolution des différentes phases de la société, qui se distinguent par la forme d'appropriation des moyens de production, et que nous pourrions schématiser ainsi :

1° Mode de production artisanale : il n'y a pas encore appropriation privée des moyens de production par d'autres personnes que celles qui les emploient.

2° Mode de production esclavagiste : appropriation du facteur humain. Dans ce système, l'esclave peut être considéré comme un capital humain qui appartient à son propriétaire. Le produit réalisé par l'esclave est approprié à la production par son maître qui le consomme ou/et l'échange sur le marché des produits. La consommation de l'esclave peut être considérée comme une consommation productive.

3° Le féodalisme : appropriation privée du sol par ceux qui ne l'exploitent pas directement. Dans ce système, même si les artisans de la terre ne sont pas les salariés des propriétaires, se pose néanmoins le problème de la règle du partage du produit entre les cultivateurs et les propriétaires. Certaines explications du partage du produit, telles que la rente ricardienne, ont des fondements analytiques, d'autres résultent d'hypothèses et suppositions variées. Ainsi, toutes sortes d'arguments (tels que : la terre est la source d'un surplus, d'un produit net, ou d'un don gratuit) sont avancées pour justifier l'apparition et l'appropriation d'une partie du produit de la terre par le propriétaire (cf. chapitre consacré à la répartition).

4° Le capitalisme : appropriation privée des moyens de production par ceux qui ne les exploitent pas eux-mêmes. Ce système engendre l'apparition et le développement du mode de production salariale, l'entrepreneur se distingue du travailleur.

En revanche, pour les économistes classiques, cette succession de phases : la chasse, l'élevage, l'agriculture, l'esclavage, le commerce et l'industrie qui engendre l'économie salariale, représente une évolution naturelle, qui est propre à la nature humaine. (Cf. A. Smith ; 1991, LI, ch II). En effet, le principe fondé sur les échanges et l'évolution historique du mode de production qui a fait séparer d'abord les fonctions du berger, du cultivateur, du tisserand, etc..., divise les actes effectués par les travailleurs d'une manière encore plus complète dans le cas du système salarial. Déjà Sismondi écrivait : « Dans l'intérieur de chaque manufacture, cette division (division du travail) fut encore répétée, et toujours avec les mêmes effets. Vingt ouvriers travaillèrent ensemble à une seule chose ; mais chacun lui fit subir une opération différente, et les vingt ouvriers se trouvèrent faire vingt fois plus d'ouvrage qu'ils n'auraient fait si chacun avait travaillé séparément ». (Sismondi, 1971 ; P.102).

Ainsi, pour l'école historique allemande, la caractéristique particulière du mode de production salariale est fondée sur le fait que le capital est approprié par les personnes qui ne l'utilisent pas directement, ce qui fait apparaître un conflit d'intérêts, dans le partage du produit, entre les propriétaires du capital et les travailleurs. Quant à l'explication de l'Ecole classique, elle peut être interprétée de deux façons : soit les auteurs de cette Ecole se contentent de constater les différentes phases des modes de production qui aboutissent à l'économie salariale, soit ils expliquent les changements de modes de production et celui de l'économie salariale par une évolution déterministe ; de ce fait, le passage d'un système de production à un autre échappe à la volonté et à l'action de l'homme. Autrement dit, selon ces auteurs, la volonté et l'action de l'homme n'auraient pas pu changer le cours de cette évolution.

Nous pouvons dire que l'apparition et le développement de l'économie salariale résultent de l'industrialisation, qui engendre la division du travail dans la production des marchandises à l'intérieur d'une entreprise ou d'un secteur.

2.2. A quel niveau est déterminée la répartition du produit dans une économie salariale ?

A la différence de ce qui se passe dans l'économie de producteur direct, dans le système salarial, le travailleur ne reçoit pas directement son produit. Aussi le problème est-il de savoir à quel niveau (de la production ou de l'échange) et selon quelle règle les travailleurs sont rémunérés et, si le capital appartient aux personnes qui ne l'exploitent pas directement, à quel niveau et selon quelle règle le produit est partagé entre salaire et intérêt ou profit. Les solutions proposées pour résoudre ces problèmes varient selon les écoles de pensée et, à l'intérieur même de l'Ecole néoclassique, il n'existe pas qu'une seule proposition. Il existe plusieurs raisons qui expliqueraient l'apparition de ces propositions différentes, dont l'une des principales est à rechercher dans la détermination de la (ou des) cause(s) de la production ou de la valeur dans ce système.

Ainsi, selon les Classiques, le travail est la seule source de la création de la valeur, ou encore la seule cause de la production, mais pour les auteurs de cette école de pensée, la rémunération des travailleurs, établie dès la production, ne représente pas la valeur de la totalité du produit. La rémunération des travailleurs représente la valeur de la partie du produit qui sera appropriée par ces mêmes travailleurs. Or, si le travail est considéré comme la cause de la production, mais que la rémunération des travailleurs ne représente pas la valeur du produit, cela signifie qu'une incohérence s'est glissée dans cette analyse. En effet, si l'on suppose que le travail est la cause de la production, on doit accepter que la rémunération du travail représente la valeur monétaire du produit. La production étant la source du revenu et le travail la cause de la production, le revenu doit se former sur le travail. Prenons un exemple simple. En admettant que le travail est la cause de la production, on admet, de ce fait même, que la rémunération monétaire des travailleurs constitue la seule source de la monétisation de la production ; elle constitue aussi la seule source de revenu formé à la production, puisque le travail est considéré comme la cause de la production. Ainsi, dans une économie salariale, sur le marché, face aux produits, n'apparaît que le revenu des travailleurs, car, par définition, toute autre cause de la production est écartée ; le revenu des travailleurs d'un côté, et leurs produits de l'autre, se trouvent donc face à face sur le marché des produits. Par conséquent, si l'on suppose que le travail est la cause de la production, l'hypothèse selon laquelle la rémunération des travailleurs représente la valeur monétaire de la partie du produit qui est appropriée par les travailleurs ne peut être retenue. La cause de la production étant le travail, la rémunération des travailleurs représente la valeur monétaire de la production de la période.

Or, les Classiques constatent, avec raison, que le produit du travail est partagé entre salaires et profit réels. Mais, si les auteurs de cette Ecole de pensée admettent l'existence du profit, en revanche, ils ne parviennent pas à expliquer sa réalisation. Autrement dit, ils ne parviennent pas à expliquer comment les entreprises captent une partie du revenu des travailleurs, partie du revenu qui leur permet d'effectuer des investissements et/ou de payer l'intérêt des emprunts. Est-ce cet échec qui amène certains économistes à supposer que le profit apparaît de façon réelle ? En effet, ils supposent que la rémunération des travailleurs leur permet d'acheter uniquement la partie du produit qui leur est destinée. En d'autres termes, le revenu des travailleurs ne représente que la valeur d'une partie du produit et de ce fait, le profit apparaît comme un surplus réel. Mais, d'une part, cela suppose que le niveau de profit est déterminé par les entrepreneurs à la production, ce qui n'est pas acceptable dans une économie de marché où les prix sont déterminés sur le marché au moment des échanges, d'autre part, cela suppose que, dans une économie où les échanges sont généralisés pour que circulent les produits, qui représentent le profit réel, il faut que ces échanges soient monétisés. Mais les Classiques ne parviennent pas à expliquer le profit monétaire. De ce fait, ils ne parviennent pas à expliquer comment apparaît le profit monétaire une fois que les travailleurs ont dépensé leur revenu. Cette insuffisance de l'analyse classique à expliquer la réalisation du profit monétaire est l'une des causes qui ont favorisé le développement de l'analyse néoclassique. En effet, en fondant la cause de la production, et donc la source du revenu, sur le travail, les Classiques ne parvenaient pas à démontrer comment les entreprises captaient une partie du revenu du travail pour payer l'intérêt des emprunts et effectuer des investissements additionnels.

Les Néoclassiques supposant l'existence de plusieurs facteurs de production, ils supposent plusieurs causes de production et, par conséquent, plusieurs sources de revenu. Aussi le problème est-il de savoir comment et à quel niveau est déterminée la part de chaque facteur dans la production afin qu'elle puisse lui être attribuée. Pour l'Ecole walrasienne, la répartition est déterminée au moment des échanges, tandis que pour les Marginalistes, elle est déterminée à la production, grâce à la relation technique (fonction de production). Dans la partie consacrée à la répartition, nous démontrerons que, en fait, les analyses néoclassiques, walrasienne ou marginaliste, ne parviennent pas à déterminer la répartition.

Nous pouvons donc constater que, si tous les courants de pensée sont d'accord pour dire que dans le système de producteurs-échangistes le revenu du producteur direct est déterminé au moment des échanges, et que cette détermination ne pose pas de problème, en revanche, il n'en va pas de même lorsqu'il s'agit de déterminer à quel niveau la répartition est réalisée dans un système salarial. Il est vrai que tous les courants de pensée sont d'accord aussi pour dire que, dans une économie salariale, où les prix se fixent sur le marché des produits, le produit est partagé entre salaire, profit (ou intérêt) et rente réels. Mais ils ne sont pas d'accord sur le nombre de facteurs qui est (ou sont) considéré(s) comme la (ou les) cause(s) de la production. En outre, pour certains auteurs, dans le système salarial, la répartition est établie à la production, pour d'autres, elle s'établit au moment des échanges. Or la détermination de la répartition dans une économie salariale représente l'un des problèmes majeurs qui se posent à l'analyse économique, car la solution de ce problème permet de savoir à quel niveau la production est monétisée, ou à quel niveau la valeur monétaire de la production est déterminée. Autrement dit, elle permet de savoir quel est le montant du revenu, déterminé à la production, dont la dépense signifie l'écoulement du produit de la période.

Un autre problème important de l'économie salariale est de savoir si la détermination de la valeur, ou de la mesure du produit, s'établit à la production ou au moment des échanges. Dans le premier cas, le produit est monétisé dès sa création dans l'acte de la rémunération des services producteurs ; dans le second cas s'établissent des rapports relatifs puisque, par hypothèse, les produits ne sont pas monétisés à la production. Quelle est la détermination qui convient à une économie de production salariale ? Dans les développements qui suivent, nous allons démontrer pour quelles raisons l'analyse néoclassique ne convient pas à l'étude de l'économie salariale.

2.3. Affirmer que, dans une économie salariale, le produit est monétisé au moment des échanges est un non-sens.

Cette confusion dans la détermination de la cause ou des causes de la production est source de problèmes, car dans le cas où l'on admet plusieurs causes de production il faut, d'une part, établir la répartition, et savoir à quel niveau (production ou échange) elle est déterminée, d'autre part, savoir à quel niveau le système salarial est monétisé.

Nous avons vu (cf. 1.1.) que, dans une économie de producteurs-échangistes, le producteur direct ne connaît ni la valeur de son produit ni son revenu avant l'échange et cela du fait que son produit ne peut être monétisé qu'au moment de l'échange, moment où il échange directement son produit contre un autre produit.

Or, l'économie salariale, par définition, ne peut être que monétaire, et cela pour une raison évidente : les services producteurs n'obtiennent pas directement leur produit à la production ; dans un premier temps, ils reçoivent une rémunération monétaire dont la dépense permet l'écoulement des produits. Qu'en est-il des propositions des Néoclassiques, en ce domaine, par rapport à cette vérité établie ?

Pour les auteurs de cette école de pensée, la monétisation de la production ou, plus exactement, des produits, passe par la détermination de la répartition, car ils supposent qu'il existe plusieurs facteurs de production. La répartition est elle-même expliquée de deux façons : au moment des échanges pour les Walrasiens et à la production, par la fonction de production, pour les Marginalistes.

2.3.1. Dans l'analyse walrasienne le produit n'est pas monétisé à la production.

Pour les auteurs de l'Ecole walrasienne, la répartition est déterminée au moment des échanges, ce qui signifie, par conséquent, que la production n'est pas monétisée dès sa création. Aussi le problème est-il de savoir, d'une part, si les rapports d'échange réels permettent de déterminer la part de chaque facteur dans la production, la partie du produit qui revient à chaque facteur n'étant pas déterminée à la production (et nous verrons, dans la partie consacrée à la répartition, qu'il n'en est rien car les rapports d'échange ne permettent pas de déterminer la part de chaque facteur dans la production), d'autre part, de savoir comment les services producteurs n'ayant pas obtenu une rémunération monétaire à la production, ni à fortiori, la valeur monétaire de la partie de la production qui leur revient, peuvent exercer un pouvoir d'achat sur les produits. Ces problèmes apparaissent du fait que Walras pense pouvoir généraliser, dans ce domaine, les lois qui lui ont permis d'expliquer le fonctionnent de l'économie d'échange à une économie de production salariale. Ainsi sommes-nous amenés à nous poser la question de savoir si, dans une économie salariale, le produit peut être monétisé au moment des échanges.

Néanmoins, même si l'on accepte le raisonnement walrasien selon lequel la monétisation du système économique passe par la monétisation des rapports d'échange relatifs, on ne résout pas le problème car, dans ce cas, la quantité de monnaie qui monétise les rapports d'échange est indéterminée. Autrement dit, quelle que soit la quantité de monnaie qui entre dans le système, elle n'a pas d'effet sur les rapports d'échange réels déjà établis. Nous constatons ainsi que

Walras applique à une économie salariale le raisonnement qu'il avait obtenu en étudiant l'économie d'échange.

C'est ce raisonnement qui incite certains économistes à penser que le rôle des autorités monétaires revient à déterminer la quantité de monnaie susceptible de limiter son effet inflationniste. Mais, dans une économie fermée, (c'est le cadre dans lequel Walras se place), du fait que les Walrasiens proposent de monétiser les rapports d'échange relatifs, l'évolution de la masse monétaire n'a pas d'effet sur les rapports relatifs, par conséquent l'intervention des autorités monétaires ne représente pas une véritable nécessité. En outre, si l'on ne connaît pas l'évolution de la quantité de produits qui sera offerte sur le marché (c'est-à-dire l'évolution de la production) avant les échanges, on ne peut pas déterminer l'évolution de la masse monétaire qui est compatible avec celle des échanges. Autrement dit, non seulement l'analyse walrasienne ne convient pas à une économie salariale, mais elle ne peut pas fonder les politiques monétaires d'une économie d'échange en évolution. En effet, d'une part, comme nous l'avons vu, elles n'ont aucun effet sur les échanges relatifs, d'autre part, il relèverait d'un pur hasard que l'évolution de la masse monétaire qui monétise les échanges n'ait pas d'effet sur le niveau des prix monétaires d'une période sur l'autre. Et cela pour une raison simple : dans une économie d'échange en évolution, si tous les produits n'évoluent pas proportionnellement, même les rapports d'échange relatifs varient. Or l'objectif de la politique économique est précisément d'éviter la variation du niveau des prix.

Aussi, soit on suppose que le système économique est un système de pur échange, et dans ce cas l'évolution de la masse monétaire n'a pas d'effet sur les rapports d'échange relatifs (cf. 1.), même si elle peut avoir un effet sur les prix monétaires, soit on admet que le système économique est un système de production salariale et cela implique que l'économie doit être monétisée à la production. Mais dans ce cas, si l'on suppose l'existence de plusieurs facteurs de production, on doit connaître la part de chaque facteur dans la production dès sa création et, de ce fait, on admet que la rémunération des facteurs monétise la production. Or, le problème est que, dans le système walrasien, la répartition n'est pas déterminée à la production.

2.3.2. L'analyse marginaliste, bien qu'elle prétende déterminer la répartition réelle à la production, ne parvient pas à monétiser le produit à la production.

Les auteurs de l'Ecole marginaliste proposent de déterminer la répartition réelle grâce à la fonction de production, selon la productivité marginale de chaque facteur. Même si l'on accepte leur proposition selon laquelle la répartition est déterminée à la production, le problème est de savoir si, dans cette analyse, le produit peut être monétisé à la production. En effet, étant donné que les Néoclassiques supposent plusieurs causes de production ou facteurs de production, ils considèrent que chaque facteur obtient la partie du produit qui lui revient : le salaire, le produit du travail, l'intérêt, le produit du capital et la rente, le produit de la terre ; par ailleurs, étant donné que le profit (écart entre prix et coût de production) n'est pas compatible avec l'équilibre de leur système, il convient de savoir s'ils peuvent monétiser le produit à la production et si la rémunération monétaire des facteurs de production à la production respecte les exigences de leur système, que nous venons d'évoquer. Autrement dit, il convient de savoir si la répartition définie par la fonction de production permet de fixer à la production, d'une part, le même taux de salaire pour la même catégorie de travail, d'autre part, un taux d'intérêt unique dans le système.

Ainsi, même si l'on accepte cette proposition marginaliste, on ne doit pas oublier que la répartition réelle établie par la fonction de production doit être confirmée au moment des échanges. En effet, même si les facteurs de production de chaque entreprise ou secteur connaissent la part du produit qui leur revient, cette connaissance n'est pas suffisante pour déterminer la rémunération monétaire des facteurs des différents secteurs, car pour cela, dans ce système, il faut connaître au préalable les rapports d'échange des produits. Or, il est évident que les rapports d'échange ne sont pas déterminés à la production, ils sont déterminés au moment des échanges, et de ce fait, les entrepreneurs ne savent pas quel est le montant de monnaie qui doit monétiser la production de chaque entreprise ou secteur. Ainsi, selon le raisonnement marginaliste, la monétisation des produits doit être réalisée au moment des échanges, une fois que les rapports d'échange réels ont été établis. Mais, dans un système d'économie salariale, le rapport d'échange réel est une fiction. Dans le système salarial, les services producteurs n'ont pas la possibilité d'échanger leur produit, ils exercent leur pouvoir d'achat monétaire pour s'approprier leur produit ou son équivalent, ce qui signifie que, dans une économie salariale, les rémunérations monétaires sont déterminées à la production. Or, le raisonnement marginaliste ne satisfait pas cette exigence imposée par la réalité du système salarial.

En outre, une autre hypothèse sur laquelle est fondée l'analyse des Néoclassique et qui écarte la possibilité de la monétisation des produits dès la production est celle qui suppose que les produits n'ont pas de valeur en soi, en ce sens que la valeur du produit n'est pas établie à la production, c'est pourquoi ils proposent de la déterminer au moment des échanges par des rapports relatifs. Cette exigence découle du fait que ces auteurs souhaitent généraliser la loi de la valeur et la règle de la monétisation établie dans une économie d'échange à une économie salariale. Ainsi, dans le système marginaliste, l'acceptation de la monétisation des produits au moment des échanges passe par l'acceptation de la proposition de la rémunération des facteurs selon leur productivité marginale. Mais on ne peut pas accepter que, dans une économie salariale, le revenu monétaire, (ou la rémunération monétaire des services producteurs) soit déterminé au moment des échanges.

2.3.3. Dans l'analyse néoclassique, ce n'est pas la concurrence qui annule le profit.

L'hypothèse du profit nul dans ce système, dès lors qu'on suppose que le produit est monétisé au moment des échanges, devient un résultat obligé qui découle, non pas de l'observation de la réalité économique d'un système salarial, ni de la concurrence, mais de l'exigence du système dans lequel l'analyse néoclassique se place. En effet, au moment des échanges, le titulaire de chaque facteur est considéré comme un échangiste qui échange son produit contre d'autres produits, du fait que, par définition, dans une économie d'échange, il n'y a pas de place pour le profit, car dans ce système s'établissent des rapports d'échange relatifs entre les produits. Or, les rapports d'échange relatifs ne sont pas compatibles avec l'existence du profit, car par définition les échangistes reçoivent l'équivalent de leur produit. Autrement dit, dans une analyse fondée sur les échanges relatifs, l'hypothèse de la concurrence n'est pas nécessaire pour que le profit s'annule, car les échanges relatifs ne laissent pas de place pour le profit. Ainsi le rôle de la concurrence, qui est selon les Néoclassiques d'écarter le profit, sera simplement, comme dans une économie d'échange pur, de fixer un prix unique pour chaque produit dans le système. Par conséquent, ce n'est pas la concurrence qui, dans le système néoclassique, écarte le profit mais le fait d'analyser l'économie de production salariale comme une économie d'échange où le profit n'a pas de signification, puisque chaque échangiste obtient l'équivalent de son produit.

Ce que nous venons de voir nous permet de comprendre pour quelle raison l'analyse monétaire des Néoclassiques attache un rôle aussi important à l'équation des échanges. En effet, en supposant que les produits sont monétisés au moment des échanges, les Néoclassiques étudient l'économie salariale comme une économie d'échange, et comme nous l'avons vu, dans une économie d'échange, la quantité de monnaie n'a pas d'effet sur les rapports relatifs établis. C'est pourquoi les auteurs de cette Ecole de pensée sont constamment à la recherche de la quantité « idéale » de monnaie qui doit monétiser les échanges. Ce souci, la recherche d'une quantité idéale de monnaie, n'a pas pour but d'écarter l'effet de répartition que peut avoir une quantité de monnaie qui entre dans l'économie et qui n'est pas en rapport avec la monétisation de la production, puisque cette analyse leur est étrangère mais de maintenir un niveau général de prix convenable! Cette exigence des auteurs néoclassiques est révélatrice de l'embarras que leur cause leur propre analyse. En effet, s'ils pensent que l'équation des échanges convient à leur analyse, et que de ce fait, comme nous l'avons vu, la quantité de monnaie qui entre dans les transactions n'a pas d'effet sur les rapports d'échange relatifs, ils ne doivent pas faire de la recherche d'une quantité idéale de monnaie une exigence de leur analyse. Par conséquent, on ne voit pas pour quelle raison le monétariste Milton Friedman, qui accepte la théorie quantitative, peut affirmer « L'inflation est une maladie dangereuse et parfois fatale, une maladie qui, si elle n'est pas arrêtée à temps, peut détruire une société, comme elle l'a fait en Chine ». Il a raison sur le fond, mais son analyse monétariste ne lui permet pas de dire pourquoi cette maladie qu'est l'inflation est dangereuse.

Dans une économie salariale, la quantité de monnaie qui monétise la production est déterminée à la production dans l'acte de la rémunération des services producteurs. C'est ce revenu formé à la production qui exerce un pouvoir d'achat sur le produit et qui permet de l'écouler. Tout écart par rapport à cette quantité de monnaie déterminée à la production devient une cause de prélèvement injustifié, et par conséquent, une cause de dysfonctionnement de l'économie salariale. Mais l'analyse néoclassique, du fait qu'elle suppose que les produits sont monétisés au moment des échanges, ne peut pas percevoir ce problème important de l'économie salariale.

2.3.4. L'analyse néoclassique ne peut appréhender ni la crise ni le dysfonctionnement du système salarial.

Ainsi l'analyse néoclassique, en monétisant les rapports d'échange, écarte-t-elle de son système toute possibilité d'étudier la crise et le dysfonctionnement, qui pourtant constituent des réalités de l'économie salariale depuis que le système salarial domine les économies de marché. (Cf. Elie Sadigh ; 1994). En effet, dans une économie d'échange, étant donné que les valeurs de l'offre et de la demande sont établies dans l'opération d'échange, elles sont, par définition, toujours égales au moment où l'échange est réalisé. Or, dans une économie salariale, où la valeur monétaire de la production (la valeur de l'offre globale) est établie dès sa création dans l'acte de la rémunération des services producteurs, l'écart entre la valeur de l'offre globale et celle de la demande globale (la dépense du revenu formé à la production) constitue l'une des causes du déséquilibre monétaire et, sous certaines conditions, l'une des causes de la crise ou du dysfonctionnement de l'économie. Autrement dit, pour déterminer les causes de ce dysfonctionnement, il faut établir la valeur monétaire de l'offre globale à la production afin de pouvoir la comparer à la valeur de la demande globale sur le marché des produits.

Il est vrai que, si l'on assimile l'économie salariale à l'économie d'échange, on est amené à appliquer à l'économie salariale le raisonnement quantitatif fondé sur l'équation des échanges. De ce fait, on pourrait penser que la quantité de monnaie qui monétise ce système n'a pas d'effet sur son fonctionnement. Or, comme nous l'avons vu, l'assimilation de l'économie salariale à l'économie d'échange ne permet pas à l'analyse fondée sur l'économie d'échange de percevoir la réalité économique du système salarial. Dans une économie salariale, la loi de la monétisation de la production impose au système bancaire la règle de la création de monnaie. Dans le système salarial, la création de monnaie obéit à la loi de la monétisation de la production dans l'acte de la rémunération des services producteurs. Ainsi, toute création de monnaie qui ne respecte pas cette règle devient une cause de déséquilibre et engendre un prélèvement injustifié. Autrement dit, dans une économie salariale, la quantité de monnaie qui monétise la production doit être déterminée dès la production.

Le respect de cette règle de la monétisation de la production salariale rend inutile toute politique monétaire, puisque la quantité de monnaie qui monétise la production est déterminée par le montant des rémunérations des services producteurs.

Une remarque importante s'impose afin de distinguer les critiques adressées aux analyses classique et néoclassique (cf. 1.2.2. et 1.2.3.). En évoquant l'analyse des Classiques, nous avons remarqué que leur analyse de l'économie salariale n'était pas complète. Cette insuffisance trouve son origine essentiellement dans les connaissances limitées de l'analyse monétaire de l'époque. En revanche, l'analyse néoclassique de l'économie salariale pose un grave problème, en ce sens que les auteurs néoclassiques pensent pouvoir généraliser l'étude qui permet d'expliquer le fonctionnement de l'économie d'échange à une économie de production salariale, ce qui est un sophisme. Autrement dit, l'analyse classique du système salarial est susceptible d'être améliorée et complétée, tandis que l'analyse néoclassique qui n'étudie pas véritablement le système salarial, ne peut être, dans ce domaine, ni améliorée ni complétée.

2.4. La source du financement de la formation du capital dans une économie salariale.

L'explication de la formation du capital dans ce système passe par l'explication de la formation du profit dans l'ensemble de l'économie ou par l'explication de la formation de l'épargne, mais celle-ci, du fait qu'elle est susceptible d'être remboursée, ne peut être considérée que comme un profit avancé. L'explication de l'évolution du système de production est fondée sur la formation additionnelle du capital, sur l'élargissement du marché et sur la division du travail qui en résulte. Ainsi l'un des problèmes fondamentaux qui se posent dans le mode de production salariale est de savoir comment, après que les services producteurs ont dépensé la totalité de leur revenu, les entrepreneurs dégagent un profit qui est la source de la formation additionnelle du capital, une relation d'équivalence ayant été établie dès la production entre le produit et la rémunération des services producteurs. La science économique doit s'attacher à expliquer, dans le cadre de l'équilibre monétaire, la réalisation du profit, qui est une réalité de l'économie salariale.

Or, dans le domaine de la formation du capital également, les Néoclassiques ont voulu étendre à l'économie de production salariale les conclusions obtenues dans l'économie d'échange. Dans l'économie d'échange, chaque producteur direct obtient l'équivalent du produit qu'il offre sur le marché et, s'il veut augmenter ses instruments de travail ou ses moyens de production, il doit réaliser une épargne. Pour les auteurs de cette école de pensée, dans une économie salariale, les services producteurs obtiennent la totalité du produit s'ils dépensent la totalité de leur revenu (précisons toutefois que cela sous-entend que les Néoclassiques sont parvenus à déterminer les rémunérations monétaires). En effet, ces auteurs fondent leur analyse sur l'hypothèse de la concurrence pure et parfaite, qui joue un rôle fondamental dans leur système, et ils pensent que cette hypothèse écarte toute possibilité d'apparition du profit dans leur analyse. Cette hypothèse est respectée si le prix est égal au coût de production. Autrement dit, dans l'analyse néoclassique de l'économie salariale, pour que l'équilibre se réalise, il faut que le profit soit nul. De ce fait, la formation du capital additionnel, dans l'analyse néoclassique, ne peut être expliquée que par l'épargne des particuliers prêtée aux entrepreneurs. Nous serons donc amenés à nous poser la question de savoir comment, dans le cas d'une économie d'évolution, les entrepreneurs peuvent honorer la dette contractée vis-à-vis des épargnants, si l'accroissement du capital a sa source uniquement dans l'épargne des particuliers, et si, comme l'exige l'équilibre général dans ce système, le profit est nul. Or, le profit constitue le revenu des entreprises, et lui seul est susceptible de permettre aux entreprises d'honorer leur dette. En effet, dans l'analyse néoclassique, si certaines entreprises réalisent des profits, cela se fait, d'une part, au détriment d'autres entreprises, d'autre part, au détriment de l'hypothèse de la concurrence pure qui, dans cette analyse, prétend qu'à l'équilibre chaque facteur obtient l'équivalent de son produit. Pour ces auteurs, l'apparition du profit n'est pas compatible avec l'hypothèse de concurrence pure qui est l'une des exigences fondamentales de l'analyse néoclassique. Or, dans une économie salariale de marché, le profit des entreprises constitue le principal indicateur de l'évolution économique. En écartant le profit de leur système d'équilibre, les Néoclassiques écartent l'élément qui permet de savoir quels sont les secteurs ou entreprises où il faut effectuer des investissements additionnels. Nous sommes donc amenés à étudier les limites de l'analyse de la formation du capital chez les Néoclassiques et à établir que, si dans le système non salarial la source de la formation des moyens de production est l'épargne, en revanche, dans une économie salariale, sa principale source est le profit, l'épargne n'étant qu'un profit avancé ; il nous faut également démontrer que, dans ce domaine, le raisonnement qui permet d'expliquer la formation des moyens de production dans une économie de producteurs-échangistes ne s'applique pas à une économie salariale.

Nous avons démontré (1.2.3.) que l'analyse néoclassique n'a pas besoin de se placer dans le cadre de l'hypothèse de la concurrence pure pour obtenir une situation qui annule le profit. En élargissant l'analyse fondée sur l'économie d'échange à l'économie de production salariale, les Néoclassiques pensent appliquer à ce dernier système les rapports d'échange relatifs. Ainsi, sur le marché, les échangistes (les titulaires des facteurs de production) obtiennent l'équivalent de leur part de produit dans la production, et de ce fait le profit est, par définition, écarté du système. Par conséquent, l'exigence des Néoclassiques d'annuler le profit grâce à l'hypothèse de l'existence de la concurrence pure est révélateur de l'ambiguïté de leur analyse de l'économie salariale. En effet, pour exiger que la concurrence pure annule le profit, il faut supposer que le coût monétaire de production est déterminé à la production. Or, nous avons vu que l'analyse néoclassique ne détermine pas le coût monétaire de la production en services producteurs dès sa création. Le profit résulte de l'écart entre le prix et le coût monétaire de la production, mais, sur le marché des produits (c'est là que se placent les Néoclassiques), la détermination de ces deux éléments est confondue. Dans le système néoclassique, le prix détermine la valeur du produit, mais la valeur du produit ne peut pas être différente de la rémunération des facteurs qui ont participé à la réalisation du produit.

Dans une économie de production salariale, le revenu monétaire des services producteurs, ou revenu national, représente la valeur monétaire du produit national déterminée à la production, tandis que le prix du produit, déterminé sur le marché des produits, contient non seulement le coût de la production en services producteurs et en produits intermédiaires mais aussi éventuellement une marge de profit. De ce fait, le prix ne peut pas être confondu avec la valeur créée grâce à la production. Ignorer l'existence du profit, c'est méconnaître non seulement l'une des principales sources du financement de la formation du capital, mais c'est aussi et surtout ne pas pouvoir tenir compte de l'une des causes de la crise ou du dysfonctionnement de l'économie, cause qui trouve son origine dans les possibilités qu'ont les entrepreneurs de dépenser leur profit. En effet, le profit étant un revenu de transfert (un pouvoir d'achat positif capté par les entreprises sur le revenu des services producteurs), il est destiné à être dépensé sur le marché des produits et non sur le marché des services producteurs. C'est bien la dépense du profit sur le marché des services producteurs qui constitue l'une des principales causes de la crise ou du dysfonctionnement de l'économie salariale.

3. LES PROPOSITIONS DU FINANCEMENT DE LA FORMATION DU CAPITAL ET DE L'AMORTISSEMENT DANS L'ANALYSE NEOCLASSIQUE NE SONT COMPATIBLES NI AVEC LES EXIGENCES DE CE SYSTEME NI AVEC LES EXIGENCES D'UNE ECONOMIE EN EVOLUTION.

Dans une économie en évolution, l'étude du financement de la formation du capital a une place prépondérante, et cela pour plusieurs raisons. Les auteurs de tous les courants de pensée s'accordent à dire que l'accroissement du capital est l'un des éléments qui permet d'augmenter la production, soit du fait que son emploi additionnel améliore la productivité du travail, soit du fait qu'il est considéré comme l'un des facteurs de production. En revanche, en ce qui concerne le rapport entre l'accroissement du capital et le niveau de l'emploi, les points de vue sont divergents. Pour les Classiques et les Keynésiens, l'augmentation de la demande du travail, pour une technologie donnée, dépend de l'augmentation du capital, tandis que les Néoclassiques pensent que, sur une quantité donnée de capital, on peut employer une quantité variable de main-d'œuvre. Ce résultat leur est imposé par les exigences de leur système. En effet, dans cette école de pensée, la détermination de la rémunération des facteurs de production est fondée sur la productivité marginale de chaque facteur. Ainsi pour pouvoir déterminer la rémunération du facteur-capital, il faut garder la quantité de travail constante et augmenter la quantité de capital.

3.1. Dans l'analyse walrasienne, l'épargne constitue l'unique source de financement des investissements.

Les Néoclassiques fondent la formation du capital sur l'épargne des particuliers et non sur le profit. Cette hypothèse est imposée par les exigences de leur système. En effet, dans le système néoclassique, le profit est nul à l'équilibre ; en outre, même si une entreprise réalise un profit, les auteurs de l'Ecole néoclassique pensent que cette réalisation de profit se fait au détriment d'autres entreprises, et que, de ce fait, il n'y a pas de profit global dans l'ensemble du système. Autrement dit, dans cette analyse, les profits de certaines entreprises représentent les pertes d'autres entreprises ; mais cette hypothèse est à écarter car elle n'est pas compatible avec l'équilibre général. Dans les développements qui suivent, nous fondons notre étude principalement sur l'analyse de Léon Walras, l'un des pères fondateurs de l'Ecole néoclassique.

Pour Walras, l'économie salariale est formée de travailleurs, de propriétaires fonciers, de capitalistes et d'entrepreneurs. Nous savons que, dans ce système, le revenu de chacun est déterminé par les lois de l'échange et au moment des échanges ; Walras attribue aux travailleurs salaire, aux propriétaires la rente et aux capitalistes l'intérêt. 'épargne est le fait de ces trois catégories de ménages mais la majeure ırtie provient des capitalistes car l'épargne des travailleurs et des opriétaires fonciers est négligeable. D'une façon générale, nous uvons dire que la source de la formation du capital, pour Walras, est pargne des particuliers. Il s'agit en fait de la part du revenu prêté x entrepreneurs.

Walras exprime d'ailleurs les possibilités d'accroissement du capital ces termes : « En fait, les terres et les facultés personnelles seules se ıent toujours en nature ; les capitaux proprement dits se louent néralement en monnaie sur le marché des services. Le capitaliste fait n épargne en monnaie ; il prête cette monnaie à l'entrepreneur qui, à xpiration du bail, lui rend de la monnaie. C'est là l'opération mmée *crédit*. Il s'ensuit que ce sont les entrepreneurs de produits, et n pas les capitalistes créateurs d'épargne, qui demandent les capitaux ufs sur le marché ». (Walras ; 1952, P.245. Souligné par l'auteur).

Etant donné que Walras analyse l'économie de production salariale se fondant sur les résultats obtenus dans une économie d'échange r dans laquelle il n'y a pas de place pour le profit, il ne peut nsidérer, même dans le système salarial, que l'épargne formée par les rticuliers, c'est-à-dire par des non-entrepreneurs, et cela, parce que ns son système, à l'équilibre, il n'y a pas de place pour le revenu de nsfert ou profit.

En effet, dans le système de Walras, système de concurrence solue où l'on distingue le profit de l'intérêt, celui-ci étant un élément coût de production, au même titre que le salaire et la rente, ntrepreneur reçoit comme prix de ses produits une somme égale à le qu'il avait payée aux services producteurs, ce qui ne laisse aucune ıce au profit. « Ainsi, dit Walras, à l'état d'équilibre de la duction, les entrepreneurs ne font ni bénéfice ni perte. Ils subsistent rs non comme entrepreneurs, mais comme propriétaires fonciers, vailleurs ou capitalistes dans leurs propres entreprises ou dans utres ». (Idem ; P.195). Il est important de remarquer que quand alras parle de la source de la formation du capital (l'épargne), il ıse avoir résolu le problème de la répartition. Ce problème sera dié dans le chapitre consacré à la répartition.

De ce que nous venons de voir à travers l'analyse de l'un des fondateurs de l'Ecole néoclassique, nous pouvons déduire quatre conséquences ou limites préalables à l'explication de la formation du capital fondée uniquement sur l'épargne des particuliers. Ces points seront étudiés des sous-sections 2.1.2. à 2.1.5.

3.1.1. Pour Walras, si les services producteurs dépensent la totalité de leur revenu, ils obtiennent la totalité du produit. Qu'en est-il du résultat imposé par l'observation de la réalité économique ?

Dans le système de Walras, si les services producteurs n'épargnent pas, en dépensant leur revenu ils s'approprient la totalité du produit national. Il n'y aura, dans ce cas, ni formation du capital net ni, par conséquent, aucune possibilité d'évolution économique fondée sur la formation du capital additionnel dont la seule source, dans ce système, est l'épargne des particuliers. Par conséquent, l'augmentation du capital est limitée aux seules volontés des particuliers, ce qui est une limite en soi dans une économie salariale.

Prenons un exemple pour faire apparaître l'un des cas représentant la réalité économique qui échappe à l'analyse walrasienne. La réalité économique permet de tenir compte de l'existence de deux secteurs : consommation et investissement. Dans ce système, le revenu est formé dans l'acte de la rémunération des services producteurs des deux secteurs. Ainsi, si les titulaires de revenu des deux secteurs dépensent la totalité de leur revenu, ils obtiennent les produits du secteur de consommation et, de ce fait, ce secteur réalise un profit qui lui permet de financer ses investissements. De la même façon, on peut supposer que le secteur de biens d'investissement est séparé en deux sous-secteurs, l'un produisant des biens d'investissement destinés au secteur de consommation, l'autre produisant des biens destinés au secteur d'investissement. Les entrepreneurs du secteur de consommation, en dépensant leur profit, achètent les biens d'investissement qui leur sont destinés. Ainsi le secteur d'investissement réalise des profits représentant la valeur monétaire des biens d'investissement, ce qui lui permet de s'approprier les produits d'investissement qu'il a produits pour lui-même, et par conséquent d'augmenter ses moyens de production. Or, comme nous l'avons vu, l'analyse de Walras ne peut pas tenir compte de cette réalité de l'économie salariale, car elle détermine la rémunération des services producteurs au moment des échanges et, à ce niveau, chaque facteur obtient l'équivalent de son produit, ce qui ne laisse aucune place pour le profit ou le revenu de transfert. En effet, dans cette détermination, la valeur et le prix des produits sont confondus puisqu'ils sont déterminés dans l'opération d'échange, et, de ce fait, il ne peut exister d'écart entre prix et valeur.

3.1.2. Schumpeter marque les limites du financement du capital par l'épargne et propose une autre source de financement. Cette nouvelle source dont parle Schumpeter est-elle compatible avec le fonctionnement harmonieux de l'économie salariale ?

Dans le raisonnement walrasien, s'il y a augmentation du capital, c'est le fait des épargnants, en ce sens que les titulaires de revenu prêtent une partie de leur revenu aux entreprises qui achètent grâce à cet emprunt des moyens de production. Ainsi, la seule source de la formation du capital est donc l'épargne des particuliers. Or, Schumpeter, l'un des admirateurs du système de Walras, (dans l'*Histoire de l'analyse économique,* il place Walras parmi les trois plus grands économistes néoclassiques, en lui attribuant une place de choix parmi les trois), marque les limites d'une analyse de l'évolution économique fondée sur l'épargne des services producteurs. « Le rudiment de théorie économique de l'évolution cachée dans la théorie usuelle de la formation du capital ne parle jamais que d'épargner et de travailler. En conséquence, elle ne souligne que l'investissement de petite augmentation annuelle qui repose sur cette épargne et ce travail : on ne dit là rien de faux, mais on se ferme des perspectives essentielles ». (Schumpeter ; 1935, P.321). On pourrait penser que Schumpeter, n'étant pas satisfait de l'explication de la formation du capital fondée sur l'épargne, et affirmant que la principale source de financement des investissements est le profit, va expliquer la réalisation du profit en plaçant son analyse dans le cadre du système à l'équilibre. Or il n'en est rien, car Schumpeter ne pouvant pas lui-même expliquer le profit dans son circuit simple, le fait avancer, dans son circuit d'évolution, par le système bancaire qui crée la monnaie en la prêtant aux entreprises qui, elles-mêmes, de ce fait, effectuent des investissements additionnels. Cet investissement n'a pas sa source dans l'épargne des particuliers, cela est vrai, en revanche, il est financé directement par les banques qui, de ce fait, permettent aux entreprises d'exercer un pouvoir d'achat sur le marché des produits. Ainsi, Schumpeter, en proposant que le système bancaire crée de la monnaie qui sera dépensée par les entrepreneurs sur le marché des produits, propose que le système bancaire crée directement un pouvoir d'achat, ce qui est une grave erreur. En effet, cette proposition de Schumpeter pose trois problèmes importants qui marquent les limites de sa proposition.

i) Par cette proposition, Schumpeter attribue aux banques un rôle qui ne leur revient pas. La création de monnaie n'est pas une création de pouvoir d'achat ; le pouvoir d'achat est créé par les entreprises qui produisent en employant des services producteurs. Le revenu a sa source dans la production, et non dans la création de monnaie ; c'est, en effet, la rémunération des services producteurs qui donne un pouvoir d'achat sur les produits de chaque période, car dans l'économie salariale la rémunération des services producteurs représente la valeur monétaire du produit de la période. Il est vrai que, si les banques créent de la monnaie et la prêtent aux entreprises, celles-ci, en la dépensant sur le marché des produits, exercent un pouvoir d'achat mais cela se fait au détriment du pouvoir d'achat des services producteurs. Autrement dit, si l'on accepte de donner au système bancaire la possibilité de créer de la monnaie qui n'entre pas dans l'économie grâce à la production dans l'acte de la rémunération des services producteurs, ce système bancaire n'aura plus de point de repère qui impose une limite à la création de monnaie, et de ce fait le prélèvement sur le pouvoir d'achat des services producteurs pourra ne pas avoir de limite lui-même. En outre, cette façon d'injecter la monnaie dans l'économie devient non seulement une cause d'inégalité sociale du fait qu'elle permet un prélèvement indu sur le pouvoir d'achat des services producteurs, mais elle peut devenir aussi l'une des principales causes du dysfonctionnement du système économique (cf. E. Sadigh ; 1994) Le financement des investissements doit avoir sa source dans le revenu formé grâce à la production et non dans la monnaie créée à cette fin.

ii) Pour que les entrepreneurs sachent dans quels secteurs ou entreprises investir, ils doivent avoir un indicateur qui les guide et ce indicateur est le profit normal réalisé dans le cadre de l'équilibre monétaire ; or le profit normal est absent des circuits de Schumpeter (cf. 3°). La réalité de tous les jours impose aux entreprises de tenir compte du niveau du taux de profit qu'elles réalisent pour déterminer le niveau de leur investissement. Or l'analyse schumpetérienne à l'équilibre ne détermine pas ce point de référence puisque dans cette analyse aussi le profit est nul à l'équilibre.

iii) Comment les entrepreneurs qui ont réalisé des investissements inflationnistes pourraient-ils honorer leur dette puisque, par hypothèse, il n'y a pas de place pour le profit non-inflationniste dans le circuit normal ? En effet, lorsqu'on s'impose la règle de l'équilibre, il doit y avoir égalité entre l'apport et le retrait, et, comme nous l'avons vu, Schumpeter n'explique pas le profit dans ce cas. Ainsi la règle de l'équilibre qu'il s'impose s'oppose à la formation du profit ; et dans ce cas, les entreprises qui se sont endettées auprès du système bancaire ne peuvent pas honorer leur dette.

Ces remarques permettent de percevoir les limites des propositions de Schumpeter en ce qui concerne le financement de la formation du capital additionnel, l'une des principales causes de l'évolution économique. Ainsi, bien que Schumpeter critique, avec raison, l'explication du financement du capital fondé sur l'épargne, lui-même ne parvient pas à expliquer ce financement dans le cadre de l'équilibre monétaire. La principale raison de cet échec réside dans le fait que Schumpeter ne parvient pas à déterminer la réalisation du profit dans le cadre de l'équilibre monétaire.

3.1.3. Clark et Marshall marquent eux aussi les limites du financement du capital par l'épargne ; or, le système néoclassique à l'équilibre ne permet pas d'entrevoir d'autres possibilités.

Si c'est l'épargne et non le profit qui est la source de la formation du capital, alors à l'état d'équilibre parfait, qui exige l'égalité entre le coût de production et le prix du marché pour tous les produits, le marché ne peut pas jouer l'un de ses rôles fondamentaux, qui est de diriger les investissements vers les entreprises ou les secteurs les plus rentables, puisque, par définition, à l'équilibre, la rentabilité est identique pour l'ensemble des secteurs et entreprises. Ce résultat est d'autant plus étonnant que l'analyse néoclassique accorde un rôle prépondérant au marché qu'elle considère non seulement comme l'élément régulateur du système mais aussi comme la principale source d'information pour les entrepreneurs.

Il est intéressant à ce sujet de prendre connaissance du point de vue d'un auteur qui fait figure de référence pour cette école de pensée. « Lorsque le prix de la demande est égal au prix de l'offre, la quantité produite n'a tendance ni à être augmentée ni à être diminuée, elle est en état d'équilibre ». (Marshall ; 1971. T.II. P.34-35).

Ce passage de Marshall signifie qu'à l'équilibre, tel qu'il est défini par les Néoclassiques, il ne peut y avoir de possibilité d'évolution. Si l'on accepte cette affirmation, on doit privilégier le système en déséquilibre qui est compatible avec l'apparition du profit. Mais, dans l'analyse néoclassique, les profits de certaines entreprises correspondent aux pertes d'autres entreprises et, dans l'ensemble du système, il n'y a pas de profit net. Autrement dit, selon cette analyse, si une entreprise effectue des investissements nets grâce à son profit, elle le fait au détriment d'autres entreprises et, dans le système considéré dans son ensemble, il n'y a pas d'investissement net et donc pas d'évolution. Or, il s'agit de déterminer comment une économie dans son ensemble, toutes compensations faites, est en mesure de réaliser un profit, compte tenu du fait que la réalisation du profit ne doit pas se fonder sur des cas d'exception. Le profit global est une réalité économique et il doit être possible de le démontrer, car l'une des principales sources, sinon la seule source de la formation du capital est le profit des entreprises (l'épargne étant le profit avancé des entreprises, puisqu'elle doit être remboursée). Par conséquent, aucune des propositions fondées sur l'existence des différentes sortes de monopoles ne peut être retenue pour expliquer la croissance économique d'un système (Marshall est d'ailleurs l'un des auteurs qui a le mieux étudié les situations de monopole). Ces propositions ne peuvent être retenues pour plusieurs raisons, d'une part, pour les raisons que nous venons d'évoquer, à savoir : les profits des unes correspondent aux pertes des autres et, de ce fait, il n'apparaît pas de profit global dans le système économique considéré dans son ensemble, et, s'il n'y a pas de profit dans le système, il n'y a pas accroissement du capital dont la source est le profit ; d'autre part, ces propositions ne respectent pas les hypothèses qui fondent le système néoclassique. En effet, ces propositions ne conviennent pas au système walrasien car il est fondé sur la concurrence pure ; elles ne conviennent pas à l'analyse marginaliste car dans cette analyse les services producteurs sont rémunérés selon leur productivité marginale. Or, dès que l'on introduit différentes sortes de monopole, ces exigences ne sont plus respectées. Il va sans dire, par exemple, que l'hypothèse de concurrence pure, qui fonde l'analyse néoclassique et en particulier l'analyse de Walras, n'est pas respectée, de même que les propositions telles que l'existence de monopoles et de leurs profits, ne sont pas compatibles avec l'hypothèse selon laquelle chaque service producteur obtient l'équivalent de son produit, déterminé par sa productivité marginale. Il ne s'agit pas de nier la possibilité de l'existence de monopoles, il s'agit de démontrer que leur existence n'est pas compatible avec l'équilibre néoclassique pas plus qu'elle ne permet d'expliquer l'évolution économique dans ce système.

On le voit, cette analyse ne permet pas d'appréhender la réalité économique qui est représentée, dans ce domaine, par l'existence du profit et par l'évolution économique depuis l'industrialisation et le développement de l'économie salariale. En outre, ce passage cité de Marshall pose un autre problème par rapport aux exigences de l'analyse néoclassique. Pour pouvoir dire que le prix de la demande est égal au prix de l'offre ou pour pouvoir dire que le profit apparaît du fait de l'écart entre prix de la demande et prix de l'offre, il est indispensable de déterminer le prix de l'offre à la production pour le comparer au prix de la demande qui se détermine sur le marché des produits. Or, comme nous l'avons vu, l'analyse néoclassique ne permet pas de déterminer le prix monétaire de l'offre à la production. Ainsi dans ce système il n'est pas possible de parler d'écart entre prix de l'offre et prix de la demande.

Néanmoins, d'autres auteurs néoclassiques persistent à vouloir expliquer le financement de la formation du capital par le profit. Leur raisonnement est-il compatible avec les exigences de leur système ? Selon J.B. Clark, l'un des principaux fondateurs de l'école marginaliste, l'accroissement du capital vient, en grande partie, des profits nets des entrepreneurs, c'est-à-dire des profits qui correspondent à la différence entre le prix de vente des produits et la rémunération des facteurs de production, tels que le salaire du travail et l'intérêt du capital. « Les produits dans une entreprise particulière, peuvent, pendant un certain temps, se vendre assez cher pour procurer un excédent considérable sur les salaires et l'intérêt dominants, et la totalité des entreprises peuvent, pendant un certain temps, rapporter un excédent de ce genre, mais, en l'absence de privilèges du monopole, aucune entreprise ne rapporte longtemps un bénéfice considérable, et, encore moins, la totalité des entreprises, bien que l'on puisse toujours trouver des profits quelque part dans le système ». (J.B. Clark ; 1911). Si Clark fonde l'apparition du profit sur l'existence du monopole, nous pouvons lui adresser les mêmes remarques que celles que nous venons de voir. Autrement dit, l'apparition des profits dans une entreprise particulière étant une réalité de tous les jours, cela signifie-t-il que l'évolution de certaines entreprises est possible du fait de la disparition d'autres entreprises (le profit des unes représente les pertes des autres) ? Dans ce cas, il n'y a pas de véritable évolution du système économique dans son ensemble. Mais, même si Clark reconnaît l'existence du profit dans le système, il n'explique pas comment l'ensemble des entreprises peuvent « retirer un surplus », en ayant lancé dans le système économique le montant de la rémunération des facteurs de production. (Ici nous n'avons pas tenu compte du problème posé par la détermination des rémunérations des services producteurs dans ce système). En effet, l'analyse marginaliste de la répartition, dont Clark est l'un des principaux inspirateurs, et qui précise que la somme des rémunérations signifie l'appropriation de la totalité du produit par les services producteurs, ne permet pas d'affirmer, d'une part, que chaque service producteur obtient la quantité de produit qui est déterminée par sa productivité marginale, d'autre part, que le profit apparaît dans des cas d'exception. Cela est d'autant plus incompréhensible que l'existence des cas d'exception engendre le non-respect de la règle de la détermination des rémunérations, règle qui fonde l'analyse marginaliste dans ce domaine.

Autrement dit, soit l'on accepte la règle de la répartition fixée pa ces auteurs et, dans ce cas, on admet qu'il n'y a pas de place pour l profit, soit l'on accepte l'existence du profit, constaté dans la réalité d tous les jours, et, dans ce cas, on doit admettre que ne sont respectée ni la règle de la répartition que se fixent ces auteurs ni les conditions qui, selon eux, permettent de réaliser l'équilibre, ce qui pose problème. Or, même cette acceptation ne suffit pas à expliquer la formation nette du capital dans cette analyse, car, selon leur raisonnement, les profits des uns correspondent aux pertes des autres, ce qui signifie qu'il ne peut y avoir une formation nette de capital, dont la source serait le profit, permettant d'expliquer l'évolution du système dans son ensemble. On le voit, la plupart des auteurs néoclassiques pensent que le profit est la principale source du financement de la formation du capital, même si aucun d'entre eux ne parvient à expliquer sa réalisation dans le respect des règles qui fondent leur analyse. Or, ce sont les exigences qui découlent de la logique du système néoclassique qui rendent impossible l'explication de la réalisation du profit dans l'économie considérée dans son ensemble.

3.1.4. Dans le système néoclassique à l'équilibre, le financement de la formation du capital fait apparaître un endettement perpétuel des entreprises.

Même en l'absence d'indicateur (le profit) permettant de savoir quels sont les secteurs ou les entreprises où il faut effectuer des investissements additionnels, mais en admettant l'affirmation de Walras selon laquelle l'épargne est la seule source de l'accumulation du capital : « les capitalistes épargnent et les entrepreneurs demandent cette épargne pour accroître leur capital », on voit surgir un autre problème important dès que l'on se pose la question de savoir comment les entrepreneurs remboursent les épargnants « à l'expiration du bail », ce qui, comme nous l'avons vu, est une exigence exprimée par Walras lui-même. (Cf. Walras ; 1952, P.245). Or, le système de Walras à l'équilibre ne laisse aucune place au profit. De ce fait, il se trouve dans l'impossibilité d'expliquer le remboursement des capitalistes par les entrepreneurs, car le revenu qui permet aux entreprises de se désendetter est le profit. En effet, pour pouvoir se désendetter, il faut avoir un revenu, or le profit qui représente le revenu des entreprises est absent du système néoclassique à l'équilibre.

Du fait de cette impossibilité de remboursement des dettes et donc de l'état d'endettement des entreprises pour toujours, apparaît un revenu perpétuel pour les épargnants ou leurs ayants droit. Mais en outre, pour que le capital puisse être rémunéré dans le temps, il faut qu'il soit maintenu par l'amortissement. Autrement dit, dès qu'un capital se forme grâce à l'épargne des particuliers sur une période donnée, ce capital doit être prolongé dans le temps par l'amortissement pour que son existence puisse donner un revenu perpétuel. Cette situation devient la cause de deux prélèvements perpétuels sur la production de chaque période : l'un servant à remplacer le capital et l'autre à payer les intérêts du capital. Remarquons que, dans ce cas, l'amortissement n'apparaît pas comme une exigence industrielle destinée à maintenir le niveau de la production mais comme une obligation de l'analyse néoclassique destinée à rémunérer le capital existant.

Ces problèmes trouvent leurs sources principalement dans le fait que Walras veut appliquer les résultats obtenus dans une économie d'échange à une économie de production salariale. En effet, bien que Walras parle dans son système d'une économie salariale, il l'étudie comme si c'était une économie de producteurs-échangistes. Essayons donc de cerner les limites des points communs que Walras pense pouvoir établir entre le système de producteurs-échangistes et celui de l'économie salariale, ce qui nous permettra de mettre en évidence l'incohérence de son analyse de l'économie salariale, incohérence qui découle de cette confusion.

Dans une économie d'échange pur, le producteur-échangiste s'approprie la totalité de son produit à la production, et l'opération d'échange lui permet d'obtenir l'équivalent de son produit. C'est son épargne qui permet au producteur direct d'augmenter ses instruments de production et si ce producteur contracte un emprunt auprès d'un vendeur excédentaire, un épargnant, il pourra rembourser son emprunt sur son propre revenu, car il pourra devenir lui-même vendeur excédentaire et, par conséquent, épargnant. Walras applique le même raisonnement à l'économie de production salariale. Dans son système, les services producteurs échangent, sur le marché des produits, leur part du produit dans la production ; de ce fait, chaque service producteur obtient l'équivalent de son produit dans les échanges. Mais les services producteurs ne peuvent pas former directement un capital, et s'ils épargnent, ils doivent prêter cette épargne aux entrepreneurs qui pourront ainsi investir. On le voit, il est impossible d'établir une analogie entre l'économie de producteurs-échangistes et l'économie salariale, et cela essentiellement pour deux raisons, qui marquent les limites du raisonnement walrasien dans ce domaine.

i) S'il est vrai que le producteur direct a la possibilité de rembourser un emprunt du fait que lui-même peut devenir épargnant, l'entrepreneur, en revanche, ne peut rembourser un emprunt contracté au profit de l'entreprise pour financer les investissements. En effet, pour pouvoir expliquer le remboursement d'un emprunt, (ce qui signifie l'appropriation définitive du capital par l'entreprise ou par l'entrepreneur), il faut faire apparaître le revenu de l'entrepreneur, autre que sa rémunération en tant que service producteur, rémunération qui constitue un coût de production et non un profit. Or, comme nous l'avons vu, l'analyse de Walras n'admet pas de profit à l'équilibre.

ii) Il est vrai que le producteur direct échange son produit sur le marché ; en revanche, pour que les services producteurs échangent sur le marché leur part de produit dans la production, il faut qu'ils connaissent cette part avant les échanges, or, comme nous le verrons dans la partie consacrée à la répartition, l'analyse de Walras ne permet pas de déterminer la part de chaque facteur dès la production, et l'opération de l'échange ne permet pas de déterminer cette part.

Précisons enfin que si, comme le prétend Walras, c'est l'opération d'échange qui détermine la part de chaque facteur dans la production, les services producteurs ne connaissent pas leur part dans la production avant les échanges, ils ne peuvent donc pas échanger leur produit sur le marché ni par conséquent connaître leur épargne. Ainsi, le système walrasien, qui domine une grande partie de l'enseignement en science économique, porte en lui une erreur gave. En effet, dans une économie salariale, par définition, les services producteurs reçoivent une rémunération monétaire à la production et non au moment des échanges. Autrement dit, l'économie salariale est monétisée à la production et non au moment des échanges. L'observation de la réalité de l'économie salariale nous montre que, dans ce système, les services producteurs ne peuvent exercer un pouvoir d'achat que s'ils ont un revenu monétaire établi dès la production.

3.2. Amortissement du capital.

Nous savons que l'amortissement du capital est une nécessité industrielle si nous voulons maintenir, au moins, le même niveau de production. Mais, comme nous l'avons vu, dans le système néoclassique, où l'épargne constitue la source du financement des investissements, l'amortissement devient une exigence imposée par cette hypothèse. En effet, dans le système néoclassique, la réalisation du profit pour l'ensemble des entreprises se révèle impossible, et l'endettement des entreprises devient perpétuel. Ainsi, si l'on veut que le capital puisse être rémunéré, il est impératif de le perpétuer dans le temps grâce à l'amortissement.

3.2.1 Le financement de l'amortissement du capital dans une économie de concurrence pure.

Distinguons la formation du capital net de celle du capital brut. Le capital net résulte de la différence entre la formation du capital brut et l'amortissement du capital existant. La formation du capital brut d'une période représente l'ensemble des investissements des entreprises dans cette période, il représente donc l'amortissement augmenté du capital net.

L'amortissement du capital dans le temps permet de perpétuer le capital existant. Ainsi l'augmentation ou la diminution du capital existant est-elle effective ou non selon que la formation du capital brut est supérieure ou inférieure à l'amortissement.

Depuis les Classiques, et jusqu'aux Néoclassiques, en passant par Marx, l'un des problèmes majeurs est de savoir si, dans un système considéré dans son ensemble, le montant de l'amortissement entre dans le coût de production (coût en services producteurs augmenté du montant de l'amortissement) ou s'il est contenu dans le revenu formé grâce à la production de la période, (coût en services producteurs), autrement dit, de savoir si le montant de l'amortissement s'ajoute aux rémunérations des services producteurs, ou s'il est pris sur le revenu formé dans la période de production. Pour résoudre ce problème, nous partirons de la tautologie fondamentale selon laquelle la dépense du revenu formé à la production de chaque période a le pouvoir d'écouler la totalité du produit de cette même période. En d'autres termes, les biens d'amortissement faisant partie intégrante de la production de chaque période, le revenu de la période, formé à la production, a le pouvoir de l'écouler. Walras, même s'il inverse cette causalité en disant que les prix permettent de déterminer les coûts, accepte que le montant des amortissements soit prélevé sur le revenu formé grâce à la production de la période. Ainsi, les coûts en services producteurs et l'amortissement sont couverts par les prix. Nous pouvons en déduire que le produit consacré à remplacer le capital périmé dans la production de la période constitue une partie de l'ensemble du produit de la période, ce qui signifie que le montant qui permet de financer l'achat du capital de remplacement est puisé dans le revenu formé, grâce à la production, sur les services producteurs. En revanche, la valeur du capital existant usé, du fait de la production, ne peut pas s'ajuster au coût de production (coût en services producteurs), ni par conséquent au revenu formé grâce à la production. L'objectif de remplacement du capital usé est, d'une part, de maintenir le niveau du capital existant, d'autre part, pour les auteurs de l'école de pensée qui considère le capital comme un facteur de production, de pouvoir le rémunérer en le perpétuant dans le temps.

Walras, dans la section V -23ème leçon des *Eléments*- définit la prime d'amortissement et la prime d'accident. La première a comme finalité de rétablir les capitaux détériorés par l'usage et elle permet de rendre les capitaux en quelque sorte « indestructibles », ce qui veut dire que le capital, une fois formé, peut se perpétuer grâce à l'amortissement. La seconde, la prime d'assurance, permet la reconstruction de tous les capitaux annuellement disparus par accident ; c'est ainsi que, grâce à ces primes, les capitaux seront rendus « impérissables ». Les deux cas découlent de l'exigence de son système car, pour Walras, le capital est un facteur de production, et pour être rémunéré, il doit se perpétuer dans le temps.

3.2.2. Le financement de l'amortissement ne peut être déterminé dans un système salarial où l'on suppose que la répartition est déterminée au moment des échanges.

Quelle est la source où sont prélevées les deux primes d'amortissement et d'assurance ? Pour Walras : « Il n'y a qu'à supposer que l'on prélève sur le revenu annuel la somme, proportionnelle au prix du capital, nécessaire, soit pour entretenir toujours le capital à l'état de capital neuf, soit pour le rétablir lorsqu'il sera hors d'usage. C'est ce qui s'appelle faire *l'amortissement* du capital ». (Walras ; 1952, P.243, souligné par l'auteur). S'il est vrai que le revenu de chaque période est la source du financement de l'amortissement de la même période, le problème est de savoir comment Walras explique ce prélèvement et si son explication est compatible avec les exigences du système salarial. En effet, comme nous l'avons vu, dans le système de Walras le revenu des services producteurs n'apparaît pas à la production, et, à l'équilibre, il y a égalité entre le coût de production en services producteurs et le prix du produit. Nous sommes en droit de nous demander si le système de Walras permet d'intégrer le montant de l'amortissement dans le coût de production.

L'amortissement du capital est calculé proportionnellement au prix du capital existant, et son montant entre dans le prix du produit. Ainsi les entrepreneurs ont-ils la possibilité de s'approprier une partie du produit équivalant à l'amortissement envisagé, ce qui leur permet de perpétuer le capital existant.

Le système d'Equilibre Général de Walras résulte de la généralisation des résultats obtenus dans une économie d'échange à une économie de production salariale ; il convient donc d'étudier si la façon dont est expliqué le financement de l'amortissement dans une économie d'échange peut s'étendre à une économie salariale. Dans une économie de producteurs-échangistes, le producteur direct doit épargner pour pouvoir financer l'amortissement de ses moyens de production, ce qui lui permet de maintenir ses instruments de travail au même niveau. Or, dans une économie salariale, par définition, l'amortissement du capital ne peut pas être financé par l'épargne volontaire des titulaires de revenu, car ce type de financement augmente l'endettement des entreprises. Nous avons vu que, dans le système de Walras, dès lors qu'un capital est formé, ce capital donne un revenu perpétuel (car l'épargne qui est la source de la formation du capital ne peut pas être remboursée, le profit n'étant pas compatible avec son système) et pour pouvoir rémunérer le capital dans le temps, il faut le perpétuer grâce à l'amortissement. Aussi l'amortissement ne peut pas à la fois remplacer le capital et l'augmenter. Par conséquent, le financement de l'amortissement doit être prélevé sur le revenu des facteurs de production, sans que cela augmente l'endettement des entreprises.

Pour faire apparaître le financement de l'amortissement, Walras distingue le revenu brut du revenu net. Le revenu net apparaît du fait qu'on prélève le montant de l'amortissement sur le revenu brut, ce qui signifie que, pour financer l'amortissement, les entrepreneurs captent une partie du revenu des services producteurs. « Soit P le prix du capital. Soit *p* le prix du service, y compris les deux primes d'amortissement et d'assurance, ou le revenu *brut*. Soit *u*P la fraction de ce revenu représentant la prime d'amortissement, *v*P la fraction représentant la prime d'assurance. Ce qui reste du revenu brut après qu'on a retranché ces deux primes, soit $s = p - (u + v)P$, est le revenu net ». (Walras ; 1952. P.243).

Walras donne une remarquable explication technique du financement de l'amortissement ; mais il s'agit de savoir si cette explication comptable permet au système walrasien de déterminer le financement de l'amortissement dans une économie salariale. Pour pouvoir calculer proportionnellement le montant de l'amortissement, il faut connaître le prix du capital. Or, dans le système de Walras, le prix du capital ne peut pas être connu avant les échanges. De ce fait, le montant de l'amortissement ne peut pas être déterminé avant les échanges. Par conséquent, ce montant ne peut pas constituer l'un des composants du prix du produit, ce qui signifie que nous nous trouvons dans un raisonnement circulaire ; pour connaître le montant de l'amortissement, il faut connaître le prix et pour déterminer le prix, il faut connaître le montant de l'amortissement. On peut objecter que dans le système de Walras ces éléments sont codéterminés.

Mais cette explication technique ($s = p - (u + v)P$) n'est pas suffisante pour déterminer le financement de l'amortissement dans une économie salariale ; elle serait acceptable si Walras avait réussi à déterminer la part de chaque facteur dans la production. Cette détermination est indispensable pour établir le montant du prélèvement nécessaire au financement de l'amortissement. Or, dans la partie consacrée à la répartition, nous verrons que le système walrasien ne parvient pas à déterminer la part de chaque facteur dans la production.

En effet, si les rapports relatifs permettent de déterminer les prix relatifs, en revanche, ils ne déterminent pas la part de chaque facteur dans la production.

3.2.3. L'analyse de Walras ne parvient pas à expliquer une économie en évolution.

Un problème important se pose au système walrasien, qui est fondé sur la concurrence pure et dans lequel tous les prix et rémunérations sont déterminés au moment des échanges. En expliquant l'amortissement du capital, Walras, dans son analyse, doit tenir compte des périodes passées, car la réalisation de l'équilibre général d'une période dépend des résultats obtenus dans d'autres périodes et ces résultats influencent la détermination des équilibres à venir. En effet, étant donné que dans l'analyse de Walras l'épargne constitue la seule source du financement du capital et étant donné que les taux d'intérêt des capitaux formés dans les différentes périodes sont formés dans chacune de ces périodes, et que l'endettement des entreprises se perpétue dans le temps, les taux d'intérêt fixés dans les différentes périodes deviennent un élément connu du coût de production avant les échanges. Autrement dit, les taux d'intérêt des capitaux formés dans le temps, (l'un des composants du coût de production), restent connus pour la durée de l'endettement des entreprises face aux épargnants. Aussi ces taux d'intérêt fixés dans les différentes périodes restent-ils indépendants de l'offre et de la demande sur le marché des capitaux. Or, cette situation n'est pas compatible avec le système de Walras : en effet, l'un des éléments du coût de production étant fixé avant l'échange, la réalisation de l'équilibre général devient problématique car, si certaines entreprises ont emprunté à des périodes différentes avec des taux d'intérêt différents, du fait de la concurrence parfaite, les entreprises qui, elles, ont emprunté à un taux d'intérêt plus élevé, au moins sur une période, disparaissent du fait de la concurrence, toutes choses restant égales par ailleurs.

En d'autres termes, nous pouvons dire que, si le capital a sa source dans l'épargne des particuliers, et même si nous acceptons que dans un premier temps l'on puisse fixer sur le marché le prix du service de l'ensemble des capitaux, cette supposition ne sera plus vraie pour les périodes de production suivantes, car le taux d'intérêt du capital de la période précédente est déjà fixé pour la durée du bail et ne peut être changé pendant cette durée. On ne peut donc pas affirmer que l'ensemble des éléments du coût et du prix se déterminent simultanément. Or, une détermination simultanée constitue l'une des principales exigences du système walrasien si l'on veut obtenir l'équilibre général.

Certains pourraient penser que les entrepreneurs qui ont contracté un taux d'intérêt élevé par rapport au taux d'intérêt de la période pourront le négocier en se présentant sur le marché des capitaux financiers de la période considérée. Mais cette hypothèse ne peut pas être retenue car elle n'est pas compatible avec les exigences du système de Walras. Impossibilité que nous allons mettre en évidence en distinguant les deux cas suivants.

1° Toute renégociation a un coût, et augmente donc les charges des entreprises qui sont obligées de renégocier leur contrat. Par conséquent, le coût de production des entreprises qui sont obligées de renégocier leur taux d'intérêt sera plus élevé que celui des entreprises qui ne sont pas obligées d'agir ainsi, et, de ce fait elles seront éliminées du marché par la concurrence pure qui constitue l'une des hypothèses fondamentales du système walrasien.

Il est possible que le taux d'intérêt des emprunts d'un certain nombre d'entreprises soit moins élevé que le taux d'intérêt de la période. Dans ce cas, soit c'est l'équilibre qui ne peut pas être réalisé du fait qu'un prix est donné avant les échanges, soit ce sont les entreprises qui empruntent dans cette période qui sont éliminées par l'effet de la concurrence.

2° Les exigences du système de Walras excluent toute possibilité de renégociation du taux de l'intérêt. En effet, pour pouvoir décider de renégocier, il faut connaître le nouveau taux d'intérêt, or le nouveau taux n'est connu qu'au moment où les échanges sont réalisés, et à ce moment-là, il est trop tard pour renégocier puisque, par hypothèse, les entreprises qui ont un taux d'intérêt plus élevé que celui déterminé par le marché sont déjà éliminées. L'hypothèse de la concurrence pure qui fonde l'analyse walrasienne, et d'une façon générale l'analyse néoclassique, exige que toutes les entreprises d'un même secteur aient la même combinaison de production, afin qu'elles réalisent le même coût d'amortissement. Cette hypothèse exige aussi que toutes les entreprises aient le même taux de rentabilité. Or, ces deux exigences ne sont pas compatibles avec un système économique en évolution qui, par définition, engendre des changements dans le mode de production et/ou dans les combinaisons de production.

Comment peut-on prétendre fonder l'analyse du système salarial sur une analyse qui ne permet pas d'expliquer l'évolution du système économique, et qui ne parvient pas à expliquer le financement de l'amortissement du capital ?

CHAPITRE II

DETERMINATION DE LA REPARTITION ET ANALYSE NEOCLASSIQUE

INTRODUCTION

La répartition du produit national est un problème essentiel qui a préoccupé les économistes de toutes les Ecoles de pensée. Comme nous l'avons vu dans l'introduction, David Ricardo souligne l'importance de ce sujet dans son introduction aux « *Principes* » : « Déterminer les lois qui règlent cette distribution, voilà le principal problème en économie politique ». (1970 ; P.9). Dans une économie salariale, la répartition est expliquée essentiellement de deux façons, qui consistent à prendre en compte une ou plusieurs causes de production. Mis à part les Physiocrates, qui pensent que la terre est la source du produit net et donc du revenu, pour les uns, il n'existe qu'une seule cause de production : le travail. (Ainsi, pour ces auteurs, qui fondent la valeur sur le travail, le problème est de savoir comment le produit du travail est partagé entre salaires et profit et, c'est en pensant que ce problème est résolu qu'ils proposent de faire rémunérer l'intérêt du capital sur le profit, mais ce n'est pas ce problème qui nous intéresse dans cette étude). Pour les autres, appartenant essentiellement à l'Ecole de pensée néoclassique, il existe plusieurs facteurs de production. Cette supposition exige, d'une part, que ces auteurs justifient l'existence de plusieurs causes de production, d'autre part, qu'ils établissent les lois qui permettent de déterminer la répartition du produit entre les différents facteurs de production.

La détermination de ces lois, dans une économie salariale, passe par la question de savoir si la répartition doit être établie à la production ou au moment des échanges. Si l'on suppose plusieurs causes de production et si, par conséquent, la répartition est déterminée à la production, il faut non seulement préciser la règle qui a permis ce partage, selon la part de chaque facteur dans la production, mais aussi établir comment le marché confirme cette répartition, afin d'obtenir l'équilibre du système économique fondé sur la concurrence, concurrence qui constitue l'une des principales exigences de l'analyse néoclassique et où, par conséquent, le profit est nul. Pour que le marché confirme cette répartition, il faut que, dès la production, les préférences des acheteurs soient connues. Or, ces préférences n'apparaissent qu'au moment des échanges, mais, en même temps, le profit nul à l'équilibre et le taux d'intérêt unique dans le système imposent que toutes les entreprises aient la même rentabilité, exigence exorbitante qui ne correspond pas à la réalité de l'économie salariale où c'est le marché qui fixe les prix.

Le choix de la détermination de la répartition au moment des échanges pose d'autres problèmes. Dans une économie salariale dans laquelle on suppose plusieurs facteurs de production et dans laquelle le raisonnement est fondé sur l'économie d'échange, la difficulté est de savoir d'où vient le revenu qui permet d'exercer un pouvoir d'achat sur les produits puisque, par hypothèse, il n'est pas déterminé à la production. Pour détourner ce problème, certains considèrent le travail comme un bien qui s'échange comme tout autre bien sur le marché. Ils établissent alors des prix relatifs, mais de ce fait ne font-ils pas apparaître une confusion entre l'une des causes de la production et le produit qui en résulte, c'est-à-dire entre le facteur et son produit ? Les rapports relatifs ne font-ils pas apparaître en effet une confusion entre le prix du facteur en tant que produit et sa part dans la production, c'est-à-dire son taux de rémunération ? Pour écarter cette confusion, il faut établir la part du travail et celle du capital dans la production, mais l'opération d'échange est-elle capable d'établir la part de chaque facteur dans la production ? On le voit, il est important de savoir dans quel cadre se place l'analyse néoclassique pour déterminer les lois de la répartition et en particulier la rémunération du travail.

En outre, les Néoclassiques établissent une relation entre le taux de rémunération de la main-d'œuvre et la demande de travail ou le niveau de l'emploi, ce qui donne une autre dimension au problème de la répartition, c'est pourquoi il est important de connaître la portée et les limites de la théorie de la répartition dans cette Ecole de pensée.

1. COMMENT LES NEOCLASSIQUES JUSTIFIENT-ILS L'EXISTENCE DE PLUSIEURS CAUSES DE PRODUCTION ET DONC DE PLUSIEURS SOURCES DE REVENU ?

Le problème de la répartition s'est posé à partir du moment où les moyens de production ont été appropriés par ceux qui ne les utilisaient pas directement, et, avec le développement de l'économie salariale, ce problème s'est imposé comme étant une partie importante de l'analyse économique. En effet, tant que les moyens de production sont utilisés comme des instruments de travail, la totalité du produit est appropriée par le travailleur direct, qui échange son produit directement ou par l'intermédiaire de la monnaie, en totalité ou en partie, contre d'autres produits ; de ce fait, le produit du producteur direct constitue la source de son revenu. Mais, dès qu'est apparue la séparation entre les travailleurs et les propriétaires des moyens de production, toutes sortes d'arguments ont été avancés pour justifier la répartition du produit entre travailleurs et propriétaires. L'exemple le plus significatif est donné par les Physiocrates, qui divisent la société en classes sociales. François Quesnay commence son ouvrage intitulé : *Tableau Economique* par ce constat : « La nation est réduite à trois classes de citoyens : *la classe productive, la classe des propriétaires et la classe stérile* ». (1969 ; P.45. Souligné par l'auteur). Avant d'étudier comment les Néoclassiques justifient l'existence de plusieurs causes de production, il convient de s'intéresser aux deux premières classes des Physiocrates pour illustrer la justification de la répartition du produit du secteur agricole entre ces deux classes et pour démontrer que cette justification n'est pas fondée sur un véritable raisonnement économique, mais aussi pour prendre conscience du fait que cette justification non fondée économiquement n'a pas empêché ce raisonnement d'être accepté comme une vérité, et puis comme point d'appui par d'autres auteurs qui expliquent aussi la répartition dans l'économie salariale.

1.1. La terre peut-elle être considérée comme la cause de l'apparition d'un surplus ?

Pour les Physiocrates, la terre est la source d'un « don gratuit », d'un produit net ou d'un surplus et, étant donné qu'elle appartient aux propriétaires et non à ceux qui la cultivent, il leur apparaît naturel que les propriétaires s'approprient le produit net. Si leur explication est simple, elle est fondée, en revanche, sur une hypothèse lourde. Ils supposent en effet que le produit net résulte de la différence entre le produit brut ou total et les avances. Mais, pour justifier cette différence, ils sont obligés d'inclure dans les avances à la terre la consommation de la classe productive et c'est cette hypothèse qui leur permet d'affirmer l'existence du produit net ; mais en même temps c'est cette hypothèse qui marque la limite de leur raisonnement. En effet, le niveau du produit net dépend du niveau de consommation de la classe productive, niveau déterminé par les propriétaires. Or, si l'on suppose que la terre appartient à celui qui la cultive, on fait disparaître l'argument sur lequel est fondée l'explication de l'apparition du produit net, car, si la terre appartient au cultivateur, tout le produit de la terre lui appartient, et son revenu, qui constitue sa consommation et son épargne, est équivalent au produit de la terre auquel on soustrait les avances. On le voit, l'apparition du produit net n'est fondée sur aucune justification économique, tandis que son apparition et son appropriation sont justifiées par la distinction entre producteur et propriétaire. Il est important de remarquer que le niveau du produit net dépend du niveau des « salaires » des cultivateurs et cela du fait qu'il n'existe pas de justification économique de l'apparition du produit net.

Ce résultat, obtenu par les Physiocrates, découle principalement de la méconnaissance de la loi de la valeur ; c'est à dire de la méconnaissance de la cause de la production qui est la source du revenu. Ce sont les Classiques qui établiront les fondements de cette loi. Mais il faudra attendre David Ricardo pour trouver une véritable explication économique de l'apparition de la rente foncière.

1.2. Le véritable problème de la détermination de la cause ou des causes de la production apparaît avec l'économie salariale.

Nous savons que, dans une économie de producteurs-échangistes, le problème du partage du produit ne se pose pas, car le producteur direct s'approprie son propre produit et l'échange contre un autre qui lui est équivalent.

L'apparition et le développement de l'économie salariale engendrent une dimension nouvelle, celle du partage du produit entre salaires et profit de l'entreprise ou salaires et intérêt du capital ; intérêt, en tant que part qui revient au capital s'il est considéré comme une cause de production. Si le profit de l'entreprise constitue l'une des sources de la formation du capital ou du revenu de l'entreprise, en revanche la détermination de l'intérêt du capital passe par la détermination de la part du produit réalisé par le capital, car, dans ce cas, le capital est considéré comme l'un des facteurs de la production et sa rémunération constitue l'un des éléments du coût de production.

La détermination du taux de rémunération du travail chez les auteurs de l'Ecole néoclassique n'est pas simple car ceux-ci supposent l'existence de plusieurs facteurs de production. Ils supposent notamment qu'il existe plusieurs causes de production, aussi l'existence de plusieurs facteurs de production devient-elle la cause de l'apparition de plusieurs sources de revenu. Mais avant de justifier l'existence de plusieurs facteurs de production selon les Néoclassiques, et d'établir la règle du partage du produit entre les différents facteurs, il convient d'écarter une idée reçue selon laquelle la justification de l'existence de plusieurs causes de production, ou de plusieurs sources de revenu, trouverait son origine chez A. Smith, qui est considéré comme le père fondateur de la science économique.

Pour Smith, le travail est la cause de la production mais tout le produit du travail n'est pas, dans toutes les circonstances, approprié par les travailleurs. Cette observation de la réalité économique amène Smith à distinguer deux sociétés : primitive et industrielle. Autrement dit, il distingue l'économie de producteur direct ou artisanale et l'économie salariale. « Dans cet état de choses (la première enfance des sociétés), dit Smith, le produit du travail appartient tout entier au travailleur, et la quantité de travail communément employée à acquérir ou à produire un objet échangeable est la seule circonstance qui puisse régler la quantité de travail que cet objet devra communément acheter, commander ou obtenir en échange ». (*La Richesse des Nations*, 1991, P.118). En revanche, dans une société industrielle où le capital accumulé est approprié par ceux qui emploient des salariés, ces derniers n'obtiennent pas la totalité de leur produit. « Ainsi, dit Smith, la valeur que les ouvriers ajoutent à la matière se résout alors en deux parties, dont l'une paye leurs salaires, et l'autre les profits que fait l'entrepreneur sur la somme des fonds qui lui ont servi à avancer ces salaires et les matières à travailler ». (Idem. P.118). Ce passage de Smith ne laisse aucun doute, le travail est la seule source de la production et c'est le produit du travail qui est partagé entre salaires et profit. Ce partage du produit ne signifie nullement, pour Smith, l'existence de plusieurs causes de production. Cela ne veut pas dire non plus que Smith méconnaît l'importance des capitaux dans la production, car il est l'un des premiers auteurs à expliquer le rôle que joue le capital dans la division du travail et donc dans l'augmentation de la productivité du travail. Par conséquent, il ne convient pas d'attribuer à A. Smith la justification de l'existence de plusieurs causes de production, même si celui-ci constate que le produit du travail est partagé entre salaires et profit.

Les Néoclassiques n'acceptent pas la théorie de la valeur-travail. Comment justifient-ils ce refus ? A titre d'exemple, citons Jevons, l'un des fondateurs de cette Ecole de pensée, afin de pouvoir apprécier ses arguments : « C'est un fait que le travail, une fois qu'il a été dépensé, n'a pas d'influence sur la valeur future d'un objet : il a disparu et est perdu pour toujours. Dans le commerce, ce qui a disparu est disparu pour toujours ; nous devons toujours partir de zéro à chaque moment et payer les valeurs des choses en considérant leur utilité. L'industrie est essentiellement prospective et non rétrospective ; et il est rare que le résultat de quelques entreprises coïncide exactement avec les intentions premières de ces promoteurs ». (Jevons ; 1871, P.159). Jevons a le droit de contester la théorie de la valeur-travail, en revanche il ne peut pas contester que, dans une économie salariale, c'est la dépense des rémunérations distribuées grâce à chaque production qui écoule sa contrepartie, c'est-à-dire le produit de la période où le revenu est formé.

En outre, s'il n'accepte pas cette vérité, il doit dire quel est le revenu qui, dans une économie salariale, exerce un pouvoir d'achat pour que soient déterminés les prix des produits. Enfin, s'il veut dire que le prix s'écarte du coût de production, quels que soient les éléments qui le composent, dans ce cas, soit il met en cause l'existence de la concurrence pure, hypothèse qui, dans le système néoclassique, permet d'établir l'égalité entre le coût de production et le prix pour que l'équilibre néoclassique se réalise, soit il n'a pas confiance en cette hypothèse et, dans les deux cas, il met en cause l'existence de l'équilibre du système.

1.3. Le passage de l'économie artisanale à l'économie salariale justifie-t-il que l'on passe d'une cause de production, à savoir le travail, à plusieurs causes de production ?

Nous avons vu (cf. ch1) que, dans l'économie artisanale, le travail est la cause de la production et que l'utilisation des instruments de travail (moyens de production) permet à l'artisan d'améliorer la productivité de son travail. L'artisan s'approprie son produit dont la vente constitue sa recette et la différence entre sa recette et sa consommation productive représente son revenu : le revenu de l'artisan résulte de son travail ; or, étant donné que le revenu a sa source dans la production, le travail est la seule cause de la production dans ce système. Ainsi, dans l'économie artisanale, du fait que les instruments de travail appartiennent au producteur direct, ils ne sont pas considérés comme un capital qui serait une cause de production auquel il faudrait attribuer une rémunération. Quel est le changement qui apparaît lorsque l'on passe du système artisanal à un système salarial ?

Le changement qui nous intéresse ici apparaît du fait que, dans le système salarial capitaliste, les moyens de production (le capital) n'appartiennent pas à ceux qui les emploient pour réaliser la production. Le problème est de savoir si, par rapport à l'économie artisanale, cette distinction entre travailleurs et propriétaires des moyens de production justifie l'élargissement qui permet de passer d'une cause à plusieurs causes de production. Autrement dit, le passage de l'économie artisanale à l'économie salariale serait-il suffisant pour justifier la prise en compte de plusieurs causes de production ? Si l'on suit ce raisonnement, la cause de ce changement se trouverait dans le changement de propriétaire des moyens de production. Ce changement serait-il suffisant pour envisager l'existence de plusieurs causes de production ? Ce raisonnement ne serait-il pas du même ordre que celui des Physiocrates dont nous avons démontré qu'il était sans fondement économique ? En effet, nous avons vu que si la terre appartient au cultivateur et si son revenu n'est pas considéré comme une consommation productive, le surplus ou produit net n'apparaît pas ; et ainsi disparaît la cause qui justifiait l'appropriation d'une partie du produit (produit net) par les propriétaires fonciers. Dans la partie consacrée à la rente ricardienne nous verrons comment Ricardo fonde la cause de l'apparition de la rente sur un raisonnement économique pertinent.

Dans l'économie artisanale, le producteur direct peut emprunter, moyennant le paiement d'un intérêt, l'épargne des vendeurs excédentaires, pour augmenter ses moyens de production. Dans ce cas, le producteur paie l'intérêt de ses emprunts en le prélevant sur son revenu, dont la source est le travail. Qu'en est-il de l'économie salariale ?

Pour les Classiques, qui considèrent le travail comme la cause de la production, la distinction entre travailleurs et propriétaires des moyens de production, (ou le passage du système artisanal au système salarial), ne saurait justifier l'introduction d'autres causes de production. Ainsi, les moyens de production, dont la terre, ne peuvent pas être considérés comme causes de production, et cela, même si les propriétaires perçoivent des intérêts ou une rente. Mais le problème est de savoir comment sont financés l'intérêt et la rente. Dans le système salarial, étant donné que le produit apparaît dans l'entreprise, le paiement de l'intérêt a sa source dans le revenu ou le profit de l'entreprise. Marx voit très bien ce problème. « L'intérêt demeure en réalité ce qu'il parait être et ce qu'il est à l'origine : une partie du profit, c'est-à-dire de la plus-value que le capitaliste actif, industriel ou commerçant - s'il emploie non pas son propre capital, mais du capital emprunté - doit verser au propriétaire et prêteur de ce capital... En fait, c'est seulement la division des capitalistes en capitalistes financiers et industriels qui transforme en intérêt une partie du profit et, d'une manière générale, crée la catégorie de l'intérêt ; et c'est uniquement la concurrence entre ces deux sortes de capitalistes qui crée le taux d'intérêt ». (Marx, 1985 ; P. 1131). On le voit, le paiement d'un intérêt n'apparaît que s'il existe une séparation entre utilisateur et propriétaire du capital et il est payé par un prélèvement sur le profit de l'entreprise. Autrement dit, le paiement de l'intérêt n'est pas considéré comme la rémunération d'un facteur.

Quant à la rente foncière, les Classiques, et en particulier D. Ricardo, démontrent que son apparition est due à l'existence de terres de fertilités différentes qui engendre, pour la même quantité de terres, mais de qualités différentes, des niveaux de production différents et par conséquent des coûts de production différents. Mais en aucun cas, pour les Classiques, ces paiements (intérêt et rente) ne sont considérés comme rémunération d'un facteur en tant que cause de production. En effet, si toutes les terres étaient homogènes, il n'y aurait pas de rente différentielle, et s'il n'y avait pas séparation entre utilisateurs et propriétaires de capital, il n'y aurait pas de paiement d'intérêt. On le voit, le paiement de l'intérêt n'est pas dû à l'action du capital mais à son appropriation par ceux qui ne l'utilisent pas directement.

Néanmoins les Néoclassiques pensent qu'il existe plusieurs causes de production (nous verrons si leur justification est fondée sur un raisonnement économique ou sur des éléments techniques, ou encore sur des a priori). Dans ce cas, le problème est de savoir quelle est la règle qui permet le partage du produit entre salaires et intérêt du capital en tant que rémunération d'un facteur. Pour cela, il est nécessaire de déterminer la part de chaque facteur dans la production. L'analyse néoclassique parvient-elle à déterminer cette part dans toutes les circonstances ?

1.4. Comment les Néoclassiques justifient-ils l'existence de plusieurs causes de production ?

Les Néoclassiques « justifient » l'existence de plusieurs causes de production de deux façons : soit en supposant d'emblée l'existence de plusieurs facteurs de production en tant que causes de production, soit en se fondant sur une donnée technique (cf. Samuelson ; 1983, P.215), à savoir que, normalement, les facteurs ne peuvent pas être utilisés séparément. Comme c'est le cas la plupart du temps, ils s'appuient sur des analogies pour conforter leur point de vue. « Un économiste du XVIIe siècle, Sir Willam Petty, illustrait cette nécessité technique par une image biologique. Il est impossible de dire qui, de la mère ou du père, joue le rôle le plus important dans la procréation d'un enfant. De même, il n'est pas, dans la grande majorité des cas, en notre pouvoir de déterminer la fraction d'un produit physique qui a été *causée* par l'un quelconque de différents facteurs *considérés isolément*. Ces différents facteurs *réagissent* les uns sur les autres. Chacun d'eux renforce habituellement l'efficacité des autres, mais il advient qu'ils entrent en conflit et se concurrencent, au lieu de se compléter.» (Idem. P.215, souligné par l'auteur). Le problème est de savoir comment déterminer la répartition entre les facteurs si l'on affirme que « il n'est pas, dans la grande majorité des cas, en notre pouvoir de déterminer la fraction d'un produit physique qui a été *causée* par l'un quelconque de différents facteurs *considérés isolément*». Autrement dit, si, pour justifier un raisonnement, on le fonde sur une analogie, il est normal d'accepter toutes ses conséquences. Ainsi, l'impossibilité de savoir qui, de la mère ou du père, joue le rôle le plus important doit s'appliquer aussi au rôle joué par les facteurs dans la production. Néanmoins, les Néoclassiques pensent établir ainsi la loi qui permet de déterminer la part revenant à chaque facteur.

Aussi est-il intéressant de remarquer qu'il n'est pas possible qu'une mère ou un père seul puisse avoir un enfant. En revanche, il n'est pas impossible qu'un travailleur puisse réaliser un produit sans avoir besoin d'un capital préalable. Une autre remarque, qui doit nous préoccuper dans les développements qui suivront, est celle qui permet de constater que le capital intervenant dans le processus de production résulte d'un travail préalable, d'une production, tandis que l'homme n'est le résultat ni d'un capital ni d'une production. Dans ce cas, peut-on donner le même fondement à la loi qui détermine la rémunération du travail et à celle du capital qui résulte de la production ?

En outre, comme toute analogie, celle-ci a ses limites. L'analyse néoclassique, pour déterminer la répartition, doit supposer une fonction de production à coefficient variable, ou à facteurs substituables. Or, dans la procréation d'un enfant, il n'est pas possible de substituer la mère au père et vice-versa. Précisons bien qu'il ne s'agit pas d'ignorer l'importance du rôle du capital en tant qu'élément technique permettant d'améliorer la productivité du travail. Notre problème est, d'une part, de savoir si l'on peut déterminer, à la production ou au niveau des échanges, la rémunération des différents facteurs considérés en tant que causes de production, d'autre part, de savoir si cette détermination est possible dans tous les cas de rendements croissants, constants et décroissants, enfin, de savoir si la détermination de la répartition marginaliste ne fait pas apparaître une confusion entre le prix du facteur en tant que produit et sa part dans la production. Si la réponse à cette interrogation s'avère positive, c'est alors la théorie de la répartition marginaliste qui aura échoué dans sa tentative.

1.5. La rémunération du travail n'est pas un achat, mais une formation de revenu.

Si l'on suppose plusieurs facteurs de production, on doit déterminer la part de chaque facteur dans la production afin d'attribuer à chaque facteur ce qui lui revient. C'est cette part que l'analyse marginaliste se propose de déterminer, mais cela grâce à quelques hypothèses dont il est nécessaire de vérifier si elles sont compatibles avec les exigences d'une économie de production salariale.

Le point de départ d'une grande majorité des auteurs de cette Ecole de pensée est le fait de considérer le travail comme une marchandise. Ainsi le travail peut-il être acheté et vendu comme toute autre marchandise. Malinvaud, en se plaçant dans le cadre de l'équilibre général, écrit : « On considère une économie avec r biens *(h =1,2... r)*, le bien r étant la monnaie ; le travail, ou les différents types de travail, sont évidemment des biens ». (Malinvaud ; *Réexamen de la théorie du chômage*, 1980, P.55).

Cette affirmation ne peut pas être acceptée puisque le travail n'est pas un produit, il est la (ou l'une des) cause(s) de la production. La rémunération du travail n'est pas un achat, c'est la formation du revenu. Le revenu résulte de la production, il ne peut la précéder. Pour exercer un pouvoir d'achat, il faut un revenu, il faut donc d'abord produire ; or, le revenu n'existe pas avant la production. (Le système dans lequel le travail s'achète est le système esclavagiste ; dans ce système, l'achat du travail n'est pas une rémunération mais la dépense d'un revenu puisque l'esclave est considéré par le maître comme un « capital »). Le revenu formé dans la période précédente ne doit pas être dépensé dans la rémunération du travail, il est destiné à l'achat des produits de la période où la production est réalisée, car le revenu de chaque période représente le produit de cette même période. Dans une économie de production salariale, la dépense du revenu ne signifie pas la formation du revenu mais l'achat du produit dont il est la contrepartie. La dépense du revenu dans les achats finals signifie la disparition du revenu et non une formation de revenu. Il faut une nouvelle production pour déterminer un nouveau revenu.

Il est intéressant de constater que les points de vue des chefs de file des deux courants de pensée, Classique et Néoclassique, divergent sur ce problème central. Voyons ce qu'en dit A. Smith : « Quoique le premier (l'ouvrier de manufacture) reçoive des salaires que son maître lui avance, il ne lui coûte, dans le fait, aucune dépense, la valeur de ces salaires se retrouvant en général avec un profit de plus dans l'augmentation de la valeur du sujet auquel ce travail a été appliqué ». (Smith, 1834, P.6). Dans ce passage, il apparaît clairement que pour A. Smith la rémunération des travailleurs ne signifie pas une dépense ou un achat pour l'entrepreneur mais une formation de revenu pour les travailleurs. Ce raisonnement de Smith n'est pas partagé par les Néoclassiques pour qui le paiement des salariés est considéré comme un achat. « Dans un état statique, le travail et le capital réunis créent tout le produit de la fabrique, les salaires et l'intérêt sont les prix qu'ils obtiennent pour leurs diverses contributions ; l'entrepreneur paye ces prix d'achat et devient en conséquence le propriétaire du produit tout entier ». (Clark, 1911, P.79). Il apparaît non moins clairement que pour Clark aussi le versement des salaires signifie un achat direct du produit du travail par l'entrepreneur. Mais Clark doit, au préalable, déterminer quelle est la part du produit de chaque facteur dans la production, détermination indispensable dans l'analyse néoclassique pour pouvoir affirmer que l'entrepreneur achète le produit de chaque facteur.

Dans une économie d'échange pur, pour pouvoir acheter il faut vendre, tandis que dans une économie salariale il faut participer à la production pour recevoir un revenu. Il en va de même pour l'entrepreneur : son revenu résulte de sa participation à la production en tant que service producteur ; cela est d'autant plus vrai, chez les

Néoclassiques, qu'ils considèrent que le profit est nul à l'équilibre. Le fonds de roulement dont l'entrepreneur dispose sert à monétiser la production de chaque période ; il le récupère en vendant les produits monétisés grâce à la rémunération des services producteurs. Si l'entrepreneur dépense son fonds de roulement dans des achats, il diminue, de ce fait, ce fonds de roulement du même montant.

Nous verrons par la suite que l'affirmation selon laquelle le travail est un bien ne va pas sans poser problème quand il s'agit de déterminer la courbe de l'offre de travail pour l'assimiler à celle de l'offre de capital, qui est une marchandise. En effet, si la courbe de l'offre de capital (facteur-produit) est représentée par celle de son coût marginal, en revanche la prise en considération de la courbe de l'offre de travail ne peut obéir à la même loi, car le travail ne résulte pas de la production.

Ces remarques étant faites, il est intéressant d'étudier les hypothèses qui fondent la théorie de la répartition dans cette Ecole de pensée où l'on suppose l'existence de plusieurs facteurs de production. Le problème est de savoir si le partage du produit entre les facteurs de production peut être établi à la production. Si la réponse est positive, il convient d'étudier la portée et les limites d'une telle exigence, mais aussi de voir quel serait le rôle du marché des produits puisque, par hypothèse, dans l'analyse marginaliste le produit est déjà partagé dès sa création entre les facteurs, et d'en tirer les conséquences, à savoir que : si le marché ne respecte pas ce partage, il peut être considéré comme responsable du déséquilibre. Mais cela met en cause la portée de la théorie dominante qui fonde son analyse sur l'économie de marché.

2. LA REPARTITION EST-ELLE DETERMINEE DIRECTEMENT PAR LA FONCTION DE PRODUCTION OU EST-ELLE DETERMINEE PAR LES COURBLES D'OFFRE ET DE DEMANDE DES FACTEURS ?

Dans le système marginaliste, le travail est considéré comme l'un des facteurs de production. Et il semble que l'on puisse étudier de deux façons la détermination du taux de salaire réel chez les auteurs de cette Ecole de pensée.

L'une des propositions affirme que le taux de rémunération des facteurs de production est déterminé selon leur productivité marginale. Dans ce premier cas, la productivité marginale représente la courbe de demande du facteur variable et il s'agit de savoir si tous les points de cette courbe sont compatibles avec l'équilibre du système, ou si les courbes de l'offre et de la demande jouent un rôle dans la détermination des taux de rémunération des facteurs. L'autre proposition affirme que le taux de salaire est déterminé comme le prix de tout bien sur le marché. Dans le premier cas, la répartition est déterminée grâce à une fonction de production, dans le second cas, elle trouve ses fondements dans une économie d'échange (analyse walrasienne). Il s'agit de savoir, d'une part, si ces deux déterminations sont compatibles ou différentes, d'autre part, si l'on trouve un fondement économique qui déterminerait la rémunération du facteur fixe dans le cas où la répartition du facteur variable serait déterminée selon sa productivité marginale.

2.1. Justification du choix des rendements décroissants dans la détermination du taux des rémunérations.

Dans ce système, pour pouvoir expliquer la répartition, il est indispensable de prendre une fonction de production à coefficients variables. On pense que l'avantage du choix d'une telle fonction réside dans le fait qu'il est possible de combiner des quantités variables de travail avec la quantité de capital existant en vue de modifier le volume de la production. En d'autres termes, les proportions suivant lesquelles les deux facteurs sont combinés peuvent être variables et, dans ce cas, il est clair que la même quantité de produits peut être obtenue à l'aide de différentes combinaisons de travail et de capital. Un facteur peut être substitué à un autre de telle façon qu'une quantité déterminée de produits puisse être obtenue. Précisons que ce ne sont pas les changements techniques (de nouvelles fonctions de production) qui imposent des combinaisons différentes. Les Néoclassiques supposent que ces changements de combinaison peuvent se réaliser dans la même période sans qu'ils soient imposés par l'évolution technique. Cette hypothèse leur est nécessaire pour qu'ils puissent fonder leur théorie de la répartition.

L'existence d'une fonction de production n'est toutefois pas suffisante pour déterminer la répartition. Pour pouvoir expliquer la répartition dans le système marginaliste, il faut supposer que la quantité de l'un des facteurs (le capital) reste constante, tandis que le nombre de travailleurs augmente sur cette quantité de capital ; de plus, les rendements du facteur variable doivent être considérés comme décroissants. Or, même dans l'hypothèse où un facteur de production reste constant et où l'autre augmente, il est possible que, jusqu'à une certaine limite, la production augmente plus que proportionnellement. C'est la phase des rendements croissants. L'analyse marginaliste ne peut pas déterminer la répartition dans cette phase.

Le problème est de savoir comment évolue la rémunération du facteur variable quand sa quantité employée augmente. Y a-t-il une relation entre l'offre et la demande de travail et son taux de rémunération ? En d'autres termes, peut-on dire que la rémunération des travailleurs augmente quand le nombre de travailleurs employés augmente, puisque, en principe, du fait que le travail est considéré comme un bien, cette augmentation doit satisfaire l'accroissement de la demande de main-d'œuvre ? Il n'en est rien, car cette hypothèse est en contradiction avec la loi selon laquelle la productivité marginale du facteur variable diminue quand la quantité employée augmente. Par conséquent, la rémunération du facteur variable doit diminuer au fur et à mesure que la quantité employée augmente. En effet, nous verrons que l'hypothèse des rendements décroissants est l'une des exigences de ce système permettant d'établir la rémunération du facteur variable. Ainsi, dans le système néoclassique, ce n'est pas parce que la quantité employée d'un facteur augmente que sa rémunération doit augmenter, c'est parce que la rémunération du facteur variable diminue, obéissant ainsi à la loi des rendements décroissants, que la quantité employée augmente. Autrement dit, le taux de rémunération du facteur variable diminue du fait que les Néoclassiques supposent que sa productivité est décroissante quand la quantité employée augmente. Ainsi, cette analyse de la répartition ne peut pas concerner la phase des rendements croissants et, ou, constants.

2.1.1. Le choix des rendements décroissants est fondé sur une analogie.

Bien qu'il parte de l'analogie de Petty pour justifier l'existence de plusieurs causes de production (cf. 1.4.), et bien qu'à travers cette analogie il fasse apparaître qu'il n'est pas possible de déterminer la part de chaque facteur, Samuelson, à la suite de Clark, (qui pense pouvoir établir une analogie entre la rente ricardienne et la théorie de la répartition fondée sur la productivité marginale du facteur variable), se fonde néanmoins sur les rendements décroissants pour faire apparaître la part de chaque facteur dans la production. A cette fin, il prend comme facteur constant la terre et comme facteur variable, le travail. « Nous rappellerons, en premier lieu, que les courbes de demande dérivée de main-d'œuvre sont décroissantes vers le bas. La loi des rendements décroissants suggère que l'adjonction d'une main-d'œuvre de plus en plus nombreuse aux ressources naturelles et à la surface du sol invariable des Etats-Unis doit tendre à réduire la productivité de main-d'œuvre ainsi que les salaires (réels) ». (Samuelson, 1983, *L'Economique*, T.2, P.266).

Remarquons que l'hypothèse de surface cultivable invariable aux Etats-Unis n'est pas un choix judicieux : cela, d'une part, du fait de la superficie de ce pays par rapport à sa population, d'autre part, du fait de la diminution de la population agricole dans ce pays. Mais n'oublions pas que le but de Samuelson, qui se fonde sur l'analyse de Clark (1907), est de généraliser la théorie de la rente ricardienne à l'ensemble de la théorie de la répartition. Cela dit, le choix de la terre comme facteur constant n'est pas non plus innocent, car il est plus facile de dire qu'on peut augmenter le nombre de travailleurs sur la même quantité de terre que d'affirmer d'emblée qu'on peut augmenter la quantité de main-d'œuvre sur une quantité fixe de capital. Sans doute Samuelson, à l'instar de Clark, pense-t-il qu'une fois cette relation établie entre la terre et le travail, il peut la généraliser pour l'appliquer au capital et au travail.

Nous démontrerons (3.5.) que cette analogie sur laquelle se fonde le raisonnement néoclassique pour établir les rendements décroissants pensant ainsi pouvoir déterminer la rémunération du facteur variable est une fausse analogie.

2.1.2. Dans l'analyse marginaliste la concurrence n'intervient pas dans la détermination des taux de rémunération.

Précisons que ce raisonnement de Samuelson apparaît dans le chapitre 29 de son ouvrage (1983), intitulé : « *Salaires concurrentiels et marchandages collectifs* ». Que signifie : « salaires concurrentiels » ? Cela signifie-t-il que la concurrence s'établit entre les travailleurs (les offreurs), entre les entrepreneurs (les demandeurs) ou entre les travailleurs et les entrepreneurs ? Dans cette analyse, on fait apparaître la concurrence entre les travailleurs du fait qu'on suppose que la quantité du facteur-travail est variable tandis que la quantité de l'autre facteur reste constante. (Remarquons que si l'on ne supposait pas la quantité de l'un des facteurs constante, ce raisonnement ne conviendrait plus pour déterminer le taux de salaire dans ce système). Néanmoins, le problème est de savoir si c'est la concurrence entre les travailleurs qui fait baisser le taux de salaire ; la réponse est négative. La concurrence entre les travailleurs ou entre les entrepreneurs aurait un sens si l'on supposait comme fixe la combinaison de production entre travail et capital. Dans ce cas, si l'offre de travail dépassait sa demande, la concurrence s'établirait entre les travailleurs, et si la demande de travail dépassait son offre, la concurrence s'établirait entre les entrepreneurs. Or, ce raisonnement n'est pas compatible avec la règle selon laquelle la rémunération du travail est déterminée par sa productivité marginale. En effet, dans l'analyse marginaliste, le taux de salaire obéit à une loi qui est déterminée par une relation technique. Il baisse du fait de l'hypothèse des rendements décroissants du facteur variable. Ainsi le taux de salaire n'est pas obtenu du fait de la concurrence entre les travailleurs, il est déterminé par la relation qui suppose que la productivité du travail diminue à mesure que sa quantité employée augmente sur la même quantité de terre ou de capital, quantité qui est supposée constante et cela afin de satisfaire les exigences de leur analyse. Par conséquent, dans ce système, le taux de salaire n'est pas établi du fait de la relation concurrentielle, mais du fait de la relation qui détermine les rendements décroissants du facteur variable, relation déterministe. Cela permet de dire que la rémunération du facteur variable ne résulte ni de la concurrence entre les travailleurs, ni de la concurrence entre les entrepreneurs, ni de la concurrence entre les travailleurs et les entrepreneurs. La concurrence qui constitue l'une des exigences de la réalisation de l'équilibre général impose aux entrepreneurs de rémunérer les travailleurs pour le taux de salaire déterminé par la productivité marginale du travail. Il est vrai que ce taux varie en fonction de la quantité de travail employé dans le système, mais il est indépendant de la volonté des entrepreneurs, qui, s'ils sont en même temps capitalistes, ont intérêt à augmenter le nombre de travailleurs employés sur la même quantité de capital afin d'augmenter la rémunération de ce dernier.

Il semblerait qu'il soit plus facile pour Samuelson de choisir comme exemple la terre (qui ne résulte pas de la production) en tant que facteur constant plutôt que le capital (qui résulte de la production et dont la quantité peut augmenter), car de cette façon il pense pouvoir prendre appui sur la rente ricardienne. Or, la généralisation du raisonnement ricardien de la rente à l'ensemble de l'économie a ses limites, comme nous le verrons (3.5.). Précisons simplement que Ricardo, en étudiant la détermination de la rente, n'a pas pour but de déterminer le taux de salaire ni la rémunération de la terre, mais de faire apparaître la rente, qui est un effet de prix, résultant de l'hétérogénéité des terres, tandis que la détermination des rémunérations (salaires et intérêt) ne résulte ni d'un effet de prix ni de l'hétérogénéité du travail ni de l'hétérogénéité du capital ; au contraire, chaque catégorie de travail doit être considérée comme étant homogène. En outre, dans l'analyse de Ricardo, si les terres étaient homogènes, la rente n'apparaîtrait pas. Le capital étant homogène par définition, de même que chaque catégorie de travail, il est abusif de généraliser la théorie de la rente ricardienne à l'ensemble des facteurs.

La diminution du taux de rémunération du facteur variable trouve son fondement dans une relation déterministe représentée par la relation technique. Elle-même est fondée sur deux hypothèses : d'une part, on suppose l'un des facteurs comme étant fixe, d'autre part, on suppose les rendements du facteur variable comme étant décroissants et, de ce fait, on rémunère le facteur variable selon la productivité de la dernière unité employée. Ainsi, au fur et à mesure que la quantité de travail augmente, sur la même quantité de capital, la rémunération du facteur variable diminue tandis que celle du facteur fixe augmente. Mais comment peut-on affirmer que la rémunération du facteur constant augmente, ou, ce qui revient au même, que sa productivité augmente puisque ni sa quantité ni sa qualité n'ont changé ? Ne voit-on pas apparaître là l'une des limites de cette analyse ?

2.1.3. La détermination marginaliste de la répartition respecte-t-elle les exigences de l'Equilibre Général ?

Les Marginalistes se placent dans le cadre de l'équilibre du système et fondent la rémunération du facteur variable sur sa productivité marginale. Ce résultat est-il compatible avec les exigences des fondateurs de l'Ecole néoclassique ? Ecoutons ce qu'en dit Walras : « Il est à peine besoin de dire que le principe de la proportionnalité des valeurs des produits et des services à leurs raretés, à l'état d'équilibre général du marché (224), et la loi de variation des prix d'équilibre, en raison des variations des raretés provenant de variations soit dans les utilités, soit dans les quantités possédées (227), subsistent entièrement après comme avant la résolution des équations de la capitalisation et de la circulation. » (1976, P.371). Remarquons au passage que Walras accepte le principe de la détermination des rémunérations des facteurs selon leur productivité marginale. (Cf. idem. P.375).

Ainsi, l'étude de la rémunération dans l'analyse néoclassique permet de distinguer deux explications dont il s'agit de voir si elles sont compatibles. Dans la première, le taux de rémunération des facteurs est établi par la relation technique. Dans la seconde, les prix des services producteurs sont déterminés selon leur «proportionnalité» donc de façon relative, ce qui, pense-t-on, fait intervenir la rareté.

Peut-on appliquer le raisonnement fondé sur la rareté à la première détermination ? Selon Walras, la rémunération du facteur constant augmente parce qu'il est rare. Nous pouvons déjà remarquer que dans le raisonnement fondé sur la productivité marginale du facteur, un facteur est considéré comme rare du fait qu'on suppose qu'il est constant. Précisons que l'hypothèse de facteur(s) constant(s) est une exigence du système destinée à déterminer les rémunérations. Par ailleurs si le capital variait en même temps que le travail, le système marginaliste ne pourrait pas déterminer les rémunérations des facteurs.

Le prix de la rareté doit être sanctionné par le marché. La rareté apparaît sur le marché tandis que, dans la détermination marginaliste, le taux de rémunération est établi par la relation technique. En outre, dans une situation d'équilibre où les prix sont égaux aux coûts de production, il ne convient pas de raisonner en termes de rareté. La rareté joue un rôle dans les cas où apparaissent des pertes et profits. Or, les pertes et profits ne sont pas compatibles avec l'équilibre de l'analyse marginaliste puisque, à l'équilibre, le prix est égal au coût de production et que ce coût est déterminé, dans ce cas, par la relation technique. Mais dans cette analyse, jusqu'ici, ce ne sont pas l'offre et la demande qui fixent le « prix » (le taux de rémunération) du facteur constant ; en fait, son « prix », ou sa rémunération, est déterminé par la relation technique. Par conséquent, la rémunération du facteur constant n'est pas en rapport avec sa rareté puisqu'il est supposé constant, ce qui signifie que l'augmentation de sa rémunération n'est pas fondée sur « l'explication économique » exigée par l'Equilibre Général, mais sur des hypothèses d'auteurs qui pensent ainsi établir une « loi » leur permettant de déterminer le partage du produit entre les facteurs. Enfin, dans l'analyse marginaliste de la répartition, la rareté, qui représente selon Walras l'une des principales conditions de la détermination du « prix » d'un facteur, n'intervient pas dans cette détermination puisque cette analyse est fondée sur les coefficients variables et la relation technique qui détermine directement les rémunérations. Nous étudierons plus avant (Cf. 3.) les conséquences de l'hypothèse marginaliste qui ne peut pas découler de la généralisation du raisonnement ricardien de la rente, d'une part, et nous verrons que la rémunération des facteurs selon leur productivité marginale n'a pas de fondement économique, car elle est fondée sur une relation technique, d'autre part.

Quant au problème la détermination walrasienne obtenue grâce à la proportionnalité qui signifie la rareté relative, il s'agit de savoir si, à travers cette détermination, Walras obtient le prix d'un facteur en tant que produit ou son taux de rémunération, qui doit être en rapport avec la part du produit réalisé dans la production par chaque facteur (Cf., 4.).

2. 2. Est-ce que le coût global de production diminue lorsque le taux de rémunération du travail baisse ?

Dans l'analyse néoclassique, quand le taux de salaire réel diminue, cela ne signifie pas que le coût de production diminue, puisque, par hypothèse, c'est la rémunération du capital qui augmente ; dans cette analyse, le produit est partagé entre salaires et intérêt. En effet, il y a complémentarité entre salaires et intérêt réels et, dans ce système, les deux rémunérations sont déterminées à la production. En d'autres termes, quel que soit le taux de rémunération réel de l'un ou de l'autre facteur, cela ne change rien, du point de vue de l'entrepreneur, puisque, le profit étant nul à l'équilibre, le produit est partagé entre salaires et intérêt réels. Cela ne signifie pas que, dans l'analyse néoclassique, le taux de salaire d'équilibre n'obéit pas à des règles. Le taux de salaire dans chaque firme doit être tel que son complément, le taux d'intérêt, soit unique dans le système. D'autre part, les entreprises doivent réaliser les combinaisons de production les plus performantes. Ce sont les conditions de la réalisation de l'équilibre du système. Il s'agit de la rémunération déterminée grâce à la fonction de production de l'entreprise. Etant donné que, au fur et à mesure que la quantité du facteur variable augmente, sa rémunération diminue, cela signifie-t-il que le coût de production diminue ? Autrement dit, dans ce système, quel est l'objectif de l'entrepreneur quand il augmente le nombre de travailleurs sur la même quantité de capital ? A-t-il pour objectif de réaliser un coût de production moins élevé, et dans ce cas n'est-il pas obligé de suivre les exigences de la fonction de production qui lui impose d'employer un certain nombre de travailleurs sur une quantité donnée de capital afin d'obtenir un taux de rémunération du facteur variable qui soit compatible avec l'équilibre concurrentiel ?

La relation déterministe permet de dire que la baisse du taux de rémunération du facteur variable ne diminue pas le coût de production pour la quantité produite puisque le taux de rémunération du facteur constant est obtenu par une complémentarité déterminée à la production et imposée par la fonction de production. Autrement dit, quand la rémunération du facteur variable diminue, la rémunération du facteur constant augmente, et, de ce fait, elle est sans conséquence sur le coût de production de l'entreprise. « Les courbes représentant les demandes d'inputs formulées sur des marchés concurrentiels de facteurs par les employeurs visant à maximiser leurs profits sont déterminés par les additions à la production que leur procurent les unités successives d'un facteur - en d'autres termes, par les produits marginaux. Dans le cas simplifié énoncé par Clark, celui d'un unique output Q, les Pm_a (produit marginal) physiques de la firme sont ajoutés horizontalement - tout comme l'ont été les courbes *dd* et *oo* au cours des chapitres 26 et 27 - afin de déterminer la demande *dd* du marché portant sur la main-d'œuvre ou sur tout autre facteur. Au niveau déterminé par l'intersection de chaque *dd* avec l'offre *oo* du facteur correspondant, on a :

Salaire = Productivité marginale de la main-d'œuvre ;

Rente = Productivité marginale du sol.

En vertu de ces égalités, l'output Q est réparti à 100%, ni plus, ni moins, entre tous les facteurs de production. » (Samuelson, 1983, P.224-225).

Si l'on accepte de dire que ce sont les courbes de l'offre et de la demande qui déterminent la répartition grâce à la relation technique, de fait on accepte aussi que ni la concurrence ni la maximisation du profit ne jouent un rôle dans la détermination de la répartition, ce qui est embarrassant pour un système dont l'analyse est fondée sur la concurrence. En outre, si les courbes de l'offre et de la demande sont données, l'entrepreneur n'a pas besoin de réaliser la meilleure combinaison de production ; cette combinaison lui est imposée par ces courbes. En revanche, le problème est de savoir si le point d'intersection des courbes de l'offre et de la demande qui est censé déterminer le taux de rémunération du facteur variable est compatible avec l'équilibre du système. Autrement dit, est-ce que tous les points de la courbe de la demande qui, selon les auteurs néoclassiques, détermine la productivité marginale du facteur variable sont compatibles avec l'équilibre de l'économie dans son ensemble ?

Quel est le véritable problème dans un système où l'on suppose qu'il existe plusieurs facteurs de production ? Il est bien évident que, quelle que soit la répartition, s'il n'y a que deux facteurs : le travail et le capital, le produit est partagé entre salaires et intérêt. Mais dans une économie concurrentielle et à l'équilibre, il ne peut y avoir qu'un seul ıux d'intérêt compatible avec l'équilibre néoclassique. Le problème est onc de savoir si le taux d'intérêt est établi à la production ou sur le ıarché des produits. En supposant que la répartition est déterminée par ı fonction de production dont le lieu géométrique est la courbe de la roductivité marginale du facteur variable, les Néoclassiques supposent ue cette détermination est établie à la production. Ainsi, à ce niveau de analyse, on peut constater que la concurrence ne joue aucun rôle dans ı détermination de la répartition. Mais on est alors en droit de se emander quel est le rôle de la concurrence.

Pour résoudre ce problème, il convient de savoir, d'une part, quelles onditions permettent de satisfaire les exigences de la concurrence pure ui constitue le cadre de cette analyse, d'autre part, si le coût de roduction réalisé par chaque entreprise, résultant de sa fonction de roduction, est compatible avec l'équilibre du système concurrentiel.

Dans un système de concurrence pure, pour que les entreprises uissent se maintenir sur le marché, elles doivent réaliser les mêmes ux de rémunération. Pour satisfaire cette exigence, à l'équilibre, ensemble des entreprises doivent avoir la même fonction de oduction et la même combinaison de production. C'est ainsi que ensemble des entreprises réalisent les mêmes taux de salaires et le ême taux d'intérêt. La fonction de production étant la relation qui nstitue le fondement des demandes d'une firme portant sur les cteurs de production, ce sont là les exigences théoriques de cette alyse. En fait, il en va tout autrement dans la réalité de tous les jours. ans une économie de marché, la satisfaction de cette exigence (la ême fonction de production pour toutes les entreprises) relève du maine de la chimère et cela n'a pas échappé à la perspicacité de amuelson : « Dans une économie contemporaine évoluée, il existe des illiers de fonctions de production différentes, à raison d'une pour acune des innombrables firmes ou unités de production. » amuelson, 1983, P.217). Or, s'il y a autant de fonctions de oduction qu'il y a de firmes, l'équilibre concurrentiel ne peut pas être alisé, puisque les combinaisons de production ne seront pas les êmes pour toutes les entreprises et, par conséquent, les taux de munération des facteurs seront différents selon les firmes, car les urbes de l'offre et de la demande ne sont pas les mêmes pour toutes s entreprises. Dans une telle situation, la théorie de la répartition marginaliste ne peut pas être appliquée à l'économie dans son ensemble, à moins que toutes les entreprises aient la même fonction de production et la même combinaison de production, ce qui leur permettrait de réaliser l'équilibre là où le profit est nul. Mais cette exigence, le profit nul, n'est pas compatible avec une économie en évolution, car, à l'équilibre, elle écarte toute possibilité de progrès économique, étant donné qu'à l'équilibre le profit (qui est différent du taux d'intérêt et qui est un indicateur de l'évolution) n'apparaît pas. Devrions-nous en conclure que l'évolution économique n'apparaît que dans une économie de déséquilibre et que, dans ce cas, ce n'est plus l'équilibre qui est salutaire mais le déséquilibre ? La réponse est négative, car dans le raisonnement marginaliste, le profit réalisé par certaines entreprises se fait au détriment d'autres entreprises, aussi n'y a-t-il pas de profit global pour le système dans son ensemble. Par conséquent, l'évolution des uns résultant de la disparition des autres, l'évolution globale n'apparaît pas.

L'analyse néoclassique distingue l'entrepreneur du capitaliste. Le premier organise la production, il est considéré en tant que service producteur ; le second est un épargnant qui prête à l'entrepreneur une partie de son revenu moyennant un intérêt, une rémunération. (Cf. Walras 1976). Les salaires et l'intérêt sont donc des éléments qui constituent le coût de production, ou, plus exactement, qui déterminent la répartition réelle entre salaires et intérêt.

On pourrait dire, en résumé : si le salaire réel est déterminé par la courbe des rendements marginaux du facteur variable, dans ce cas, quel que soit son niveau, il n'est ni très élevé ni peu élevé, et tous les points de cette courbe de rendements décroissants déterminent le taux de rémunération du facteur variable et son complément, le taux de rémunération du facteur constant. Mais, étant donné que le taux de rémunération du capital (le taux d'intérêt) doit être le même pour l'ensemble des entreprises, il est indispensable, pour ce système, de déterminer un niveau de production pour chaque entreprise, afin que, le taux de salaire étant déterminé, son complément, le taux d'intérêt, soit unique dans l'ensemble du système. Or la détermination, par chaque entreprise, du niveau de production qui permet d'obtenir un taux d'intérêt unique relève d'une exigence hardie, car cela suppose que tous les entrepreneurs doivent connaître le niveau de production de l'ensemble des entreprises. Selon les Néoclassiques, ce niveau de production est obtenu à l'équilibre du système, dans ce cas ils supposent le problème résolu. Le problème est de savoir s'il est possible d'obtenir le même taux de rémunération du capital dans le cas où les différentes branches ont des fonctions de production différentes. Etant donné, comme nous l'avons vu, que les entreprises ont des fonctions de production différentes, comme l'affirme Samuelson lui-même, elles ne peuvent pas réaliser un taux d'intérêt unique ; or, l'existence de plusieurs taux d'intérêt met en cause la réalisation de l'équilibre du système souhaité par les Marginalistes.

Les auteurs de cette Ecole de pensée sont obligés de supposer que toutes les entreprises ont la même fonction de production. S'il en est ainsi, toute possibilité d'évolution économique est écartée, puisque la rentabilité de toutes les entreprises de tous les secteurs est identique. Peut-on, dans ce cas, considérer cette hypothèse comme une avancée dans l'analyse économique ?

En outre, pour un système qui met l'accent sur le rôle du marché des produits où les préférences des consommateurs et investisseurs jouent un rôle important dans la détermination des prix, il est pour le moins étonnant que la détermination des rémunérations des facteurs ne tienne pas compte de ces préférences, puisqu'elle est établie par la courbe des rendements marginaux décroisants. C'est une détermination déterministe.

2. 3. Dans l'analyse marginaliste de la répartition, même si l'on accepte que le niveau des taux de rémunération réels soit déterminé grâce aux courbes d'offre et de demande des facteurs de production, on constate que le marché n'intervient pas dans cette détermination.

Les développements qui précèdent nous ont permis d'établir comment sont déterminés, selon la théorie néoclassique, les différents taux de rémunération, par complémentarité résultant de la relation technique. Mais, même si nous l'avons affirmé, nous n'avons pas étudié à quel niveau se fixe le taux de rémunération de chaque facteur. Autrement dit, le problème est toujours de savoir si tous les points sur la courbe de la productivité marginale du facteur variable satisfont les exigences de l'équilibre général. Les courbes d'offre et de demande des facteurs de production seraient-elles des éléments qui permettraient de déterminer ces différents taux ? Samuelson, comme la plupart des auteurs néoclassiques, l'affirme : « Si nous connaissons les courbes d'offre et de demande portant sur les services de ces travailleurs -...-, le salaire concurrentiel d'équilibre doit se placer au point d'intersection, en E_q. Si le salaire était plus élevé que le niveau E_q, un excédent de main-d'œuvre offerte le ferait baisser ; de même, si le salaire tombait au-dessous de E_q, les offres d'emploi des chefs d'entreprises manquant de main-d'œuvre rétabliraient rapidement l'équilibre en faisant remonter les salaires. » (Samuelson, 1983, P.265).

Selon l'analyse néoclassique, la fonction de ce point d'intersection ne est pas seulement de déterminer l'équilibre sur le marché du travail. A ce point (E_q), le taux de rémunération du travail serait compatible avec l'équilibre du marché, équilibre qui, pour satisfaire les exigences du système, permettrait d'obtenir un taux d'intérêt unique pour le capital sur l'ensemble des marchés. En dehors de ce point (E_q), cette exigence n'est pas satisfaite et par conséquent les conditions de l'équilibre de l'ensemble du système ne sont pas réunies. Le problème est de savoir, dans le cas où ce point n'est pas obtenu, quels sont les éléments ou les forces qui permettent de l'atteindre.

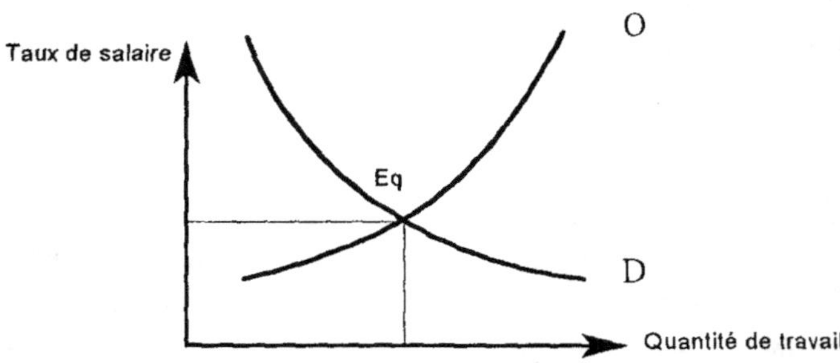

Graphique (1)

Supposons que, dès que les courbes de l'offre et de la demande sont connues, grâce à la relation technique, le taux de rémunération du facteur variable soit déterminé par le point d'intersection entre ces courbes, que ce taux soit ou ne soit pas compatible avec celui proposé par le marché, car c'est ce point d'intersection qui est compatible avec l'équilibre. (Cf. Graphique 1) Pour que l'équilibre se réalise, les travailleurs et les entrepreneurs sont obligés d'accepter ce taux de rémunération. S'ils ne l'acceptent pas, c'est la réalisation de l'équilibre du système qui est mise en cause. Cette détermination des taux de rémunération résulte-t-elle de la relation déterministe, qui elle-même découle de *la fonction de production ?* Le problème se complique si le taux de rémunération des facteurs se fixe au niveau proposé par le marché. En d'autres termes, au point d'intersection des courbes d'offre et de demande, un taux de rémunération pour le facteur variable est proposé. Si les travailleurs et les entrepreneurs l'acceptent, ils rejettent le taux proposé par le marché et, dans ce cas, la détermination des taux de rémunération est obtenue indépendamment du marché, mais alors le marché ne joue aucun rôle. En revanche, s'ils acceptent le taux proposé par le marché, c'est l'équilibre du système qui en souffrira. Remarquons qu'une fois le point d'intersection réalisé, si l'on suppose que les forces du marché peuvent l'influencer, il n'est pas certain que l'équilibre de « plein-emploi » soit réalisé.

Pour certains auteurs, si le taux de rémunération proposé par le marché n'est pas compatible avec celui obtenu par l'intersection des deux courbes d'offre et de demande, il est nécessaire, si l'on veut obtenir un nouveau point compatible avec ces courbes, que ce soit la courbe de l'offre ou celle de la demande qui se déplace pour établir l'équilibre sur le marché. Mais cet équilibre sera-t-il compatible avec l'équilibre du système dans son ensemble ? (Cf. 3.1.). De deux choses l'une, soit il n'y a qu'un seul point compatible avec l'équilibre, soit tous les points sur la courbe de la demande du facteur variable sont compatibles avec l'équilibre du système ; en effet, par définition, tous les points de cette courbe déterminent le taux de rémunération du facteur variable et son complément détermine le taux de rémunération du facteur fixe.

Dans le cas où le point d'équilibre est déterminé, chaque firme doit obtenir un niveau de salaire tel que son complément, le taux d'intérêt, soit unique pour l'ensemble du système. Dans le système marginaliste, ce point est obtenu par l'intersection des courbes du coût moyen et du coût marginal. Ainsi, si l'on accepte cette dernière proposition, l'équilibre est défini en un point. Néanmoins plusieurs problèmes restent à résoudre. Le point d'intersection entre les courbes d'offre et de demande est-il compatible avec l'équilibre du système considéré dans son ensemble ? Une réponse positive exige que le taux d'intérêt soit unique dans le système. Etant donné que la courbe de demande détermine le taux de rémunération du facteur variable et que la courbe d'offre détermine le prix du facteur en tant que bien, que détermine-t-on à ce point d'intersection : le prix du facteur en tant que bien, son taux de rémunération ou les deux à la fois ? Si ce point d'intersection détermine les deux à la fois, on voit apparaître une confusion entre le prix du facteur en tant que bien et son taux de rémunération et si l'on parvient à établir cette confusion, c'est toute l'analyse de la répartition marginaliste qui perd toute crédibilité (Cf. 3. 4.). Dans le chapitre consacré à l'emploi, nous nous poserons la question de savoir si l'on peut déterminer la courbe de l'offre de travail.

2.4. L'analyse marginaliste de la répartition est-elle compatible avec l'analyse selon laquelle le taux de rémunération des facteurs est déterminé sur le marché des facteurs ?

La réponse à cette question permet de constater la validité de l'affirmation selon laquelle le prix de chaque facteur peut être déterminé sur le marché, et cela dans le système marginaliste. Autrement dit, le travail étant considéré comme un bien, son « prix » est déterminé sur le marché comme le prix d'un bien.

Supposons que le marché propose successivement trois taux de rémunération du facteur variable. L'un, w_2, est compatible avec le taux de rémunération du facteur déterminé par les courbes d'offre et de demande qui résultent de la fonction de production, w_1 et w_3 étant respectivement supérieur et inférieur à w_2.

Selon certains auteurs de cette Ecole de pensée, nous obtenons trois points « d'équilibre » (Eq_1), (Eq_2), (Eq_3) pour les taux de rémunération w_1, w_2, w_3.

Il semble que l'on puisse étudier cette proposition selon deux points de vue afin de savoir, d'une part, si tous les points sur la courbe de la demande de travail sont compatibles avec l'équilibre du système, d'autre part, si l'hypothèse des prix donnés est compatible avec l'équilibre walrasien.

2.4.1. Tous les points de la courbe de la demande de travail sont-ils compatibles avec l'équilibre du système ?

(i) « **Proposition :** Un entrepreneur qui souhaite maximiser son profit augmente le nombre des unités de service productif variable qu'il utilise jusqu'à ce que la valeur de la production marginale du facteur soit exactement égale au prix du facteur.

En d'autres termes, avec un taux de salaire et une offre de travail donnés, un producteur en concurrence parfaite détermine la quantité de travail qu'il doit utiliser en faisant en sorte que la valeur de la production marginale soit égale au taux de salaire. Si le taux de salaire était OW_1, la firme devrait employer OL_1 unités de travail, pour que la valeur de la production marginale soit égale au taux de salaire. De même, si le taux de salaire était OW_2, la firme devrait employer OL_2 unités de travail. En tant que courbe de demande, la courbe de productivité marginale correspond donc à la courbe de demande individuelle de travail ». (J.-P. Gould et C. E. Ferguson ; 1980, P.411. Souligné par les auteurs).

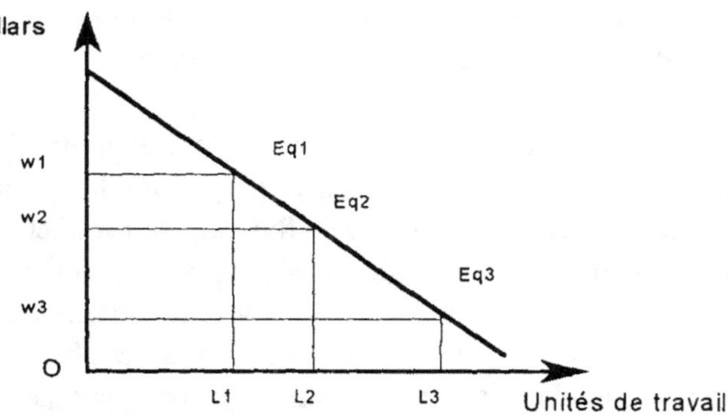

Graphique (2)

Ces auteurs se placent dans le cadre d'une économie concurrentielle sans mentionner l'équilibre du système, ce qui pose problème, car la détermination des taux de rémunération doit respecter les exigences de l'équilibre. En effet, dans le système néoclassique, si une entreprise réalise des profits, elle le fait au détriment d'autres entreprises, d'où, pour la cohérence de l'analyse, la nécessité de placer l'étude dans le cadre de l'équilibre du système.

Quelques remarques suffisent à mettre en évidence les limites des affirmations de ces auteurs à travers quelques remarques : 1° Si le prix du facteur est déterminé sur le marché, il faut supposer que tous les points de la courbe de demande et par conséquent tous les taux de rémunération du facteur variable sont compatibles avec l'équilibre du système. Autrement dit, le taux de rémunération du facteur variable peut être déterminé de façon exogène (prix donné), ce qui signifie qu'il existerait une infinité de points d'équilibre. Dans ce cas, nous constatons que ces auteurs n'ont même pas besoin de la courbe de l'offre (cf. graphique 2), ce qui n'est pas compatible avec le système néoclassique qui exige que l'équilibre soit déterminé au point d'intersection des courbes de l'offre et de la demande, c'est-à-dire en un seul point. 2° S'il est possible d'avoir plusieurs taux de rémunération du facteur variable et donc plusieurs points « d'équilibre », il en résulte qu'il existe plusieurs taux de rémunération du facteur constant, ce qui signifie qu'on peut se passer à la fois du marché et de la relation technique pour déterminer le taux de rémunération d'un facteur ; dans ce cas peut-on encore supposer qu'on se place dans le cadre de l'analyse néoclassique ?

Il semblerait qu'il y ait dans le raisonnement de ces auteurs une confusion entre l'équilibre de l'entreprise et l'équilibre du système. Or comme nous l'avons vu, pour réaliser l'équilibre du système, il faut que toutes les entreprises aient la même fonction de production. Les auteurs que nous venons de citer ne font pas cette distinction, ce qui est gênant si l'on se place dans le cadre du système marginaliste. Avant de marquer d'autres limites aux affirmations de ces auteurs, nous nous proposons d'étudier l'autre proposition que nous avons énoncée.

2.4.2. L'hypothèse des prix donnés n'est pas compatible avec les conditions de la réalisation de l'équilibre du système néoclassique.

(ii) « A court terme, la compatibilité des actions individuelles est assurée par des ajustements des quantités échangées plutôt que par des ajustements des prix. Les prix étant donnés, le concept d'équilibre que nous recherchons doit permettre d'expliquer la détermination des quantités d'une façon qui convienne à l'étude du phénomène de sous-emploi.

L'idée de base que nous devons développer est que, sur chaque marché, c'est le côté court qui décide du montant de la transaction, et le côté long qui est rationné. Par ailleurs, pour les raisons évoquées dans la première section, nous avons besoin d'un concept d'équilibre *général* permettant d'expliquer la détermination simultanée des quantités échangées sur tous les marchés ». (Malinvaud, 1980. P.49).

Précisons que Malinvaud étudie le travail comme si c'était un bien (« le côté court qui décide du montant de la transaction », or la rémunération du travail n'est pas un achat, une transaction, mais une formation de revenu) et qu'il se place dans le cadre de l'équilibre général ; il suppose en outre que les prix (dont le taux de rémunération du travail) sont donnés. « Etant donné la réalité des rigidités de prix à court terme, la théorie élaborée ici est fondée à supposer la rigidité stricte des prix ; autrement dit, il est naturel de travailler avec des modèles qui considèrent les prix et les taux de salaire comme exogènes ». (Idem ; P. 48).

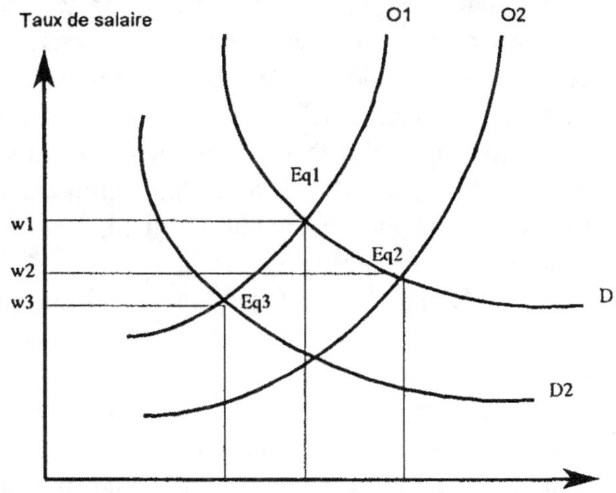

Graphique (3)

Malinvaud pense que, si le prix imposé par le marché est élevé (w_1), c'est la courbe de l'offre qui se déplace ; si le prix n'est pas élevé (w_3), c'est celle de la demande qui se déplace et dans les deux cas les ajustements se font par le côté court (cf.graphique 3).

Une remarque préalable : pour pouvoir dire que le prix est plus élevé ou moins élevé, il faut avoir un point de référence. Ce point de référence ne serait-il pas le point obtenu grâce à l'équilibre général ? Mais en même temps, dans l'analyse walrasienne, on sait que ce point de référence ne peut pas être connu avant que les échanges ne soient réalisés. Autrement dit, comment peut-on prétendre se placer dans le cadre de l'équilibre général et en se référant à un point qui n'apparaît qu'à l'équilibre ?

On peut donc légitimement se demander dans quel cadre d'analyse s'applique réellement le raisonnement de Malinvaud, qui affirme se placer dans le cadre de l'analyse de Walras. Dans le système de Walras, le taux de salaire est un problème de prix relatifs, l'hypothèse de prix donnés ne convient donc pas, et cela d'autant moins que, dans le raisonnement walrasien, ce n'est pas le coût de production (les rémunérations des facteurs) qui détermine les prix des produits, ce sont les prix des produits qui déterminent leur coût de production. (Cf. Walras ; 1976. P.394). Précisons un point important : si Malinvaud se place dans le système de l'équilibre walrasien, par définition, il ne peut pas supposer les prix donnés car le système walrasien détermine les prix relatifs ; dans ce cas, dès que la quantité d'un bien ou d'un facteur varie, les rapports d'échange varient. Malinvaud, en voulant déterminer le niveau de la demande des facteurs, ne peut pas supposer les prix donnés. On peut donc penser qu'il fonde la détermination des courbes de l'offre et de la demande sur le coût marginal et sur la productivité marginale du facteur variable.

Mais en même temps, il semble que Malinvaud fasse abstraction de la façon dont ces courbes sont déterminées. En effet, si l'on accepte sa proposition, on constate qu'elle implique que tous les points de la surface placée à gauche de l'intersection des courbes de l'offre et de la demande sont compatibles avec l'équilibre.

Il est vrai que, le salaire et l'intérêt étant complémentaires, quel que soit le taux de rémunération du travail, son complément sera représenté par l'intérêt, si l'on suppose le profit nul. Ce résultat n'est pas surprenant, il découle des hypothèses selon lesquelles il existe deux facteurs de production, deux sources de revenu, et un profit nul. Ainsi le taux de salaire peut-il être fixé au plus haut ou au plus bas et, dans ce cas, on peut se passer des courbes de l'offre et de la demande. Mais l'équilibre concurrentiel exige un taux d'intérêt unique dans le système. Or, si le prix de chaque catégorie de travail est donné et s'il n'est pas compatible avec le prix d'équilibre (ce qui est l'hypothèse la plus probable), on doit voir apparaître autant de taux d'intérêt qu'il y a de prix donnés.

En outre, par définition, dans le système néoclassique, l'hypothèse de prix donnés n'est pas compatible avec les exigences de ce même système, puisqu'il n'existe qu'un seul taux de salaire compatible avec l'équilibre. Le raisonnement de Malinvaud permet donc d'entrevoir deux situations : soit l'on admet que les taux de salaire sont déterminés par les courbes de l'offre (coût marginal) et de la demande (productivité marginale), et dans ce cas, le marché n'intervient pas pour établir les taux de rémunération (c'est une détermination déterministe, c'est une détermination mécanique), car dans cette détermination un seul taux de salaire par catégorie est compatible avec l'équilibre du système, et ce taux est obtenu par l'intersection des courbes de coût marginal et de productivité marginale (Cf. Graphique 4) ; soit les prix sont donnés, et dans ce cas, il y a peu de chances pour qu'ils soient compatibles avec l'équilibre du système.

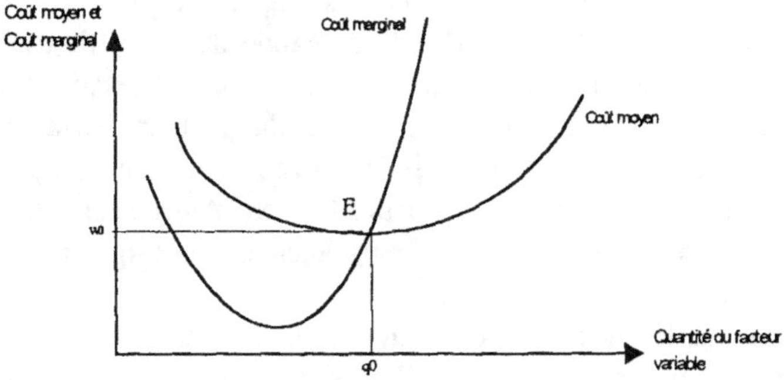

Graphique (4)

Il semblerait que, dans le raisonnement de Malinvaud, les

déplacements des courbes de l'offre et de la demande n'obéissent à aucune contrainte pour ce qui est de déterminer la quantité demandée d'un facteur ; cette quantité s'adapte au taux de rémunération du facteur variable dont le prix est donné. Or, ces déplacements ne sont pas compatibles avec l'équilibre du système obtenu lorsque la courbe du coût marginal coupe le minimum de la courbe du coût moyen (Eq dans le graphique 4). Ces ajustements par les déplacements des courbes d'offre et de demande, même s'ils peuvent être appliqués par une entreprise, ne sont pas compatibles avec l'équilibre de l'ensemble du système concurrentiel, car, comme nous l'avons vu, à l'équilibre toutes les entreprises doivent avoir la même rentabilité, le même taux d'intérêt.

Selon ce raisonnement, même si, pour ajuster la demande de main-d'œuvre au taux de salaire donné on accepte que, quand l'offre est supérieure à la demande (ce qui supposerait que le point d'équilibre soit connu, mais dans ce cas le raisonnement ne serait pas walrasien), la courbe de l'offre se déplace pour que soit déterminé le niveau de l'emploi, dans ce cas, « l'équilibre sur le marché de l'emploi » est indéterminé, puisque, chaque fois que le prix du marché change, le point « d'équilibre » se déplace, autrement dit, tous les points de la courbe de l'offre sont compatibles avec l'équilibre. (Nous verrons, dans le chapitre consacré à l'emploi, que la courbe de l'offre de travail n'a aucun fondement économique, elle est imaginaire). En revanche, en ce qui concerne la situation où la demande est supérieure à l'offre, pour un taux de salaire donné, la courbe de demande de main-d'œuvre ne peut pas se déplacer puisqu'elle est déterminée par la relation qui a permis d'établir la productivité marginale du facteur variable (le travail). En effet, les déplacements de la courbe de demande signifient des changements dans l'échelle de la production. Autrement dit, si la courbe de la demande se déplace parallèlement, les quantités des facteurs employés varient proportionnellement.

Il est vrai que, le niveau de la production, le problème de l'équilibre, le niveau des rémunérations des travailleurs et le niveau de l'emploi mis à part, l'hypothèse des prix donnés ne change rien du point de vue de l'entreprise puisque la complémentarité entre salaires et intérêt réels constitue son coût de production et que le produit peut être absorbé par la dépense des salaires et de l'intérêt. Mais le problème est de savoir si un point ou les trois points (donc tous les points) obtenu(s) par les différents prix donnés est (ou sont) compatible(s) avec l'équilibre du système dans son ensemble. Si la réponse est positive pour les trois points, dans ce cas, il n'est pas besoin de courbe d'offre puisque tous les points de la courbe de demande sont compatibles avec la loi de la répartition marginaliste.

2.4.3. Remarques sur les propositions des auteurs étudiés, énoncées dans 2.4.1. et 2.4.2.

1° Si l'on passe du raisonnement concernant le travail comme facteur variable à un raisonnement concernant le capital comme facteur variable, on ne peut plus supposer le déplacement de la courbe d'offre car elle représente son coût de production (si le facteur résulte d'une production), et, de ce fait, le raisonnement fondé sur le déplacement de la courbe d'offre ne tient plus. Dans ce cas, il s'agit de savoir si le point d'intersection entre la courbe d'offre et la courbe de demande de ce facteur est compatible à la fois avec son prix fixé sur le marché et avec l'équilibre du système, qui exige un taux d'intérêt unique. Autrement dit, si la courbe d'offre du facteur variable se déplace, cela signifie que tous les points sur cette courbe sont compatibles avec le prix du facteur. Ainsi, tous les points sur les courbes d'offre et de demande déterminent le taux de rémunération et le prix du facteur variable. Cela ne rend-il pas douteuse la détermination du taux de rémunération d'un facteur selon sa productivité marginale, compatible avec l'équilibre du système ? Autrement dit, cela ne rend-il pas sans objet les courbes d'offre et de demande du facteur dans cette détermination ?

2° Une contradiction apparaît dans la proposition des auteurs ; en effet, ils se placent dans le cadre d'une économie concurrentielle en supposant le prix donné. Or, le prix donné n'est pas compatible avec l'hypothèse de l'économie concurrentielle, car, par définition, dans cette économie les prix se fixent sur le marché. Certains auteurs justifient l'hypothèse des prix donnés par l'existence même de la concurrence, en ce sens qu'ils pensent que les entreprises individuelles n'ont pas de prise sur les prix. Mais cette justification va à l'encontre de leur hypothèse, puisque, par définition, les prix ne peuvent être connus qu'une fois les échanges réalisés sur le marché, ce qui signifie que, dans un système concurrentiel, même s'il est vrai que les entreprises individuelles n'ont pas de pouvoir sur la détermination des prix, puisque les entreprises ne les connaissent qu'au moment des échanges, les prix ne peuvent pas être considérés comme donnés avant les échanges.

3° Il est important de savoir ce que détermineraient ces points sur la courbe de la demande du facteur variable, dès lors qu'est introduite la courbe d'offre du facteur ; déterminent-ils le prix du facteur en tant que bien ou son taux de rémunération ? En effet, dans ce raisonnement, ces deux déterminations sont confondues et dans ce cas c'est toute l'analyse de la détermination des taux de rémunération des facteurs en termes de productivité marginale qui est mise en cause. (Cf. 3.).

4° Remarquons enfin que même si dans la période précédente (à court terme) le taux de salaire a été déterminé à l'équilibre, dans une économie d'évolution, il ne convient pas de le supposer comme étant une donnée puisque, par définition, tout est susceptible de changer, à moins qu'on suppose que les facteurs ont évolué proportionnellement, mais, dans ce cas, on n'a pas besoin d'une détermination du côté court. Et si le taux de salaire de la période précédente a été déterminé sans le respect de l'équilibre du système, en considérant le prix (taux de salaire) donné, on perpétue le déséquilibre.

Pour mieux appréhender les limites des propositions de ces auteurs, nous allons étudier, à travers un exemple, si les affirmations précédentes sont compatibles avec l'équilibre du système néoclassique.

2.4.4. Dans l'analyse marginaliste, à l'équilibre, le taux de rémunération de chaque facteur doit être unique.

Nous avons vu que pour certains Marginalistes, si le taux de salaire du marché est supérieur au taux de salaire de l'équilibre, la courbe d'offre de travail se déplace jusqu'au point Eq_1 qui représente un « équilibre » du marché de l'emploi. Si le taux de salaire est inférieur au taux de salaire de l'équilibre, dans ce cas, c'est la courbe de demande qui est déplacée au point Eq_2 qui représente un autre « équilibre » du marché de l'emploi.

Mais tout le problème est de savoir s'il existe un point d'équilibre de référence. Autrement dit, en l'absence de ce point, ne peut-on pas dire que le niveau de l'équilibre est indéterminé ?

La réponse serait positive si ces déplacements étaient compatibles avec l'économie de marché concurrentiel et avec l'équilibre du système. Or, il n'en est rien. En effet, la concurrence exige que le niveau de production se fixe au point d'intersection des courbes de coût marginal et de coût moyen (ou produit marginal et produit moyen). Aucun point en dehors de ce point d'intersection n'est compatible avec les exigences d'une économie de marché concurrentiel et avec l'équilibre du système marginaliste.

Illustrons ces propos par l'un des exemples numériques donnés dans la plupart des manuels d'économie politique.

Unité(s) de facteur fixe	Unités de facteur variable	produit total	Produit marginal du facteur variable ou taux de rémunération du facteur variable	Produit moyen du facteur variable	Rémunération du facteur fixe
1	0	0	0	0	0
1	1	40	40	40	0
1	2	90	50	45	-10
1	3	150	60	50	-30
1	4	195	45	48,75	15
1	5	230	35	46	55
1	6	260	30	43,3	80
1	7	280	20	40	140

Ce tableau nous montre que, tant que les rendements du facteur variable sont croissants, l'entrepreneur ne peut rémunérer ni ce facteur, ni aucun autre, (à moins qu'on accepte le principe de rémunération négative) selon sa productivité marginale puisque, cette règle étant appliquée, la rémunération du facteur dépasse la quantité supposée produite par ce facteur, c'est pourquoi la théorie marginaliste ne peut s'appliquer dans cette phase. Or, nous constatons que c'est dans cette phase que le produit moyen du facteur variable est le plus élevé. D'autre part, la concurrence ne permet pas de combiner n'importe quelle quantité de facteur variable avec le facteur fixe, bien qu'à partir de l'emploi de quatre unités du facteur variable, les rémunérations des facteurs absorbent la totalité du produit de la période, car si une entreprise se trouve en dehors du point (intersection des courbes de productivité marginale et de productivité moyenne ou son inverse : des courbes de coût marginal et de coût moyen), elle sera écartée du marché par la concurrence. (L'exemple numérique permet de déterminer ce point à un niveau où il faut employer environ quatre unités de facteur variable sur une unité de facteur fixe). Ainsi, dans un système de concurrence pure où les entreprises ont une fonction de production qui détermine différentes combinaisons de production, les entrepreneurs sont contraints de choisir une combinaison qui soit compatible avec les exigences de la concurrence. Le point qui satisfait ces exigences est obtenu par l'intersection des courbes de coût marginal et de coût moyen, ce qui signifie que tous les points de la courbe de demande du facteur ne sont pas compatibles avec l'équilibre du système ; par conséquent, les déplacements des courbes d'offre proposés par les auteurs ne satisfont pas les exigences de l'équilibre du système concurrentiel néoclassique, même s'ils permettent de déterminer différents niveaux de production.

Dans cet exemple les auteurs supposent que le facteur constant est le capital et le facteur variable le travail. Or, si l'on considère le travail comme facteur fixe, peut-on envisager qu'une unité de travail emploie, pour une technologie donnée, de plus en plus de capital ? Autrement dit, si le capital est un tracteur, peut-on supposer qu'un travailleur emploie plusieurs tracteurs à la fois ? La réponse est évidente.

2.4.5. Les premières limites du raisonnement marginaliste de la répartition.

A travers les développements que nous venons de voir, nous pourrions penser que l'analyse marginaliste permet de déterminer la répartition selon la productivité marginale des facteurs. Or il n'en est rien. Nous allons le voir en essayant de marquer les premières limites de cette analyse.

1° Le raisonnement marginaliste s'appliquerait à un ensemble d'entreprises qui produisent le même bien, mais, pour qu'il s'applique à l'équilibre du système concurrentiel, il faut que toutes les entreprises aient le même taux de rentabilité, ce qui veut dire qu'elles doivent rémunérer le capital avec un taux d'intérêt unique. Autrement dit, les entrepreneurs doivent s'assurer que leur taux d'intérêt est compatible avec celui qui permet la réalisation de l'équilibre du système. Pour satisfaire cette exigence, toutes les entreprises doivent avoir la même fonction de production et réaliser la même combinaison de production, exigence qui aboutirait à ce que toutes les entreprises réalisent un produit identique. Il va sans dire qu'un raisonnement qui aboutirait à une telle exigence ne pourrait pas expliquer la réalité de l'économie salariale.

2° Pour établir les courbes de productivité, il faut supposer que, sur une quantité donnée de capital, on peut employer plusieurs unités de facteur variable, hypothèse qui ne peut pas être satisfaite dans tous les cas. En effet, nous savons qu'il n'est pas possible d'employer à la fois plusieurs conducteurs sur un tracteur, ce qui signifie qu'il n'est pas possible de déterminer la productivité marginale des facteurs dans ce cas, et, par conséquent, qu'il n'est pas possible de déterminer la répartition selon la loi marginaliste. Or, le fait que l'hypothèse des coefficients variables ne puisse pas être satisfaite dans tous les cas marque l'une des limites de la théorie marginaliste de la répartition. En effet, quand on se fixe pour objectif d'étudier un système dans son ensemble (l'équilibre général ou l'équilibre du système), on doit dans le même temps se fixer une règle qui détermine la répartition s'appliquant à l'ensemble du système.

3° Lorsque, sur une quantité fixe de capital, on peut employer plusieurs unités de facteur variable, on peut également déterminer la combinaison de production la plus rentable. Mais peut-on aussi déterminer le taux de rémunération des facteurs ? Cela ne revient-il pas à dire que ce sont les combinaisons de production qui déterminent la répartition ?

4° Même si l'on accepte ce raisonnement, il va sans dire que si les deux facteurs sont variables, on ne peut pas déterminer les courbes de productivité, ni par conséquent, les courbes de coût ni la répartition. Or, dans une économie en évolution les facteurs sont susceptibles de devenir variables.

5° Enfin, nous verrons que l'intersection des courbes de l'offre et de la demande fait apparaître une confusion entre le prix du facteur en tant que bien produit et le taux de rémunération du facteur. Or, si à ce point d'intersection on détermine le prix du facteur en tant que bien, cela ne signifie pas que l'on détermine son taux de rémunération. Et si l'on détermine son taux de rémunération, ce taux ne peut pas lui-même déterminer le prix du facteur en tant que bien. (Cf. 3.3.2.). Mais dans cette analyse, en premier lieu, c'est la courbe de l'offre qui est susceptible de déterminer le prix du produit.

Nous avons vu dans les développements de cette section que, dans le système néoclassique fondé sur l'équilibre concurrentiel, d'une part, le taux de rémunération des facteurs est imposé par les relations mécaniques, et de ce fait le marché ne joue aucun rôle dans cette détermination, ce qui est gênant pour une analyse qui prétend donner un rôle prépondérant au marché, d'autre part, la détermination de la rémunération marginaliste, même si on l'accepte, ne s'applique que dans des conditions limitées et particulières ; de ce fait, elle ne peut englober toutes les conditions de production qui constituent un système salarial dans son ensemble.

2.5. L'hypothèse de la rareté d'un facteur servant à justifier sa rémunération n'est pas compatible avec l'hypothèse de la rémunération des facteurs selon leur productivité marginale.

La détermination mécanique établie par la relation technique qui permet de déterminer les taux de rémunération des facteurs selon leur productivité marginale ne semble pas satisfaire certains auteurs néoclassiques qui, pour donner à cette détermination une justification économique, ont cru bon d'introduire la notion de rareté des facteurs.

« Le revenu du facteur se fixe en équilibre final au point où se croisent la courbe de demande dérivée et la courbe d'offre de facteur. Si la courbe de demande portant sur le facteur se déplace vers le haut, son revenu de marché tend à monter ; si, d'autre part, la quantité offerte d'un facteur quelconque augmente, en sorte que la courbe de l'offre se déplace vers la droite, le revenu du facteur tend à baisser. »

« Par conséquent, dans une économie de marché concurrentiel, les revenus factoriels et la répartition du revenu ne sont pas déterminés arbitrairement. Il existe des forces bien définies d'offre et de demande dont l'action assure des revenus élevés aux facteurs rares qui ontribuent beaucoup à la production des objets désirés par les étenteurs de pouvoir d'achat (demande solvable). Cependant, bien ntendu, le prix d'un facteur quelconque baissera s'il devient abondant, u si l'on découvre des facteurs de substitution rendant à peu près les iêmes services, ou si le public cesse de désirer les biens à la roduction desquels le facteur est le mieux adapté. La concurrence onne et la concurrence reprend... ». Plus loin, Samuelson ajoute : « En iit, ce sont les *indications* données par les prix, tels qu'ils se forment ır le marché, qui permettent de choisir le « COMMENT produire » le lus expédient. » (Samuelson, 1983, P. 256, souligné par l'auteur). Il st intéressant de souligner que, dans ce système, la concurrence joue le ıême rôle que Dieu qui donne et reprend la vie. Mais, pour connaître le ôle de la concurrence dans l'économie, il faut savoir comment et à quel iveau elle intervient.

Cet important passage de Samuelson, repris et donc accepté par la .upart des auteurs néoclassiques, appelle trois remarques qui ermettent de faire apparaître, d'une part, une confusion dans la façon ont les rémunérations sont déterminées, d'autre part, une ıcompatibilité entre les deux explications des rémunérations des ıcteurs, comme nous allons le voir maintenant.

2.5.1. Dans l'analyse marginaliste, le marché ne joue aucun rôle ıns la détermination des taux de rémunération.

Il est vrai que les résultats obtenus sur le marché des produits ont :s effets sur le niveau de la production des périodes à venir. Il est vrai ıssi que, si le marché ne confirme pas la rémunération des facteurs ɔnstituant l'une des principales composantes du coût de production, s entrepreneurs doivent tenir compte du verdict du marché pour les oductions futures. Mais ce raisonnement n'est pas compatible avec ınalyse marginaliste de la répartition, qui est déterminée par la lation technique ; de ce fait même, le marché n'a aucun rôle à jouer ıns cette détermination.

2.5.2. Dans l'analyse marginaliste, la rareté n'intervient pas dans la détermination des taux de rémunération.

Si l'on suppose que la rareté influence le taux de rémunération des facteurs, il est nécessaire de voir comment on l'introduit dans ce raisonnement pour déterminer les différents taux de rémunération.

Pour expliquer les rémunérations des facteurs, il faut que toute justification de rémunération, pour chaque facteur, suive le même raisonnement puisque, dans ce système, chaque facteur peut devenir tour à tour constant ou variable. Or, même si l'on accepte que la rémunération du facteur variable obéisse à la loi des rendements décroissants et que son niveau soit fixé au point d'intersection des courbes d'offre et de demande, en revanche, on ne peut pas accepter que la variation du taux de rémunération du facteur constant ne soit pas indépendante de l'offre et de la demande de ce facteur puisque, par définition, sa quantité est constante. Dans ce cas, on ne voit pas pourquoi sa productivité varierait, pourquoi par exemple, elle augmenterait pour permettre l'accroissement de sa rémunération ; or, par hypothèse, c'est la même quantité de capital qui est employée ; cette quantité étant donnée, sa qualité ne varie pas et donc sa productivité ne devrait pas varier non plus. (Il est vrai qu'on peut déterminer la combinaison des facteurs permettant d'obtenir le meilleur niveau de production. Ce niveau étant obtenu, il détermine une combinaison de production fixe, un coefficient fixe, mais le coefficient fixe n'est pas compatible avec l 'analyse marginaliste de la répartition, et il n'est pas certain que ce niveau de production soit compatible avec le plein-emploi). Il est clair que, dans ce raisonnement, on ne trouve pas de cause économique qui devienne cause de variation de la rémunération du facteur fixe. Par conséquent, ne peut-on pas dire que cette incompatibilité met en cause l'explication économique, qui doit déterminer la rémunération du facteur constant en se fondant sur la rareté ? Une confusion apparaît ainsi entre la détermination des taux de rémunération selon leur productivité marginale, qui découle de la fonction de production, et la détermination fondée sur la valeur relative des biens. En effet, dans cette dernière détermination, quand la quantité d'un bien augmente par rapport aux autres biens, sa valeur relative diminue, mais, dans cette analyse, la valeur relative d'un facteur n'a pas d'effet sur la rémunération puisqu'elle est déterminée par la fonction de production. Nous avons vu (dans 2.2.) que ni la répartition entre salaires et intérêt réels ni sa variation n'ont d'effet sur le coût global, du point de vue de l'entrepreneur. En effet, dans cette analyse, le produit est partagé entre ces deux facteurs : quand la part d'un facteur augmente, celle de l'autre diminue.

Si les déterminations des taux de rémunération des facteurs n'ont pas les mêmes fondements, elles ne sont pas non plus régies par les mêmes lois économiques qui déterminent ces différents taux ; c'est une relation mathématique qui détermine la répartition entre salaires et profit, relation qui, dans ce cas, n'a pas de véritable fondement économique. Si la relation technique permet de déterminer le meilleur niveau de production ou la meilleure combinaison de production, en revanche, elle ne peut pas prétendre déterminer la répartition selon la rareté des facteurs.

Il est vrai de dire que, si le nombre de travailleurs augmente mais que la production n'augmente pas proportionnellement, le revenu par tête de travailleur diminue. Mais il n'y a pas de raison économique qui puisse justifier une diminution de revenu de l'ensemble des travailleurs, diminution permettant d'ajuster ce revenu au niveau de la productivité de la dernière unité employée. Autrement dit, dans le raisonnement marginaliste, pour augmenter le revenu du facteur constant, il suffit d'augmenter la quantité du facteur variable sur le facteur constant. Dans ce cas, la rémunération du facteur fixe augmente, sans qu'il y ait un effet de demande sur ce facteur puisqu'il est fixe par hypothèse. on ne peut pas dire que la quantité d'un facteur est fixe du fait qu'elle est limitée puisque, en ce qui concerne le capital, sa quantité peut augmenter et augmente grâce à la production ; c'est une exigence du raisonnement marginaliste qui impose que la quantité d'un facteur soit considérée comme fixe et celle de l'autre comme variable pour que puisse être établie la productivité marginale de ce dernier. En effet, nous savons que, si les deux facteurs deviennent variables, la rémunération marginaliste ne peut pas être déterminée.

C'est cette exigence, c'est-à-dire cette volonté de déterminer les rémunérations selon la productivité marginale décroissante du facteur variable, qui ne permet pas à l'analyse néoclassique de tenir compte des situations où les rendements sont constants ou croissants. Or, ces deux situations représentent une grande partie de la réalité économique. Le premier cas permet de tenir compte de l'évolution proportionnelle des facteurs de production et le deuxième de tenir compte du progrès technique, l'un des éléments fondamentaux de l'évolution économique. (Dans le chapitre consacré à la croissance endogène, nous mettrons en évidence l'incapacité de l'analyse néoclassique à construire une étude cohérente dans ce domaine). Plus précisément, dans une situation de concurrence pure, les entrepreneurs ont-ils intérêt à employer des travailleurs à partir du moment où leur productivité diminue ? Dans le système néoclassique, la réponse est positive car l'hypothèse des rendements décroissants permet de justifier le taux de rémunération de l'ensemble des travailleurs employés par rapport à la productivité marginale du dernier travailleur embauché. De cette façon, on justifie l'augmentation de la rémunération du facteur fixe dont ni l'offre ni la demande ne doivent varier. Nous savons que l'hypothèse de la fixité d'un facteur est une exigence de l'analyse marginaliste permettant de fonder la rémunération des facteurs selon leur productivité marginale. Ainsi la rareté d'un facteur est-elle imposée par l'hypothèse de la fixité de la quantité de ce facteur. Mais pour déterminer la rareté d'un facteur, il faudrait savoir par rapport à quoi déterminer cette rareté. Le raisonnement marginaliste ne peut pas répondre à cette question du fait qu'il suppose les coefficients variables.

2.5.3. Les Néoclassiques déterminent les rémunérations des facteurs de deux façons, or ces deux types de détermination ne sont pas compatibles.

Dans le raisonnement néoclassique apparaissent deux façons de déterminer les taux de rémunération des facteurs de production. Dans une première détermination, les prix des facteurs sont fixés par l'intersection des courbes de productivité marginale et de coût marginal. Dans la seconde, ils dépendent du prix du marché selon la rareté des facteurs. Le problème est de savoir si ces deux déterminations sont compatibles. Si ces deux déterminations ne sont pas compatibles, soit l'une chasse l'autre, soit c'est l'impossibilité de déterminer la répartition, dans cette analyse, qui oblige les auteurs à multiplier les explications. Nous constatons sans peine que ces deux déterminations ne s'établissent pas au même niveau ; l'une est établie à la production, l'autre sur le marché. En outre la première résulte d'une relation technique, et la seconde d'une relation « d'échange ». Dans la première, la rareté n'intervient pas dans la détermination de la répartition, dans la deuxième, la rareté est l'élément prépondérant de cette détermination. Par conséquent elles ne peuvent pas toutes les deux prétendre pouvoir expliquer la même répartition dans une même analyse néoclassique.

Dans le premier cas, la répartition serait déterminée à la production. Dans le second cas, le revenu n'ayant pas été déterminé avant l'échange, on ne voit pas comment, dans une économie salariale, un pouvoir d'achat pourrait être exercé. Si le taux de rémunération des facteurs est établi au niveau des échanges, les facteurs apparaissent comme des biens, ce qui permet de déterminer leurs prix relatifs. Or, le travail ne peut pas être confondu avec un bien ; les rapports relatifs déterminent les prix relatifs, et dans le cas du travail, son « prix » (ce qui n'a aucun sens) ne peut pas être considéré comme son taux de rémunération, qui représente sa part dans la production. La rémunération du travail est une formation de revenu, tandis que le prix d'un bien est obtenu grâce à la dépense du revenu qui permet d'effectuer un achat. En d'autres termes, si la rémunération du facteur variable est déterminée à la production par l'intersection des courbes de productivité marginale et de coût marginal, le prix du marché du produit ne peut avoir d'effet sur cette rémunération, puisque celle-ci est déjà déterminée. Les rémunérations, revenus, ou coûts de production en facteurs étant déterminés à la production, à l'équilibre, le prix du marché doit confirmer cette détermination. Tout écart entre le prix et le coût en services producteurs serait une cause de déséquilibre dans ce système. Si le taux de rémunération d'un facteur est déterminé par l'intersection des courbes de productivité marginale et de coût marginal, dans ce cas, ni la concurrence ni la rareté ne jouent aucun rôle dans cette détermination. (Nous reviendrons sur ce point en étudiant la répartition chez Walras). Enfin, un déplacement de la courbe de la demande vers le haut signifie un changement dans l'échelle de production, et dans ce cas, la variation du taux de rémunération du facteur peut ne pas avoir de relation avec la productivité marginale du facteur. Par ailleurs, la détermination marginaliste de la répartition fait apparaître un autre problème qui est de savoir comment établir le niveau de rémunération monétaire des facteurs qui participent à la production de chaque période, et cela même si l'on accepte la répartition marginaliste qui est une répartition réelle. (Cf. 5.).

Des auteurs se réclamant de la même Ecole de pensée économique (néoclassique) donnent donc deux explications différentes pour déterminer le taux de rémunération des facteurs. Or, nous venons de le voir, ces explications ne sont pas compatibles. Cette divergence ne serait-elle pas révélatrice d'un malaise ?

3. LES LIMITES DE LA DETERMINATION DE LA REPARTITION FONDEE SUR LA FONCTION DE PRODUCTION ET SUR LES COURBES DE L'OFFRE ET DE LA DEMANDE QUI EN RESULTENT.

Dans les deux premières sections (1. et 2.), nous avons étudié les différentes propositions de la détermination marginaliste de la répartition. La théorie de la répartition marginaliste est fondée sur des hypothèses dont nous avons vu que, pour une grande partie, elles ne sont pas compatibles avec la réalité économique. Il s'agit dans cette section de démontrer que la théorie de la répartition marginaliste fait apparaître une confusion entre le taux de rémunération qui doit déterminer la part du facteur dans la production et le prix du facteur en tant que bien. Si l'on parvient à mettre en évidence cette confusion, on rend sans objet la théorie de la répartition marginaliste.

3.1. Dans quel cas le déplacement de la courbe de demande est-il compatible avec l'équilibre ?

Nous avons vu que Samuelson n'était pas satisfait de ce que les rémunérations fussent déterminées « arbitrairement », uniquement par la fonction de production, indépendamment des forces du marché. C'est pourquoi il a introduit les forces du marché par les déplacements des courbes d'offre et de demande (Cf. 2. 5.) Le problème est de savoir si l'on peut accepter, à l'équilibre, les affirmations selon lesquelles, lorsque la courbe de demande d'un facteur se déplace vers le haut, son revenu augmente, de même que, lorsque la quantité offerte du facteur augmente de sorte que la courbe d'offre se déplace vers la droite, son taux de rémunération baisse.

Etudions ce problème en trois points :

1° Nous savons que, pour une quantité fixe d'un facteur, le taux de rémunération du facteur variable est obtenu au point d'intersection des courbes de productivité marginale et de coût marginal (w_1). Supposons que ce point soit compatible avec l'équilibre du marché, où le taux d'intérêt est unique dans le système. Il va sans dire que, si la courbe de demande se déplace vers le haut (comme le suggèrent les Néoclassiques tels que Samuelson) et si la quantité de capital reste constante, ce nouveau point d'intersection des deux courbes (w_2) n'est plus compatible avec l'équilibre du système. Dans un système concurrentiel, les entreprises qui rémunèrent à ce nouveau taux seront éliminées du marché. Autrement dit, comme nous l'avons vu, pour une quantité donnée du facteur fixe, un seul point sur la courbe du coût marginal du facteur variable est compatible avec l'équilibre, et de ce fait l'hypothèse de déplacement de la courbe de demande ne peut être acceptée une fois que l'équilibre est réalisé. En outre, l'une des exigences de l'équilibre du système impose que le taux de rémunération du facteur constant soit le même dans l'ensemble de l'économie. Si l'on accepte l'hypothèse selon laquelle la courbe de la demande se déplace vers le haut et la courbe de l'offre vers la droite, on admet que toute la surface des axes est compatible avec l'équilibre, et dans ce cas on n'a pas besoin de ces courbes. De plus, nous avons vu que le déplacement de la courbe de la demande signifie un changement dans l'échelle de production.

2° Si la quantité du facteur-capital reste constante et si la «demande solvable » exige l'accroissement de la production des « objets désirés par les détenteurs de pouvoir d'achat » (Samuelson, 1983, P. 256), il faut, pour augmenter la production, employer davantage de travail sur la quantité fixe de capital. Dans ce cas, la loi de la rémunération du facteur variable selon sa productivité marginale, exige une baisse de la rémunération de ce facteur. Or, cela pose trois problèmes : (i) le nouveau taux de rémunération n'est pas compatible avec le taux qui détermine l'équilibre du système ; (ii) il n'est pas certain que les travailleurs acceptent de travailler pour ce taux de rémunération puisque leur préférence est déjà établie à travers la courbe d'offre de travail ; (iii) dans ce cas, ce n'est pas la courbe de demande qui se déplace, mais celle de l'offre. Si l'on accepte que la courbe d'offre se déplace, cela signifie que tous les points de la courbe de demande sont compatibles avec l'équilibre. Or, par ailleurs, Samuelson affirme que l'équilibre est déterminé par l'intersection des courbes de coût marginal et de coût moyen, c'est-à-dire que l'équilibre est déterminé en un point. Remarquons enfin que l'action de la demande solvable, visant à augmenter la production, n'a aucune signification dans l'analyse marginaliste puisque la dépense des rémunérations signifie l'écoulement des produits. Le produit étant partagé entre salaires et intérêt et le profit étant nul, la demande solvable a sa source et sa limite dans les salaires et l'intérêt ; dans une situation d'équilibre, la demande solvable ne peut être ni inférieure ni supérieure au revenu distribué. Autrement dit, à l'équilibre on ne peut pas savoir quels sont « les produits désirés par les détenteurs de pouvoir d'achat » dont il faut augmenter la production.

3° Néanmoins, s'il n'y a qu'un point d'équilibre et si l'on persiste à augmenter la production, on ne sait pas dans quel secteur ou entreprise il faut augmenter la quantité du facteur qui était considéré comme fixe. Dans ce cas, une fois le taux des rémunérations déterminé, soit l'augmentation des deux facteurs est proportionnelle et donc les taux de rémunération ne varient pas, soit c'est le facteur-capital qui devient variable et le raisonnement se porte sur les courbes d'offre et de demande du capital et non sur celles du facteur-travail. Et dans ce système, s'il y a une augmentation de la rémunération du facteur-travail, celle-ci n'est pas due à l'augmentation de sa demande mais à l'emploi croissant du facteur-capital qui est devenu variable.

Enfin précisons que, dans le système marginaliste à l'équilibre, on ne peut pas déterminer quel(le) est le secteur ou l'entreprise où il faut augmenter la production puisque, par hypothèse, l'ensemble des entreprises ont la même rentabilité, le profit étant supposé être nul à l'équilibre dans ce système.

En d'autres termes, on ne voit pas comment la demande varie pour que, une fois l'équilibre réalisé, la production augmente. Etant donné que la courbe de la demande résulte de la relation technique, elle ne varie pas. L'équilibre ne serait-il pas représenté par un point sur lequel les déplacements des courbes d'offre et de demande n'ont pas d'effet ? Soit l'équilibre est réalisé au point d'intersection des courbes de productivité marginale et de coût marginal, soit il est déterminé par l'offre et la demande sur le marché des facteurs en un point fixe. Quelle est la probabilité pour qu'il existe une situation où ces deux points d'équilibre soient compatibles ?

Quoi qu'il en soit, (en supposant l'existence des courbes d'offre et de demande de travail) il existe, dans ce système, une solution, et une seule, définissant l'équilibre sur le marché du travail et le taux de salaire réel.

Comment peut-on prétendre que l'équilibre déterminant les taux de salaire réel sur le marché du travail est compatible avec le taux d'intérêt qui doit être unique dans l'ensemble du système à l'équilibre, puisqu'il y a autant de marchés du travail qu'il y a de qualifications différentes, autant de fonctions de production que de secteurs ou d'entreprises ?

Les éléments qui déterminent la répartition et l'équilibre de l'emploi chez les Néoclassiques reposent, soit sur des hypothèses restrictives, soit sur des fondements imaginaires : dans le premier cas, la courbe de demande de main-d'œuvre découle de l'hypothèse fondée sur une fonction de production de degré un avec des rendements marginaux décroissants (hypothèse restrictive, car elle écarte toutes les autres possibilités telles que les rendements constants et croissants) ; dans le second cas, on suppose une courbe d'offre de travail n'ayant aucun fondement économique, c'est une courbe imaginaire (cf. 3.4.1.). C'est avec ces hypothèses qu'on prétend fixer à la fois un taux de rémunération et un équilibre du marché de l'emploi compatibles avec l'équilibre général de l'ensemble de l'économie.

3.2. Comment, dans le cadre de l'analyse marginaliste, la demande de travail peut-elle évoluer ?

Dans le cas de la détermination des prix des produits, ce sont les pertes et les profits qui font varier l'offre et la demande (bien qu'à l'équilibre néoclassique, il n'y ait ni pertes ni profits. Nous avons vu que l'analyse néoclassique ne représente pas la réalité de l'économie salariale). Mais dans l'analyse néoclassique, on ne voit pas quels sont les éléments qui feraient varier le niveau de l'offre et de la demande de travail, une fois que les courbes hypothétiques d'offre et de demande sont déterminées. Dans une analyse où, pour une technologie donnée, on établit une relation entre la quantité de capital et la quantité de main-d'œuvre à employer (dans le cas des coefficients constants), on sait que l'augmentation du capital engendre l'accroissement de la demande de travail. Dans ce cas, ce ne sont pas les pertes et profits qui déterminent la demande de main-d'œuvre, et cela pour une simple raison : le travail n'est pas un produit et la rémunération du travail n'est pas un achat, la rémunération du travail est une formation de revenu. Autrement dit, si ce sont les pertes et profits qui guident les entrepreneurs pour qu'ils déterminent le niveau de leur production en prenant la décision d'investir ou non dans une entreprise ou dans un secteur, en dernière analyse, c'est le niveau d'investissement qui détermine le niveau de l'emploi pour une technologie donnée. Or, l'analyse marginaliste ne peut accepter cette réalité car, si les deux facteurs deviennent variables, on se trouve dans une situation qui rend impossible la détermination des rémunérations des facteurs selon leur productivité marginale et où les pertes et profits ne sont pas compatibles avec l'équilibre du système.

3.3. L'hypothèse d'une fonction de production à coefficients variables sur laquelle est fondée la détermination des taux de rémunération est une hypothèse qui ne convient pas à une économie concurrentielle salariale.

L'hypothèse des coefficients variables pose un problème, qui est celui de son acceptation généralisée. Nous savons que, dans le système néoclassique, pour déterminer les rémunérations des facteurs, il est nécessaire de considérer l'un des facteurs comme fixe et l'autre comme variable.

Pour faire apparaître l'une des limites du raisonnement fondé sur les combinaisons des facteurs et les rémunérations des facteurs selon leur productivité marginale, prenons l'exemple simple de la pelle, donné par Samuelson (Cf. 1983, P.215). S'il n'y a qu'une seule pelle, peut-on employer, sur cette pelle et en même temps, un nombre de plus en plus grand de travailleurs pour faire apparaître les conditions de réalisation de productivité marginale décroissante, condition nécessaire à l'application de la loi de la répartition dans cette Ecole de pensée ? La même question peut être posée si l'on suppose un travailleur et plusieurs pelles, qui sont utilisables pour la même fonction ; le travailleur peut-il les employer toutes en même temps ? Est-ce que l'exemple de la pelle est compatible avec l'exigence selon laquelle la répartition est fondée sur la productivité marginale du facteur variable grâce aux différentes combinaisons de facteurs ? S'il n'y a qu'une pelle, on ne peut lui associer qu'un travailleur à la fois. Dans ce cas, la rémunération des facteurs selon les exigences marginalistes ne peut être appliquée. Autrement dit, l'hypothèse selon laquelle on peut employer sur une quantité donnée de capital n'importe quelle quantité de travail n'a aucun fondement économique réel, car pour une technologie donnée et dans une économie concurrentielle, dans une grande majorité des cas, le rapport entre la quantité de capital et le nombre de travailleurs est fixe. Il en découle qu'on ne peut pas fonder la détermination des taux de rémunération sur la productivité marginale des facteurs.

En outre, nous savons aussi que cette détermination des rémunérations n'est possible que dans la phase des rendements décroissants. Dans ces conditions, comment peut-on prétendre expliquer l'équilibre qui se veut général en écartant une grande partie des cas qui représentent la réalité économique ? En d'autres termes, s'il n'est pas possible d'employer sur une quantité donnée de facteur fixe n'importe quelle quantité de facteur variable, il n'est pas possible de fonder l'explication des taux de rémunération sur l'hypothèse des rendements décroissants.

L'ambition des auteurs marginalistes est d'établir la loi de la répartition du produit entre les différents facteurs de production. Ils pensent avoir établi cette loi grâce à la productivité marginale du facteur variable. Or, la productivité marginale est une fiction, car pour une technologie donnée, la relation entre le travail et le capital est fixe, et aucun changement dans cette relation n'est possible dans une économie en concurrence ; par ailleurs, ces auteurs pensent pouvoir fonder la loi de la productivité marginale d'un facteur sur la rente différentielle de Ricardo. Or, cette justification découle d'une fausse analogie. (Cf. 3. 5.).

Enfin, cette détermination ne fait-elle pas apparaître une confusion entre le prix du facteur en tant que bien et sa part dans la production ? C'est ce point important que nous allons étudier maintenant.

3.4. Comment définit-on les courbes de demande et d'offre des facteurs pour pouvoir déterminer leur taux de rémunération ? Leur intersection détermine-t-elle le taux de la rémunération ou le prix du facteur ?

Pour déterminer le taux de rémunération des facteurs, il est important de savoir si les déterminations des courbes de l'offre et de la demande de l'ensemble des facteurs ont les mêmes fondements, car dans le système marginaliste on pense qu'il est indifférent de déterminer, par la relation technique, le taux de rémunération d'un facteur et d'obtenir, du fait de la complémentarité, le taux de rémunération de l'autre facteur.

3.4.1. Détermination des courbes de l'offre et de la demande des facteurs de production.

En ce qui concerne la courbe de demande, elle est déterminée par la courbe de la productivité marginale du facteur variable, et cela dans la partie où les rendements sont décroissants, ce qui signifie que, pour ce qui est de la détermination de la courbe de demande, on ne s'y intéresse que si les rendements sont décroissants. Ne peut-on pas voir là l'une des limites de ce raisonnement ? En effet, dans ce système, la rémunération du facteur variable n'est définie que dans le cas des rendements décroissants. Par conséquent, sont exclus de ce système les cas des rendements constants et croissants. De ce fait, l'analyse marginaliste exclut la majeure partie des situations qui représentent la réalité économique. En ce qui concerne la détermination des courbes d'offre des facteurs, les Néoclassiques distinguent deux sortes de facteurs : les facteurs pour lesquels on peut déterminer un coût de production (par exemple le capital), et le facteur pour lequel on ne peut pas déterminer de coût de production (le travail). Citons ce passage de Samuelson : « Elle peut (il s'agit de la courbe d'offre, oo), au contraire, être positivement élastique et s'élever vers le nord-est - sa forme dépendant, dans le cas de tracteurs, de leurs coûts marginaux de production en hausse. Ou encore si le facteur de production consiste dans la main-d'œuvre, il se peut que les travailleurs considèrent qu'ils peuvent se permettre de travailler *moins* longtemps quand les salaires augmentent, si bien que la courbe oo peut finalement rebrousser chemin vers le nord-ouest à partir de la verticale, au lieu de continuer à progresser. » (Samuelson, 1983, P.255-256, souligné par l'auteur). Il apparaît ainsi clairement que les courbes d'offre des différents facteurs peuvent ne pas avoir la même forme, ce qui nous incite à étudier la raison de cette différenciation et à marquer les limites de la portée de ce raisonnement.

Si la courbe d'offre du facteur-capital peut être « déterminée », sous certaines hypothèses restrictives, par son coût marginal croissant, à partir du point des rendements décroissants et dans le cas où les quantités des autres facteurs restent fixes, en revanche, la détermination de la courbe d'offre de travail par les salariés n'a pas un fondement clair ni précis. Selon le raisonnement néoclassique, le salaire représente la rémunération que les travailleurs exigent pour compenser la désutilité de leur travail. Mais tout le problème est de savoir comment on peut déterminer la désutilité du travail, car, même si l'on accepte l'hypothèse de la désutilité du travail, on le voit, les courbes d'offre des différents facteurs n'ont pas les mêmes fondements ni tout à fait la même forme. L'offre de travail est fondée sur une hypothèse subjective, la désutilité du travail, tandis que celle du capital prétend avoir un fondement objectif, le coût marginal du capital. Quant aux courbes de demande, elles sont obtenues dans un cas particulier, restrictif, de rendements décroissants, car dans ce raisonnement on ne peut pas tenir compte de la partie de la courbe où les rendements sont croissants. Ainsi, l'analyse fondée sur des courbes qui n'ont pas les mêmes fondements ne peut prétendre expliquer les rémunérations des facteurs de l'économie dans son ensemble ni dans toutes les circonstances. Par conséquent, avec ces seuls éléments, vouloir établir des lois qui permettraient d'expliquer la répartition dans l'ensemble d'un système salarial est un abus. Autrement dit, dans ce système, les rémunérations s'établissent de façons complémentaires (Cf. Clark, 1899 et C. Benetti, 1974 ; ch. 2, P.37), c'est-à-dire qu'une fois déterminée la rémunération d'un facteur, quel qu'il soit, son complément représente la rémunération de l'autre facteur, sous réserve qu'à l'équilibre le taux de rémunération de chaque facteur soit identique pour l'ensemble des firmes. Cela dit, soit cette affirmation n'apporte rien de nouveau puisqu'elle découle d'hypothèses ; en effet, si l'on suppose deux facteurs de production et si l'on suppose aussi que le profit est nul, on constate que le produit se partage entre les deux facteurs et les rémunérations sont donc complémentaires ; soit cette affirmation a un sens, et dans ce cas, on doit démontrer que la rémunération de chaque facteur ne change pas, qu'elle soit déterminée par la productivité marginale de l'un ou par celle de l'autre facteur. Cela implique donc que les éléments qui permettent de déterminer la rémunération des facteurs doivent obéir aux mêmes lois. Or, il n'en est rien car, dans ce système, la détermination de la courbe d'offre de travail est fondée sur une notion subjective, tandis que la détermination de la courbe d'offre du capital est fondée sur un raisonnement « objectif ». Comment peut-on alors prétendre que le complément des rémunérations établies par un raisonnement fondé sur l' « objectivité » (la courbe d'offre du capital) représente la rémunération d'un facteur dont la courbe d'offre est fondée sur la « subjectivité » ? Le fondement scientifique de ce raisonnement ne se trouve-t-il pas ainsi mis en cause ?

Enfin, comme nous venons de le voir, les courbes de l'offre et de la demande du facteur variable sont obtenues grâce aux courbes de coût marginal et de productivité marginale. Mais ces courbes n'existent que si l'on suppose qu'on peut employer sur une quantité fixe d'un facteur n'importe quelle quantité d'un facteur variable, et cela dans la phase des rendements décroissants. Or, nous avons vu que ces résultats sont fondés sur des hypothèses qui n'ont rien à voir avec la réalité économique. Ces courbes n'ont qu'une existence factice car pour pouvoir les déterminer il faut supposer, par exemple, que sur un même tracteur on peut employer à la fois plusieurs conducteurs, ce qui n'a pas de sens ; de ce fait, on ne peut obtenir ni la productivité marginale qui aurait permis de déterminer la courbe de la demande, ni le coût marginal qui aurait permis de déterminer la courbe de l'offre.

3.4.2. La détermination des taux de rémunération par les courbes de l'offre et de la demande engendre une confusion entre le prix du facteur et son taux de rémunération.

Cette confusion, en effet, est due elle-même au fait qu'on veut déterminer le taux de rémunération d'un facteur comme le prix d'un bien, c'est pourquoi on suppose que le travail est un bien, (or le travail n'est pas un produit), mais en même temps on ne peut pas déterminer sa courbe d'offre comme celle d'un bien. Pour mettre cette confusion en évidence, essayons de préciser les véritables significations des courbes d'offre et de demande.

Dans l'analyse néoclassique, la courbe de demande du facteur est obtenue par la courbe de la productivité marginale du facteur (dérivée partielle par rapport au facteur variable). Cette courbe est censée déterminer la part du facteur dans la production, ou son taux de rémunération. Quant à la courbe d'offre du facteur, elle résulte de la courbe du coût marginal du facteur. Cette courbe est censée déterminer le coût de production ou le prix du facteur en tant que prix d'un produit. Or, le problème est de savoir ce qui est véritablement déterminé au point d'intersection de ces deux courbes. Ce point d'intersection détermine-t-il le coût de production, prix du produit, ou la part du facteur dans la production, son taux de rémunération ? Si ce point d'intersection détermine le coût de production d'un produit ou son prix (ce qui revient au même à l'équilibre), il ne détermine pas la part du facteur dans la production. Mais, si ce point détermine la part du facteur dans la production ou son taux de rémunération, il ne peut prétendre déterminer son prix. Aussi, le point d'intersection de ces deux courbes ne peut pas déterminer à la fois le prix d'un facteur en tant que produit et son taux de rémunération en tant que facteur de production. Il n'est pas possible en effet que le coût de production détermine la part du facteur dans la production car la part du facteur dans la production détermine sa rémunération. Autrement dit, si le facteur variable est le capital, son taux de rémunération est le taux d'intérêt ; or, le taux d'intérêt ne peut pas représenter le prix du facteur en tant que produit. C'est ainsi, dans l'analyse néoclassique une confusion apparaît entre le prix du facteur en tant que prix d'un bien et sa rémunération en tant que facteur, ce qui est un non-sens. Cette confusion est un échec qui met en cause la détermination des rémunérations des facteurs fondée sur leur productivité marginale.

3.5. L'échec de l'analyse marginaliste de la répartition trouve sa source dans une fausse analogie.

L'échec de la théorie de la répartition néoclassique était prévisible, et cela principalement pour deux raisons qui sont liées : 1° une fausse analogie entre la théorie ricardienne de la rente et la théorie de la répartition néoclassique ; 2° une fausse analogie qui a permis aux auteurs de cette Ecole de pensée de substituer la terre au capital et de supposer que, sur une quantité donnée de capital, on peut employer n'importe quelle quantité de travail. Ces deux déductions résultent d'interprétations erronées des deux présentations de la rente chez Ricardo.

Il est vrai qu'il est tentant de prendre appui sur la théorie de la rente ricardienne, pour donner de la crédibilité à l'analyse marginaliste de la répartition, car la détermination de la rente ricardienne est fondée sur un remarquable raisonnement économique. Mais il reste à savoir si cette démarche est réellement fondée, autrement dit, à savoir si l'on peut trouver des fondements communs aux deux analyses.

La fausse analogie réside dans le fait de fonder la répartition sur la théorie ricardienne de la rente. Essayons de voir en cinq points si les déterminations ricardienne et marginaliste ont le même but, si la détermination marginaliste de la répartition respecte les conditions ricardiennes, et de déterminer comment Ricardo fonde les conditions de l'apparition de la rente foncière. 1° Ces deux déterminations n'ont pas le même but : l'objectif de Ricardo n'est pas de déterminer la répartition du produit entre salaires, intérêt et rente, mais d'établir les conditions de l'apparition de la rente différentielle. 2° Pour Ricardo, seul le travail est la cause de la production, même s'il constate que le produit du travail peut être partagé entre salaires, profit et rente réels tandis que les Marginalistes supposent plusieurs facteurs de production qu'il faut rémunérer car ces facteurs sont considérés comme les causes de la production. Dans l'analyse de Ricardo, la valeur s'établit à la production et le partage entre salaires, profit et rente réels est déterminé sur le marché des produits. 3° Pour David Ricardo, la rente est un effet de prix en ce sens que, sur la terre non marginale, le prix du marché des produits agricoles est plus élevé que le coût de production (salaires et intérêt), proposition qui n'est pas compatible avec la théorie de la répartition néoclassique à l'équilibre où, par hypothèse, le prix est égal au coût de production pour chaque producteur. Ricardo précise, en outre, que le prix courant varie en fonction de l'offre et de la demande (*Principes* ; 1970, P.89). En fait, la raison de l'apparition et de l'augmentation de la rente est l'accroissement de la demande de produits agricoles. Aussi, l'augmentation de la demande est-elle la cause de la mise en culture de terres de moins en moins fertiles (de terres non homogènes). « Dès que par suite des progrès de la société on se livre à la culture des terrains de fertilité secondaire, la rente commence pour ceux des premiers, et le taux de cette rente dépend de la différence dans la qualité respective des deux espèces de terre ». (*Principes* ; 1970, P.47). 4° Moyennant l'emploi d'une même quantité de capital et d'une même quantité de main-d'œuvre sur des terres de fertilités différentes, la rente est nulle pour la terre marginale alors qu'elle est positive pour les autres terres. Par conséquent la rente n'apparaît que si les terres ne sont pas homogènes. Autrement dit, si les terres sont homogènes, la rente différentielle n'apparaît pas. 5° Pour Ricardo, la rente ne constitue pas la rémunération d'un facteur. En effet, comme on vient de le voir, si les terres sont homogènes, la rente n'apparaît pas.

Les Néoclassiques pensent pouvoir généraliser le raisonnement ricardien de la rente au travail et au capital. J. B. Clark, qui est le principal théoricien de la répartition fondée sur la productivité marginale, écrit : « C'est l'un des faits économiques les plus frappants que le revenu du travail d'une part et le revenu du capital d'autre part, sont absolument de même nature que la rente du sol ». (*The Distribution of Wealth* ; 1899, P. 191). Clark établit ainsi une fausse analogie et, pour la prouver, il suffit d'établir que pour Clark, les revenus du travail et du capital ne sont pas de même nature que la rente qui, chez Ricardo, résulte de l'hétérogénéité des terres ; c'est l'hétérogénéité qui donne son véritable sens à la rente différentielle. Or, nous savons que pour les Néoclassiques le capital et les différentes catégories de travail sont homogènes par définition. De ce fait, il n'est pas possible d'appliquer aux facteurs de production qui sont homogènes les résultats obtenus par Ricardo pour faire apparaître la rente.

Il est vrai, néanmoins, que Ricardo explique l'apparition de la rente de deux façons, mais il est non moins vrai que sa deuxième explication découle de la première, et sans la première explication fondée sur l'hétérogénéité des terres, la deuxième explication n'aurait pas de fondement. Dans ce premier cas, Ricardo établit la cause de l'apparition de la rente fondée sur l'hétérogénéité des terres. Ensuite, ce principe étant posé, il établit aussi que, sur les terres les plus fertiles, il est possible d'augmenter la quantité de capital et de main-d'œuvre tant que leur production est supérieure ou égale à la production d'une terre moins fertile. « La rente étant toujours la différence entre les produits obtenus par l'emploi de deux quantités égales de capital et de travail ». (*Principes*, P.48). Ainsi, même la deuxième explication est fondée sur une comparaison entre les terres les plus fertiles et les terres les moins fertiles.

Les Néoclassiques fondent leur analyse de la répartition sur le deuxième cas présenté par Ricardo, en pensant qu'il est distinct du premier. Or, l'hypothèse selon laquelle on peut employer sur une quantité fixe de capital n'importe quelle quantité de main-d'œuvre, ne peut pas être fondée sur la théorie de la rente ricardienne. Selon Ricardo, l'augmentation de la demande des produits agricoles permet d'augmenter la quantité de main-d'œuvre et de capital sur les terres fertiles, mais l'emploi de main-d'œuvre et de capital cesse de croître dès que la rentabilité sur ces terres atteint celle de la terre marginale qui est la moins fertile. Autrement dit, c'est cette comparaison de rentabilité qui limite l'emploi du travail et du capital sur les terres fertiles. Dans le cas de l'analyse néoclassique, l'emploi croissant du facteur variable sur le facteur fixe ne résulte pas de la demande, il n'est pas limité car il n'y a pas de comparaison, puisque, par hypothèse, le facteur constant est homogène. Le verdict de l'auteur des *Principes* est sans appel. Nous venons de le voir, pour Ricardo, la rente n'apparaît pas si on ne met en culture que des terres de la première catégorie, c'est-à-dire les plus fertiles, autrement dit, la rente n'apparaît pas si les terres sont homogènes. Le facteur constant étant homogène, il n'y a aucune raison pour qu'apparaisse un revenu différentiel. En outre, comme nous l'avons vu, pour une technologie donnée, le rapport entre la quantité de capital et le nombre de travailleurs à employer est fixe, et dans ce cas, on ne peut pas appliquer la détermination de la répartition selon la productivité du facteur variable.

Ainsi, d'une part, une fausse analogie, d'autre part, une impossibilité technique (celle qui suppose qu'on peut employer sur la même quantité de capital n'importe quelle quantité de travail) empêchent de donner une signification économique aux courbes de productivité marginale et de coût marginal. De ce fait, tout raisonnement en termes de productivité marginale et de coût marginal devient sans objet. Il est vrai que l'affirmation selon laquelle le produit est partagé entre salaires et profit découle des lois économiques, mais le but des Néoclassiques était de déterminer la règle qui permet d'établir ce partage, or, ils n'y sont pas parvenus. Nous avons vu qu'à l'intersection de ces deux courbes apparaît une confusion entre le prix du facteur en tant que produit et son taux de rémunération en tant que facteur. Il est évident que le prix d'un facteur en tant que bien ne signifie pas son taux de rémunération, qui doit déterminer la part du facteur dans la production dès qu'on suppose plusieurs causes de production.

4. L'EQUILIBRE GENERAL DE WALRAS ET LA DETERMINATION DES REMUNERATIONS DES FACTEURS DE PRODUCTION.

Walras fonde la détermination des rémunérations des facteurs sur la rareté et l'utilité. « Il est à peine besoin de dire que le principe de la proportionnalité des valeurs des produits et des services à leurs raretés, à l'état d'équilibre général du marché (224), et la loi de variation des prix d'équilibre, en raison des variations des raretés provenant de variations soit dans les utilités, soit dans les quantités possédées (227), subsistent entièrement après comme avant la résolution des équations de la capitalisation et de la circulation ». (Walras, 1974, P.371). Ainsi, bien que Walras propose de déterminer la rémunération des facteurs de production par des rapports relatifs, comme c'est le cas pour la détermination du prix d'un bien, ce qui permet de dire que, de fait, il assimile les facteurs, dont le travail, aux biens, il pense néanmoins que sa détermination est compatible avec celle des Marginalistes. « A l'état d'équilibre, et quand les prix de revient et de vente sont égaux, les prix des services sont proportionnels aux dérivées partielles de la fonction de production, soit aux productivités marginales ». (Idem P.375). Mais à la page suivante (P.376), Walras justifie ses propos et dit pourquoi il a préféré ne pas introduire cette théorie dans sa théorie générale de l'équilibre économique : il pense que son système est déjà suffisamment compliqué.

L'explication de la répartition chez Walras nous amène aussi à poser les questions suivantes : peut-on assimiler l'analyse de la répartition des Marginalistes et celle de Walras ? Les rapports relatifs permettent-ils de déterminer les taux de rémunération des facteurs ? Le travail peut-il être assimilé à un bien ? La rémunération du travail peut-elle être fondée sur la rareté ? Walras n'étudie-t-il pas l'économie salariale comme si c'était une économie d'échange ? Walras détermine-t-il le taux de rémunération d'un facteur ou son prix en tant que bien ?

4.1. L'explication walrasienne de la répartition et celle des Marginalistes n'ont pas les mêmes fondements.

La détermination des rémunérations des services producteurs par des rapports relatifs introduit la notion de rareté. Ainsi ces deux déterminations, walrasienne et marginaliste, n'ont-elles pas les mêmes fondements, car la détermination des rémunérations marginalistes découle de la fonction de production, par la dérivée partielle, ce qui représente une détermination déterministe ou mécanique et, de ce fait, la rareté n'intervient pas dans cette détermination, tandis que la détermination walrasienne introduit la rareté qui engendre une comparaison relative, mais dans ce cas le problème est de savoir par rapport à quoi on va déterminer la rareté d'un facteur. L'une est censée déterminer la répartition dès la production, l'autre est censée la déterminer sur le marché. La première prétend déterminer la part de chaque facteur dès la production, la seconde prétend déterminer la part de chaque facteur au moment des échanges, mais les échanges relatifs permettent-ils une telle détermination ? Il s'agit donc de savoir quel est le rôle joué par la comparaison relative dans le système de Walras.

Etablit-elle les rémunérations des facteurs de production ou établit-elle le prix d'un facteur en tant que bien ?

4.2. Les rapports relatifs ne déterminent pas le taux de rémunération des facteurs.

Il est vrai que les rapports relatifs, établis au moment des échanges, (dans une économie d'échange) déterminent des valeurs relatives. Aussi, si la quantité d'un bien augmente par rapport aux autres biens, sa valeur relative ou son prix relatif diminue. Le problème est de savoir s'il convient d'établir des rapports relatifs entre les facteurs pour déterminer leurs prix relatifs qui détermineraient eux-mêmes leurs taux de rémunération. Mais un autre problème est de déterminer d'abord la rareté d'un facteur : rareté par rapport à quoi ? La rareté d'un facteur par rapport aux produits n'a aucune signification économique car facteur et produits n'interviennent pas au même niveau. Le facteur intervient à la production et les produits interviennent au moment des échanges. La rareté d'un facteur par rapport aux autres facteurs n'a pas plus de sens dans ce système, car, d'une part, dans l'analyse néoclassique on peut combiner n'importe quelle quantité d'un facteur avec un autre facteur, d'autre part, même s'il existe un rapport déterminé, c'est-à-dire si une quantité fixe de travail est associée à une quantité donnée de capital, ce rapport permet d'établir une combinaison de production, or, cette combinaison ne signifie pas qu'il y a un échange mais une relation déterminant l'organisation de la production ; et tout cela ne permet pas d'établir une relation d'échange puisque, par définition, la production n'est ni un échange ni le résultat d'un échange. En outre, étant donné qu'il n'y a aucune unité de mesure commune, ni entre les facteurs, ni entre les facteurs et les produits, comment savoir combien d'unités de capital valent une unité de travail ? Or, l'économie de production salariale ne peut se passer de mesure, et cela dès la production. On pourrait objecter que Walras introduit le numéraire dans son système, et de façon pertinente. Mais il l'introduit sur le marché au moment des échanges pour permettre et faciliter les échanges relatifs. Or, nous venons de le voir, les échanges relatifs ne déterminent pas la part de chaque facteur dans la production.

4.3. Le taux de rémunération du travail ne peut pas être assimilé au prix d'un bien (le travail).

Néanmoins, essayons de savoir si l'on peut considérer le travail comme un bien pour déterminer le taux de sa rémunération ou son « prix ». Le travail étant considéré comme un facteur de production, l'augmentation de sa quantité engendre l'accroissement de la production et, de ce fait, l'accroissement de l'offre de produits. Nous savons que, dans une économie d'échange, quand la quantité relative d'un produit augmente, son prix relatif diminue. Mais il n'en va pas de même pour le travail, et cela dans tous les cas ; on ne voit pas en effet pour quelle raison l'accroissement de l'emploi du travail ferait baisser son « prix » puisqu'il est l'une des causes de l'augmentation de la production dans ce système. Peut-on supposer que, du fait que la quantité de produits augmente, grâce à l'emploi croissant du travail, leur prix baisse et par conséquent que le prix du travail, qui en est la cause, baisse aussi ? Pour répondre à cette question supposons, en simplifiant, et en respectant le cadre de l'analyse néoclassique, que toutes les entreprises augmentent dans les mêmes proportions la quantité de main-d'œuvre employée sur la même quantité de capital ; de ce fait, toutes les entreprises augmentent leur production dans les mêmes proportions, augmentant ainsi l'offre de leurs produits. Etant donné que tous les produits augmentent proportionnellement, même si l'on suppose que la productivité du travail diminue, puisque la quantité de capital est considérée comme étant constante, il ne peut y avoir diminution des prix relatifs des produits. Ainsi donc l'emploi croissant du travail qui accroît la quantité de tous les produits n'a pas d'effet sur les prix relatifs.

On ne voit pas non plus pour quelle raison la rémunération du travail diminuerait. Dans cet exemple, l'emploi croissant de main-d'œuvre a permis d'augmenter la production sans que cette augmentation ait un effet sur les rapports relatifs et donc sur la rémunération du travail. Autrement dit, l'emploi croissant de la main-d'œuvre ne signifie pas la diminution de son taux de rémunération du fait que cet accroissement engendre une augmentation de la production permettant sa rémunération. Par conséquent, il n'est pas possible d'assimiler le travail à un bien pour déterminer son prix ou son taux de rémunération. L'augmentation relative d'un bien dans une économie d'échange engendre une baisse de son prix relatif, tandis que l'emploi croissant du travail, dans l'ensemble du système, augmente l'offre de produits sans devenir une cause de diminution du taux de sa rémunération. Ainsi l'augmentation de l'emploi du travail dans l'ensemble des entreprises et l'accroissement de l'offre relative d'un bien n'engendrent pas les mêmes effets ; dans le premier cas, la production globale augmente et cela ne peut pas avoir d'effet sur la détermination du taux de salaire car les prix relatifs ne changent pas ; en revanche, dans le second cas, et dans une économie d'échange, le prix du bien baisse du fait de l'augmentation relative de sa quantité. Ainsi l'augmentation de la quantité de travail employé et l'augmentation de l'offre d'un bien par rapport aux autres biens n'ayant pas les mêmes effets, car travail et bien n'agissent pas au même niveau, l'un intervenant au niveau de la production, l'autre au niveau des échanges, la détermination du taux de salaire et le prix d'un bien n'obéissent pas aux mêmes lois. Ce résultat n'est pas surprenant, car l'un (le travail) est l'une des causes de la production, tandis que l'autre (le produit) est l'effet de la production.

4.4. La principale cause de l'échec de l'analyse walrasienne de la détermination des taux de rémunération réside dans l'assimilation de l'économie salariale à une économie d'échange.

Il est un autre problème que le système walrasien ne parvient pas à résoudre et que nous allons envisager maintenant : si l'on suppose que les travailleurs reçoivent le produit de leur travail, il faut qu'on puisse déterminer la part produite par le travail pour connaître le taux de salaire. Les rapports relatifs entre les produits permettent-ils de déterminer la part de chaque facteur dans la production ? Si les rapports relatifs permettent de déterminer les prix relatifs, en revanche, ils ne déterminent pas la part de chaque facteur dans la production. Autrement dit, même s'il est vrai que ce sont les produits des facteurs qui s'échangent sur le marché, il est indispensable, au préalable, de déterminer la part de chaque facteur dans la production. Or, les échanges de produits ne permettent pas de déterminer la part de chaque facteur dans la production. Au niveau des échanges, on détermine les prix relatifs. Les rapports d'échanges monétisés permettent de déterminer la recette de chaque producteur, mais ils ne déterminent pas selon quelle règle cette recette se partage entre salaires et intérêt dans une économie salariale.

Un autre passage important de l'analyse de Walras permet d'établir que cet auteur étudie l'économie salariale en se fondant sur une économie de producteurs-échangistes, et c'est de ce fait qu'apparaît le principal problème posé par l'analyse walrasienne de l'économie salariale. « Bien loin que ce soit le prix de revient des produits en services producteurs qui détermine leur prix de vente, c'est plutôt leur prix de vente qui détermine leur prix de revient en services producteurs ». (Walras ; 1976, P.394). Il est vrai que, dans une économie de producteurs-échangistes, la valeur du produit est déterminée au moment des échanges. Dans ce système, ce sont les ventes qui financent les achats : il faut vendre pour acheter. En revanche, dans une économie salariale, il n'est pas possible d'exercer un pouvoir d'achat si le revenu des facteurs de production n'est pas déterminé avant l'échange, c'est-à-dire si les rémunérations ne sont pas déterminées à la production. Dans cette proposition, Walras fait apparaître une confusion entre l'économie d'échange et l'économie de production salariale, car il pense pouvoir déterminer le prix du produit et la part de chaque facteur au moment des échanges. Cette confusion est la cause de l'apparition d'un cercle vicieux. En effet, pour connaître le prix du produit, il faut connaître le coût de production en salaires et intérêt ; et pour connaître la rémunération des facteurs, il faut connaître le prix du produit. En outre, même si l'on détermine les prix relatifs, on ne détermine pas la part de chaque facteur dans la production. On le voit, l'analyse fondée sur l'économie d'échange, celle de Walras, ne permet pas d'expliquer la répartition dans une économie de production salariale.

Enfin, la détermination des prix relatifs fait apparaître une confusion entre le prix du facteur en tant que bien et son taux de rémunération en tant que facteur, ce qui est un non-sens. En outre, pour déterminer le taux de rémunération des facteurs, il faut connaître la part de chaque facteur dans la production. Or, comme nous l'avons vu, la détermination des prix relatifs ne permet pas de connaître la part de chaque facteur dans la production.

En ce qui concerne l'analyse marginaliste, elle est construite sur des hypothèses ; pour ce qui est de ce cas précis, elle suppose que la productivité du travail diminue quand sa quantité augmente sur une quantité fixe de capital, elle n'apporte donc pas de solution au problème posé. Nous avons vu (3.3.) que la détermination marginaliste de la répartition fait elle aussi apparaître une confusion entre le prix d'un facteur en tant que bien et son taux de rémunération.

5. L'ANALYSE NEOCLASSIQUE NE PARVIENT PAS A DETERMINER LA REMUNERATION MONETAIRE DES FACTEURS.

Par définition, l'économie salariale est monétaire. Il s'agit donc de savoir si l'analyse néoclassique parvient à déterminer la rémunération monétaire des facteurs de production. En effet, toutes les déterminations des Néoclassiques que nous avons étudiées jusqu'ici établissent la répartition en termes réels. Or, nous savons que l'économie salariale ne peut être que monétaire. Il convient donc de savoir comment et à quel niveau (production ou échange) les auteurs de cette Ecole de pensée monétisent l'économie.

Pour cela, il ne suffit pas d'expliquer comment le produit d'une entreprise ou d'un secteur se partage entre salaires et intérêt réels. Dans une économie salariale, il est indispensable de savoir à quel niveau l'économie est monétisée pour savoir comment est établie la relation en valeur entre les différents produits. Autrement dit, même en acceptant la théorie marginaliste de la répartition, théorie qui a pour ambition de dire comment tel produit de tel secteur se partage entre salaires et intérêt réels, on doit, dans une économie salariale, savoir d'où vient le revenu monétaire des services producteurs pour savoir comment ils exercent un pouvoir d'achat sur les produits.

L'économie salariale est une économie monétaire. Le problème est de savoir comment et à quel niveau s'établit la relation entre le produit et la monnaie, ou plus exactement entre le revenu et la production.

L'analyse néoclassique n'établit pas de hiérarchie entre le marché des services producteurs et le marché des produits. En d'autres termes, le marché des services producteurs et celui des produits sont placés au même niveau. Nous savons que Walras pense pouvoir déterminer simultanément les rémunérations des facteurs de production et les prix des produits, mais, comme nous l'avons vu cela pose problème car, d'une part, pour déterminer la rémunération des facteurs, il faut connaître la part de chaque facteur dans la production et l'opération d'échange ne permet pas cette détermination, d'autre part, cette détermination fait apparaître une confusion entre le prix du facteur en tant que bien et son taux de rémunération en tant que facteur. Enfin, c'est une détermination qui est fondée sur les prix relatifs. Mais, si la détermination des prix relatifs permet, dans une économie d'échange, d'établir des rapports relatifs entre les biens, elle ne permet pas, par définition, d'établir le taux de rémunération des facteurs qui concernent l'économie de production salariale. Or, dans une économie de production salariale, il est indispensable de déterminer les rémunérations des services producteurs avant l'échange. Cela permet de connaître la valeur de la production de la période grâce aux rémunérations des services producteurs, c'est-à-dire de connaître dès la production le montant du revenu dont la dépense sur le marché des produits signifie l'écoulement des produits.

Quant à l'analyse marginaliste de la détermination des taux de rémunération des facteurs, elle est obtenue grâce à la relation technique qui impose, à l'équilibre, le taux de rémunération de chaque facteur selon sa productivité marginale. Or, non seulement cette détermination est indépendante du marché des services producteurs où apparaissent les appréciations des différentes qualifications et donc des différents taux de répartition, mais elle engendre, comme nous l'avons vu, une confusion entre le prix du facteur en tant que bien et le taux de rémunération de ce facteur. (Cf., 3.4.).

Mais, même si l'on fait abstraction de ces problèmes fondamentaux, on a besoin de connaître la rémunération monétaire des facteurs de production. Autrement dit, dans l'analyse marginaliste, il est indispensable de déterminer la productivité marginale en valeur pour pouvoir établir le coût monétaire des produits. La productivité marginale en valeur est obtenue, selon les auteurs de cette école de pensée, par le produit marginal physique d'un facteur multiplié par le prix de ce produit marginal physique sur le marché. « *Définition* : On définit la « productivité marginale en valeur » comme la valeur calculée en multipliant le produit physique marginal par la recette marginale unitaire obtenue par la firme en vendant chacun de ses outputs physiques additionnels ». (Samuelson, 1983, P.228. Cf. aussi Gazier, 1991, P.171 ; Jessua 1991, P.246). Cette détermination de la valeur du produit marginal suppose que le prix des produits soit connu avant l'échange, dans cette période. Mais nous avons déjà vu que l'hypothèse des prix donnés n'est pas compatible avec l'économie de marché et la concurrence, et qu'elle ne peut pas être retenue pour une économie de production salariale, qui plus est, cette détermination de la productivité marginale en valeur engendre un cercle vicieux. En effet, pour connaître le prix du produit, il faut connaître le coût monétaire du produit et, pour connaître le coût monétaire du produit, il faut connaître son prix, ce qui signifie que le coût monétaire du produit ne peut pas être connu à la production, et si ce coût n'est pas connu à la production, on ne voit pas comment les services producteurs peuvent exercer un pouvoir d'achat monétaire afin que soit déterminé le prix du produit.

Or, une économie de production salariale ne peut pas se passer de cette détermination. En effet, dans une économie salariale de marché, où l'on admet l'existence de différentes qualifications, même si l'on accepte l'analyse de la répartition des Néoclassiques, on a besoin de connaître le coût du produit en valeur à la production pour pouvoir comparer les différents produits. Essayons d'envisager ce problème en admettant l'hypothèse de la productivité marginale et l'existence de différentes qualifications. Si, sur une quantité de capital donné (q_1), l'emploi additionnel d'une unité de travail d'une qualification donnée permet d'obtenir deux unités d'un produit (p_1) et si, sur une autre quantité de capital (q_2), où (q_2) est différente de (q_1), l'emploi additionnel d'une unité de travail d'une autre qualification permet d'obtenir deux unités d'un autre produit (p_2), on ne peut pas comparer ces deux produits, (p_1) et (p_2), et donc on ne peut comparer la productivité marginale de chaque unité de travail additionnel que si l'on a établi au préalable les valeurs monétaires des différentes sortes de produits. L'analyse néoclassique n'y parvient qu'en supposant les prix donnés. Or, cette hypothèse ne peut être acceptée car elle suppose le problème résolu. L'analyse marginaliste ne peut déterminer le revenu des différents facteurs qu'après avoir « établi » les prix des produits, et c'est alors la valeur des effets de la production (c'est-à-dire le prix des produits) qui permet de déterminer la rémunération des causes de la production (les facteurs). Autrement dit, c'est la valeur de la demande qui détermine la valeur de l'offre. Mais dans ce cas, on est en droit de se poser la question de savoir comment la valeur de la demande peut être établie puisque les titulaires des facteurs ne connaissent pas leur revenu avant les échanges.

6. UNE COMPARAISON POUR DE NOUVELLES PERSPECTIVES.

Samuelson donne un condensé des déterminants de la répartition qu'il considère comme importants. Nous citerons ce passage afin de mieux appréhender la cohérence interne de la théorie de la répartition marginaliste.

« Il n'existe, nous l'avons vu, aucune contradiction entre le modèle simplifié de Clark relatif à la répartition nationale et la formation des prix dans la réalité, au niveau micro-économique, quand un nombre quelconque de biens sont produits avec un nombre quelconque de facteurs. La répartition concurrentielle à ce niveau et la théorie de la valeur sont dominées par une triade de forces, à savoir : 1° la technologie (fonction de production), 2° les goûts ainsi que les montants des revenus susceptibles d'être consacrés à l'acquisition indirecte de facteurs (courbes de demande finale de produits dont dérivent les courbes de demande de facteurs qui influencent les prix de ces derniers), 3° les offres relatives de facteurs (déterminées par l'abondance des ressources naturelles, les aptitudes innées ou acquises, les désutilités des différents emplois, et leur degré de discrimination envers les femmes et les minorités) ». (Samuelson, 1983, P. 230).

Cette synthèse de Samuelson appelle plusieurs remarques qui nous permettent de marquer, une nouvelle fois, les limites de l'analyse marginaliste de la répartition : 1° S'il est vrai que le revenu achète certains facteurs de production produits, en revanche, il n'est pas vrai, d'une part, que l'achat d'un facteur signifie sa rémunération, d'autre part, que la rémunération du travail est un achat. La rémunération du travail est une formation de revenu et non un achat. Nous l'avons vu, le travail ne peut être acheté que dans un système esclavagiste. Or, étant donné que l'analyse néoclassique suppose des travailleurs libres et indépendants, elle ne peut pas supposer que la rémunération du travail est un achat et de toute façon la rémunération d'un facteur ne signifie pas son achat. La rémunération des services producteurs signifie la formation du revenu. 2° L'analyse néoclassique ne peut pas éviter la confusion entre valeur et prix puisque son raisonnement est fondé sur une économie d'échange (dans une économie d'échange, la valeur ou le prix du produit est déterminé au moment des échanges ; cf. ch. 1.) et non sur une économie de production salariale, et cela pour une raison simple : dans cette analyse, le travail est considéré comme une marchandise. Mais ne pouvant pas déterminer son coût de production, cette analyse détermine son coût en main d'œuvre par la courbe d'offre, représentée elle-même par la courbe de désutilité du travail, désutilité qui est une fiction. 3° Il est impossible de dire que ce sont les prix des produits d'une période qui ont une influence sur les prix des facteurs qui ont participé à la production de cette même période. Les produits s'échangent après la production mais la production ne résulte pas des échanges. Dans une économie salariale, pour exercer un pouvoir d'achat, il faut un revenu déjà formé, revenu qui résulte de la production. 4° Une technique de production donnée (fonction de production) permet aux entrepreneurs d'établir un niveau de production tel que tout autre niveau les écarterait du marché sous l'effet de la concurrence. En d'autres termes, étant donné que, dans cette analyse, c'est la relation technique qui permet d'établir le niveau de production et, de ce fait, les taux de rémunération des facteurs, l'offre relative des facteurs ne peut pas avoir d'effet sur son prix, car celui-ci est déjà déterminé par la relation technique.

Si le travail est considéré comme la cause de la production, il est évident que sa rémunération à la production représente la valeur monétaire de la production de la période. Le partage entre salaires et profit réels se fait sur le marché des produits par l'effet des prix. Le profit est positif si le prix est supérieur au coût de production. Dans ce cas, le niveau de salaire moyen ne dépend pas de l'offre et de la demande de travail, mais du niveau de la production puisque, par hypothèse, l'augmentation de la production dépend de l'augmentation de l'emploi de la main-d'œuvre. Autrement dit, pour une technologie donnée, la demande de main-d'œuvre dépend de l'accroissement du capital. Si les investissements sont financés par l'épargne, la rémunération des emprunts (intérêts) doit être assurée par le profit. Ce point n'a pas échappé à la perspicacité de Ricardo qui écrit : « M. Say convient que le taux de l'intérêt tient à celui des profits ; mais il ne s'ensuit pas que le taux des profits dépende du taux d'intérêt, l'un est la cause, l'autre l'effet, et il est impossible que des circonstances quelconques puissent les faire changer de place ». (Ricardo, 1970, P. 239).

C'est ce raisonnement qui permet à Keynes de dire que les entrepreneurs comparent le taux de profit et le taux d'intérêt pour prendre des décisions d'investissement. Si le taux de profit projeté est supérieur ou au moins égal au taux d'intérêt, les entrepreneurs prennent la décision d'investir car ils pensent que le profit réalisé permettra de payer l'intérêt des emprunts.

Ce raisonnement ne peut s'appliquer que parce que le revenu monétaire est déterminé à la production et que le produit se partage, sur le marché des produits, entre salaires et profit réels. Si les rendements sont constants (évolution extensive), le pouvoir d'achat des travailleurs reste constant même si leur nombre augmente. Si les rendements sont croissants (évolution intensive), leur pouvoir d'achat augmente (cette évolution du pouvoir d'achat est due à l'amélioration de la productivité du travail). Si les rendements sont décroissants, il faut expliquer la cause de cette situation : la production n'augmentant pas proportionnellement à l'emploi, le pouvoir d'achat de la main-d'œuvre diminue ; c'est le seul cas étudié par les Néoclassiques. Or, nous constatons que, depuis l'industrialisation, le pouvoir d'achat des travailleurs augmente. L'analyse néoclassique ne parvient pas à expliquer cette évolution.

CONCLUSION

L'objectif des théoriciens de l'Ecole néoclassique est de détermin de façon scientifique le partage du produit entre les différents facteu participant à la production. Pour y parvenir, ils doivent déterminer part de chaque facteur dans la production. Leur but est aussi d déterminer la loi qui gère, permet, cette répartition dans l'ensemble d système.

Or, d'emblée ils sont obligés d'écarter deux situations : l rendements croissants et les rendements constants. Mais nous savor que la production, dans le cas des rendements croissants, constit l'une des situations les plus favorables pour une économie en évolutio En outre, pour que la répartition marginaliste soit possible, il e indispensable de supposer l'un des facteurs comme étant constan l'autre comme étant variable. Cette hypothèse écarte aussi une aut partie importante de la réalité économique, car il existe des cas, q représentent une très grande majorité, où la combinaison de productic entre travail et capital est une donnée technique fixe. Par conséquen une analyse qui prétend se placer dans le cadre de l'équilibre général système ne peut plus être considérée comme générale si elle écarte u grande partie des situations qui la composent. Toutes ces remarqu constituent une première limite à cette théorie de la répartitic marginaliste.

D'aucuns penseront toutefois que, même si cette théorie détermine pas les rémunérations dans toutes les circonstances, elle l détermine dans certains cas. Or, il n'en est rien.

L'une des principales déterminations des taux de rémunération e fondée sur les courbes de l'offre et de la demande des facteurs. Si l courbes de demande des différents facteurs sont déterminées par le productivité marginale, en revanche, les courbes d'offre n'ont pas mêmes fondements, et cela pose problème. En effet, selon cette théo de la répartition, il est indifférent de supposer n'importe quel facte comme constant pour déterminer la rémunération du facteur varial dont le complément constitue la part du facteur constant dans production. Or, ce ne sont pas les mêmes éléments qui sont susceptib d'expliquer la répartition par complémentarité. La courbe d'offre du facteur-produit (capital) résulte de son coût marginal, tandis que celle du travail est imaginaire, elle est fondée sur la désutilité du travail, ce qui est gênant quand on veut expliquer la part de chaque facteur dans la production par complémentarité.

Nous avons établi que la détermination du taux de rémunération des facteurs de production se confond avec le prix du facteur en tant que bien. La conséquence en est que cette détermination du taux de rémunération n'a aucune signification économique, car le prix d'un facteur en tant que bien ne peut pas déterminer sa rémunération, ce qui enlève toute crédibilité à la théorie de la répartition fondée sur la productivité marginale. En effet, la théorie de la productivité marginale des facteurs, dans cette Ecole de pensée, a pour principal objectif la détermination de la part de chaque facteur dans la production. Or, cette détermination aboutit à une confusion entre le prix du facteur en tant que bien et son taux de rémunération, ce qui est un non-sens.

Les Néoclassiques établissent une analogie entre la théorie de la rente ricardienne et la théorie de la répartition selon la productivité marginale des facteurs. C'est là une fausse analogie comme nous l'avons démontré (3.5.).

La théorie de la répartition walrasienne aboutit elle-aussi à un non-sens car, par définition, les rapports relatifs ne permettent pas d'établir la répartition dans une économie salariale. Les rapports relatifs déterminent les prix relatifs dans une économie d'échange, ils ne peuvent pas déterminer la part de chaque facteur dans une économie de production salariale.

Nous verrons au chapitre III comment Spinoza établit que la fiction, qui découle de la méconnaissance de la réalité, engendre un enchaînement de raisonnements qui n'a pas de fondement réel. La théorie de la productivité marginale qui constitue l'hypothèse sur laquelle est fondée le raisonnement pour la détermination des taux de rémunération des facteurs a abouti à un résultat qui n'a pas de fondement réel, elle n'est donc rien de plus qu'une fiction.

CHAPITRE III

PLEIN-EMPLOI ET THEORIES NEOCLASSIQUES

INTRODUCTION

Dans toute société, le plein-emploi n'est pas seulement un critère de bon fonctionnement, il témoigne aussi et surtout de l'existence d'une situation satisfaisante des travailleurs, et, par suite, il est la condition nécessaire de l'équilibre politique et social dans une société libre, tandis que le chômage constitue une cause d'aliénation et de désespoir pour les travailleurs. Dans une société démocratique, tout doit donc être mis en œuvre pour établir le plein-emploi de la main-d'œuvre.

Ainsi, le chômage étant l'un des problèmes majeurs de notre société, il est indispensable de connaître ses causes pour pouvoir l'éliminer. Mais l'analyse néoclassique s'attache surtout à étudier le chômage volontaire, qui signifie le refus des travailleurs d'accepter un travail pour un taux de salaire compatible avec l'équilibre du système. Pour mesurer toute la portée de cette affirmation, il est essentiel de savoir comment, dans cette analyse, on détermine le taux de rémunération du travail. Les auteurs de l'Ecole de pensée néoclassique fondent l'étude de l'emploi sur l'offre et la demande car, dans ce système, le travail est assimilé aux biens. Par conséquent, la réalisation du plein-emploi ne pose pas de problème car ce sont les forces du marché qui amènent l'économie vers un équilibre de plein-emploi. Aussi l'équilibre du système implique-t-il le plein-emploi, ce que le père fondateur de l'Equilibre Général présente en ces termes : « L'état d'équilibre de la production, contenant implicitement l'état d'équilibre de l'échange, est à présent facile à définir. C'est celui, d'abord, où l'offre et la demande effectives des services producteurs sont égales, et où il y a prix courant stationnaire, sur le marché de ces services. C'est celui, ensuite, où l'offre et la demande effectives des produits sont égales, et où il y a prix courant stationnaire, sur le marché des produits. C'est celui, enfin, où le prix de vente des produits est égal à leur prix de revient en services producteurs ». (Walras ; 1976, P.193). Cette égalité entre l'offre et la demande effectives, nécessaire à la réalisation de l'équilibre du système, a donné lieu à diverses interprétations. Signifie-t-elle qu'à l'équilibre, le plein-emploi de la main-d'œuvre est réalisé, ou signifie-t-elle simplement que l'égalité entre l'offre et la demande effectives est une exigence du système, nécessaire à la réalisation de l'équilibre général ?

Ces interprétations sont fondées aussi sur l'une des hypothèses de cette Ecole de pensée, qui consiste en une affirmation selon laquelle les facteurs de production sont substituables. Pour cela, il est nécessaire de supposer une fonction de production à coefficients variables. Ainsi, pour les uns, il suffit d'augmenter le nombre de travailleurs sur une quantité fixe de capital jusqu'à ce que l'équilibre de plein-emploi se réalise. Il en résulte qu'au fur et à mesure que le nombre de travailleurs employés augmente, le taux de salaire diminue, car ce taux doit obéir à la loi de la productivité marginale. Cela incite certains auteurs à dire que le chômage est dû à la rigidité des salaires. Pour les autres, la réalisation de l'équilibre du système s'effectue sous certaines contraintes et, dans ce cas, il s'agit de savoir si cet équilibre implique le plein-emploi. Notre but est, d'une part, de discerner laquelle des deux propositions précédentes est compatible avec le système de l'équilibre général, d'autre part, de préciser si l'hypothèse des coefficients variables s'applique à certains cas particuliers ou plus généralement à tous les cas.

L'acceptation de la première proposition signifie qu'une infinité de situations sont compatibles avec l'équilibre du système ; en revanche, l'acceptation de la deuxième proposition signifie qu'une seule situation est compatible avec l'équilibre général. Quant à l'hypothèse des coefficients variables, si son application n'est pas générale, elle met en cause non seulement la détermination des taux de rémunération des facteurs de production selon leur productivité marginale mais aussi la réalisation de l'équilibre de « plein-emploi » dans ce système.

Nous plaçons notre étude essentiellement dans le cadre de l'équilibre général, parce que la plupart des auteurs néoclassiques raisonnent dans ce cadre mais aussi parce que c'est au niveau de l'équilibre général que sont déterminés les rémunérations, les prix et les quantités échangées ; en effet, en dehors de l'équilibre, rien n'est déterminé. En outre, ce choix permet d'étudier la signification de l'équilibre de plein-emploi dans un cadre précis.

Afin de mieux appréhender les problèmes du plein-emploi et du chômage, et afin d'établir un constat d'état des lieux des analyses de cette Ecole de pensée, nous passerons en revue les principales analyses des différents auteurs, en partant des plus simples pour arriver aux plus complexes et cela, en étudiant, d'une part, leur cohérence interne, d'autre part, leurs limites. Ensuite nous démontrerons que les Marginalistes, ainsi que Walras, confondent le taux de rémunération d'un facteur avec le prix du facteur en tant que bien, confusion qui écarte toute prétention à fonder l'analyse de l'emploi et du sous-emploi sur le niveau des rémunérations.

1. EMPLOI ET TAUX DE SALAIRE.

Dans l'analyse marginaliste, le taux de salaire joue un rôle fondamental dans la détermination de l'équilibre. En ce sens, il doit obéir à la loi des rendements décroissants. Ainsi le taux de salaire apparaît-il comme une variable qui joue un rôle important dans la détermination du niveau de l'emploi.

Selon certains auteurs, dont J. Hicks dans sa « *Théorie des salaires* », un taux de salaire élevé constitue la principale cause de l'existence du chômage mais aussi de sa persistance. Or, d'après cette théorie, la concurrence devrait rétablir le niveau de plein-emploi en faisant baisser le taux de salaire. « En situation de concurrence, ce sous-emploi doit conduire à une chute des salaires, laquelle se poursuit jusqu'à ce que l'excédent de travail soit résorbé ». (Hicks ; 1963, P.56, cité par Malinvaud ; 1980). L'absence de concurrence serait la cause du niveau élevé des salaires, niveau qui lui-même engendrerait le chômage. Ainsi, pour atteindre le plein-emploi, il suffirait de baisser les taux de salaire. Cette exigence découle des hypothèses de la concurrence et des rendements décroissants (fondés sur l'hypothèse des coefficients variables) qui impliquent que le taux de salaire diminue a fur et à mesure qu'augmente le nombre de travailleurs sur une quanti fixe de capital. On pense que la concurrence entre les travailleu apparaît du fait que le plein-emploi n'est pas réalisé ; cependa comme la quantité de capital est donnée, on ne peut augmenter nombre de travailleurs que si l'on se place dans le cadre des rendemen décroissants qui n'auraient pas de limite et qui feraient baisser le ta de salaire jusqu'à ce que tous les travailleurs puissent être employé Mais Hicks sait que le salaire et l'intérêt sont complémentaires, ce q signifie que, lorsque le taux de salaire diminue, le taux d'inté augmente ; cette situation (pour une fonction de production donnée) e indifférente du point de vue de l'entrepreneur. Or, pour pouv introduire la concurrence dans la détermination des taux rémunération Hicks devrait, soit admettre que le taux de salaire n'a p de limite inférieure, et dans ce cas, il supposerait que, quel que soit taux de salaire, celui-ci est compatible avec l'équilibre du système, s admettre qu'un seul taux de salaire est compatible avec l'équilibre système et dans ce cas, ce ne serait pas la concurrence qui l'établira mais les exigences du système. (Cf. 3.2.).

Cependant, pour mesurer la portée et les limites de l'affirmati selon laquelle, sur une quantité donnée de capital, on peut employer la main-d'œuvre jusqu'à ce que le plein-emploi soit réalisé, il nous fa distinguer deux situations.

1.1. L'augmentation du facteur variable sur une quantité fixe capital engendre dès le départ une diminution de sa productivité.

Les productivités marginale et moyenne sont représentées par courbes. « Le produit marginal et le produit moyen déclinent de faç continue mais aucun n'atteint zéro parce qu'il n'y a pas de maxim sur la courbe de produit total ». (J.-P. Gould et C.E. Ferguson ; 19 P.181).

Dans ce cas, les courbes représentatives de productivité margin et de productivité moyenne ne s'annulent pas au fur et à mes qu'augmente la quantité employée du facteur variable (le travail). Da cette hypothèse, l'emploi du facteur variable peut augmenter jusqu'à que le plein-emploi soit réalisé. (Cf. Graphique 5). Dans raisonnement simplifié, on constate que le niveau du taux de salaire dépend uniquement de la quantité de main-d'œuvre offerte.

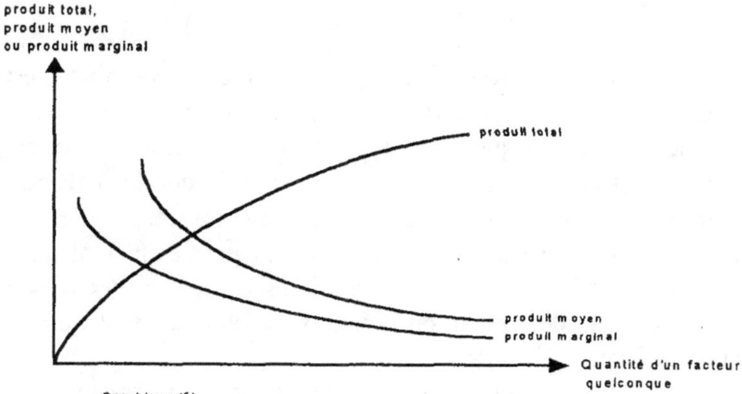

Graphique (5)

Autrement dit, à mesure que l'offre de travail augmente, le taux de sa rémunération diminue. Ainsi, dans cette analyse, les travailleurs qui acceptent de travailler pour le taux de salaire déterminé par cette courbe seront employés, tandis que ceux qui n'acceptent pas ce taux seront considérés comme des chômeurs volontaires.

Mais même si, dans cette hypothèse, on obtient le plein-emploi, on ne peut pas déterminer le niveau d'équilibre du système ; ce niveau est indéterminé car il n'y a pas d'intersection entre les courbes de productivité marginale et de productivité moyenne. Est-ce que cela signifie que tous les points sur la courbe de la demande de main-d'œuvre sont compatibles avec l'équilibre du système ? Une réponse positive implique que, quel que soit le taux de salaire, il est compatible avec l'équilibre, puisque la courbe de demande de travail est représentée par la courbe de productivité marginale du travail ; il en découle que c'est le taux de salaire qui peut être considéré comme la cause du chômage. Mais l'acceptation de ce résultat pose problème, car la courbe du produit moyen est toujours supérieure à celle du produit marginal. Or, l'équilibre du système est réalisé lorsqu'il y a égalité entre ces deux courbes, c'est-à-dire au point d'intersection de ces deux courbes. Mais, par hypothèse, dans ce cas, ces deux courbes ne se coupent pas. Autrement dit, ces deux courbes n'ont pas de point d'intersection, et l'équilibre du système ne peut pas être obtenu. Ainsi donc, si l'équilibre du système n'est pas réalisé, l'équilibre de plein-emploi ne peut pas être déterminé. Par conséquent, l'analyse en termes d'équilibre ne convient pas.

En outre, si la productivité marginale du facteur variable n'est pas une courbe mais une droite, (Cf. Graphique 6) et si elle s'annule ou devient négative avant que tous les travailleurs ne trouvent un emploi, le plein-emploi ne peut être établi, ce qui signifie que la réalisation du plein-emploi n'est pas certaine d'être assurée. C'est alors l'augmentation de la quantité de capital qui permet la réalisation du plein-emploi. Mais dans ce système, si les deux facteurs deviennent variables, c'est la détermination des taux de rémunération qui ne peut plus être définie.

Cette analyse permet peut-être à ses auteurs de tracer de belles courbes, mais elle ne peut être créditée d'aucun fondement scientifique.

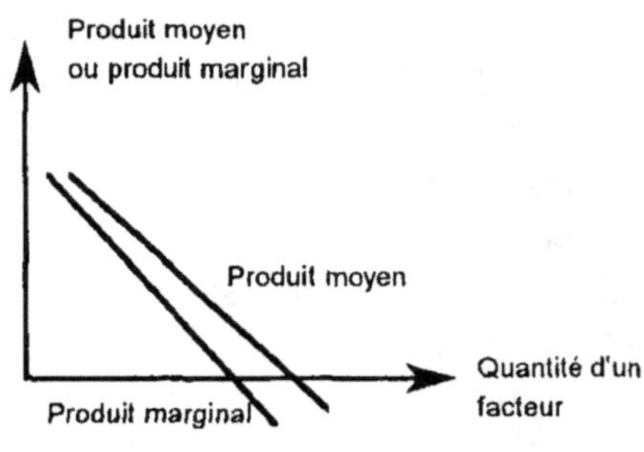

Graphique (6)

1.2. L'augmentation du facteur variable engendre dans un premier temps l'augmentation plus que proportionnelle de la production.

Dans la phase des rendements croissants, les rémunérations des facteurs ne peuvent pas être déterminées selon les lois de la théorie marginaliste car, dans cette phase, l'application de la loi de la rémunération du facteur variable selon sa productivité marginale signifie que les entreprises doivent le payer davantage que la part de la production réalisée par ce facteur. Par conséquent, dans cette phase, la théorie marginaliste ne peut déterminer ni les taux des rémunérations, ni le niveau de l'emploi, ni l'équilibre du système. De ce fait, on écarte de ce raisonnement non seulement la phase des rendements croissants de cette courbe, mais aussi le cas du progrès technique endogène qui engendre des rendements croissants. Or, le progrès technique constitue l'un des fondements de l'explication de l'évolution économique.

C'est donc dans la phase des rendements décroissants que cette théorie prétend déterminer à la fois les taux de rémunération des facteurs et le niveau de l'emploi. « La figure 27.2 indique que la courbe du produit marginal de la main-d'œuvre coïncide avec la courbe *dd* de la demande de personnel exprimée par tous les employeurs en termes de salaires réels (...). L'offre de main-d'œuvre (« offre démographique ») est représentée par *oo* et le salaire d'équilibre se situe en E_q ». (Samuelson ; 1983, P.222).

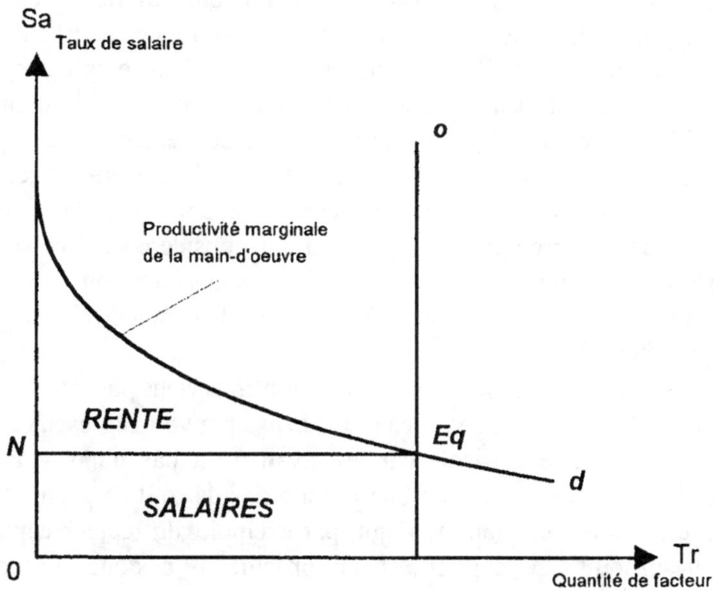

Graphique (7)

Dans la figure (7), le facteur constant est la terre. Mais à la page 224, Samuelson (1983) généralise ce raisonnement à l'ensemble des facteurs ; tous les facteurs peuvent devenir tour à tour constants ou variables. Il découle de ce raisonnement que, sur une quantité fixe d'un facteur, terre ou capital, on peut employer des travailleurs jusqu'à ce que le plein-emploi soit réalisé. Il en résulte que, au fur et à mesure que le nombre des travailleurs augmente, le taux de salaire diminue, pouvant même approcher le niveau zéro. Cela n'est pas dû au fait que la production totale s'annule, bien qu'elle augmente de façon moins proportionnelle que l'emploi du facteur variable.

La diminution du taux de salaire résulte, comme nous le savons, de l'hypothèse selon laquelle l'augmentation de la quantité de travail, sur une quantité fixe de capital, fait baisser sa productivité. En revanche, cette baisse du taux de rémunération du travail engendre l'augmentation du taux de rémunération du facteur constant, qui est la terre dans cet exemple. Dans ce raisonnement, la courbe d'offre de travail est verticale, ce qui signifierait, soit que les travailleurs sont indifférents au taux de leur rémunération, soit qu'ils n'ont aucune prise sur ce taux ; s'ils l'acceptent, ils trouvent un emploi, s'ils ne l'acceptent pas, ils sont considérés comme des chômeurs volontaires. Ainsi s'agit-il de savoir, d'une part, si ce raisonnement est compatible avec un système concurrentiel, d'autre part, s'il peut être généralisé à l'ensemble des facteurs, puisque, comme nous l'avons vu, dans le système d'équilibre général, le travail est considéré comme un bien. Autrement dit, peut-on appliquer un raisonnement qui convient à l'offre et à la demande des biens à l'offre et à la demande de travail, qui est un facteur ?

Dans cette hypothèse, la concurrence n'intervient pas car la courbe d'offre de travail est une verticale. On pense pouvoir représenter l'offre de travail par une verticale car le travail n'est pas un produit (bien qu'on le considère comme un bien), il n'a pas de coût de production, ce qui n'est pas le cas quand il s'agit, par exemple, du facteur capital qui est un produit. Le capital est un produit, il a donc un coût de production. Dans un système de concurrence pure, le prix doit être égal au coût de production. Par conséquent, l'offre de facteur-capital est limitée par son coût, tandis que, dans cette présentation de Samuelson, l'offre de facteur-travail est limitée uniquement par sa quantité.

Autrement dit, dans ce raisonnement de Samuelson, la baisse du taux de salaire n'est limitée que par sa quantité, tandis que, si le facteur est le capital (un produit), la baisse de son taux de rémunération est limitée « grâce » à sa courbe d'offre et ce taux est déterminé par l'intersection des courbes d'offre et de demande du facteur produit (capital).

Etant donné que ces facteurs peuvent devenir tour à tour variables ou constants, les hypothèses qui fondent le raisonnement permettant la détermination de pleine utilisation de l'un ou de l'autre facteur doivent être les mêmes. Or, il n'en est rien ici, puisque dans le cas de la détermination de la pleine utilisation du facteur-capital, son coût de production intervient, alors que le travail n'a pas de coût de production, car ce n'est pas un produit. Autrement dit, si le coût de production du capital permet de déterminer sa courbe d'offre, en revanche, l'offre de travail est représentée par sa quantité, elle est représentée par une verticale. Pour faire face à cette incompatibilité, suffit-il de déterminer une courbe d'offre de travail ? La réponse à cette question ne peut pas être envisagée avant l'élucidation d'autres questions. En effet, l'introduction de cette courbe et l'exigence de la cohérence de l'analyse posent le problème de savoir, d'une part, quels sont les fondements des hypothèses qui permettent de déterminer cette courbe, d'autre part, si ces fondements sont compatibles avec ceux qui ont permis de déterminer la courbe d'offre des facteurs qui résultent d'une production. Ce sont les réponses à ces interrogations qui feront l'objet des développements suivants.

2. DETERMINATION DU NIVEAU DE L'EMPLOI (PLEIN-EMPLOI) ET INTRODUCTION DES COURBES D'OFFRE ET DE DEMANDE.

Pour étudier la détermination du plein-emploi à travers les courbes d'offre et de demande de travail, les auteurs proposent deux types de courbes d'offre d'emploi ; il convient donc de les distinguer, afin de savoir comment ces auteurs définissent ces courbes, et de marquer la portée et les limites de chaque cas.

2.1. Le cas simplifié de la détermination du niveau de plein-emploi tel qu'il est présenté par la plupart des auteurs de cette Ecole de pensée.

Dans le modèle néoclassique, la demande de travail est une fonction décroissante du taux de salaire. De ce fait, pour déterminer cette demande de travail, on ne tient compte que de la partie de la fonction de production où la productivité marginale du travail est décroissante. Ce choix est imposé, car l'analyse marginaliste ne peut raisonner que dans cette phase. Quant à la courbe d'offre, dans ce modèle, elle est une fonction croissante du taux de salaire réel. « Cette relation repose sur l'hypothèse selon laquelle les travailleurs, en offrant leurs services sur le marché du travail, cherchent à maximiser leur revenu de la même manière que les entrepreneurs tendent à maximiser leur profit ». (Lecaillon J. ; 1969, P.188). L'équilibre de l'emploi, ou plus exactement le volume de l'emploi, est déterminé au point d'intersection des courbes d'offre et de demande de travail telles qu'elles viennent d'être définies. « Dans le système classique (néoclassique), le niveau d'équilibre de l'emploi (N) correspond *au plein-emploi de la main-d'œuvre*. Lorsque l'équilibre a été réalisé sous l'effet de la concurrence entre employeurs et entre travailleurs, le chômage qui éventuellement subsiste ne peut être qu'un chômage volontaire et ceci pour les deux raisons suivantes ». (Ibid. ; P.189-190, souligné par l'auteur. Pour les raisons évoquées par l'auteur, cf. P.190 de son ouvrage cité).

Précisons que les entrepreneurs, pour maximiser leur profit, se réfèrent à leur coût de production qui constitue un indicateur et une limite. A l'équilibre du système, le profit est nul. Ainsi pour les entrepreneurs, à l'équilibre, le coût de production détermine les limites, supérieure et inférieure, de leur offre, ce qui signifie que l'équilibre sur le marché des produits est déterminé en un point où le prix est égal au coût de production. Mais le travail n'est pas un produit, il n'a donc pas de coût de production ; de ce fait, deux problèmes se posent : 1° comment déterminer la courbe d'offre de travail ; 2° même si on la détermine, étant donné que, par définition, ses fondements ne sont pas les mêmes que ceux de la courbe d'offre des biens (le travail ne résultant pas d'une production), peut-on appliquer au travail le raisonnement qui s'applique aux biens ? (Ce dernier point sera étudié dans la partie 3. 2. , consacrée à la forme de la courbe d'offre). En outre, d'après l'affirmation selon laquelle les travailleurs qui ne trouvent pas de travail pour le taux de salaire fixé sont considérés comme chômeurs volontaires et étant donné que, dans ce système, la rémunération des facteurs signifie le partage du produit entre les facteurs dès la production, quel que soit le niveau de la production, pour toutes ces raisons, ce niveau est limité par la quantité de facteurs employés. Dans l'hypothèse qui nous intéresse ici, étant donné que la quantité de capital est fixe, le niveau de la production est limité par le nombre de travailleurs à employer. Le problème est de savoir si l'hypothèse de chômage volontaire est compatible avec l'hypothèse de profit nul à l'équilibre. Autrement dit, il s'agit de savoir s'il y a un seul point d'équilibre ou si tous les points sur la courbe de la demande de travail sont compatibles avec l'équilibre. S'il n'y a qu'un point d'équilibre, l'hypothèse de chômage volontaire ne peut pas être retenue car à ce niveau de production correspond un volume de travail déterminé ; en revanche, si tous les points de la courbe de la demande de travail sont compatibles avec l'équilibre général, l'hypothèse de chômage volontaire peut être acceptée, sous réserve toutefois de l'acceptation de l'hypothèse selon laquelle, sur une quantité fixe de capital, on peut employer une quantité variable de main-d'œuvre. Il convient donc d'étudier ces problèmes en introduisant le rôle de la concurrence dans la détermination du « plein-emploi ».

Que signifie la concurrence entre entrepreneurs ? Est-ce que les entrepreneurs cherchent à établir le taux de salaire le plus bas ou est-ce qu'ils cherchent à réaliser quel serait le meilleur coût leur permettant de faire face à la concurrence ? Le problème est de savoir laquelle des deux propositions précédentes est compatible avec l'équilibre du système.

Si la réponse à la première question (la cherchent du taux de salaire le plus bas) est positive, l'hypothèse de chômage volontaire peut être acceptée, sous réserve que, sur une quantité fixe de capital, on puisse employer n'importe quelle quantité de travail, hypothèse qui est extrêmement lourde car elle signifie, par exemple, qu'un tracteur peut être conduit par plusieurs personnes à la fois (ce qui est une fiction). La recherche du taux de salaire le plus bas est synonyme d'emploi maximum de main-d'œuvre sur une quantité fixe de capital. Dans ce cas, on peut se demander si tous les points de la courbe de la demande de main-d'œuvre sont compatibles avec l'équilibre du système. Précisons toutefois que ce n'est pas la concurrence entre les entrepreneurs qui fixe le taux de salaire. La détermination de ce taux est indépendante de la volonté des entrepreneurs car son lieu géométrique est donné par la courbe de productivité marginale de travail. Les entrepreneurs, en faisant varier le nombre des emplois, font varier le taux de salaire qui leur est imposé par ce lieu géométrique. Autrement dit, si un entrepreneur augmente le taux des salaires, il ne respecte pas le taux de rémunération exigé par la productivité marginale du travail. Mais tout le problème est de savoir si ce cas (où le taux de salaire baisse jusqu'à ce que le plein-emploi se réalise) est compatible avec l'équilibre du système. Avant d'apporter une réponse, il convient d'étudier la deuxième proposition, qui nous permettra de préparer les éléments de cette réponse.

Si c'est la réponse à la seconde question (la recherche du meilleur coût) qui est positive, le problème est de savoir si cette seconde question est compatible avec la première question. Si ce n'est pas le cas, alors l'hypothèse de chômage volontaire doit être mise en cause.

Les entrepreneurs, par définition, n'ont pas de prise sur la courbe d'offre de travail. En ce qui concerne la courbe de demande de travail, elle découle de la productivité marginale du travail, résultant elle-même d'une relation technique, et de ce fait, elle aussi est indépendante de la volonté des entrepreneurs. En d'autres termes, si les courbes d'offre et de demande sont des données, le point d'intersection entre ces deux courbes détermine à la fois le taux de salaire et le niveau de l'emploi. En fait, dans ce système, la concurrence exige que les entrepreneurs réalisent un niveau de production dont le coût soit compatible avec les exigences de l'équilibre général. Ainsi la recherche d'un meilleur coût doit être compatible avec l'équilibre, mais dans ce cas, l'équilibre du système ne est pas compatible avec la recherche d'un taux de salaire plus bas que celui qui a permis la réalisation de l'équilibre. Autrement dit, dans cette hypothèse, ni les entrepreneurs ni les travailleurs ne jouent un rôle actif ; ils sont condamnés à accepter les taux de rémunération établis par la relation technique. Encore faut-il savoir si ce niveau d'emploi établi par ce niveau de production implique le plein-emploi.

Certains Néoclassiques le pensent et persistent à dire que les forces du marché établissent le niveau d'équilibre de plein-emploi au point d'intersection de ces deux courbes, comme en témoigne ce passage de Samuelson : « Si le salaire était plus élevé que le niveau E_q, un excédent de main-d'œuvre offerte le ferait baisser ; de même, si le salaire tombait au-dessous de E_q, les offres d'emploi des chefs d'entreprises manquant de main-d'œuvre rétabliraient rapidement l'équilibre en faisant remonter les salaires ». (Samuelson ; 1983, P.265). E_q représente le point d'intersection entre les courbes d'offre et de demande de travail.

Il est manifeste que ce passage de Samuelson n'est pas compatible avec notre première question, puisque E_q est un point déterminé (cf. Graphique 8). Peut-on considérer comme chômeurs volontaires les travailleurs qui ne travaillent pas, ou plus exactement, qui ne trouvent pas de travail, pour ce taux de salaire compatible avec ce point d'équilibre ?

Nous venons de voir qu'au point d'intersection des deux courbes, (E_q), sont déterminés le taux de salaire et la quantité de travail compatible avec ce taux qui permet la réalisation de l'équilibre. (En outre le niveau de salaire dépend du niveau du développement économique). Comme nous l'avons vu aussi, ce point est une donnée, les entrepreneurs n'ont pas la possibilité de le modifier ; par conséquent, il n'est pas certain que tous les travailleurs qui acceptent de travailler pour ce taux de salaire trouvent un emploi. La concurrence forcerait le marché à accepter ce taux de salaire. Or, si le nombre de travailleurs souhaitant travailler pour ce taux de salaire est plus important que la quantité qui est déterminée par ce point, peut-on considérer ces travailleurs comme des chômeurs volontaires ? La réponse est négative si le point E_q est fixe, comme l'affirme le passage cité de Samuelson.

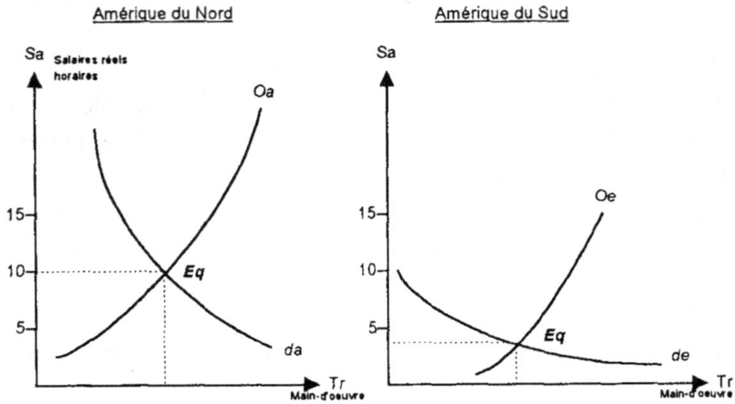

Graphique (8)

Nous venons de voir deux résultats différents. Dans un cas, sur une quantité fixe de capital, on emploie de la main-d'œuvre jusqu'à ce que le plein-emploi se réalise. Dans l'autre, où la courbe d'offre de la main-d'œuvre est donnée, on obtient un point qui représente l'équilibre de « plein-emploi ». Il s'agit de savoir quel est le cas compatible avec l'équilibre du système, puisque, dans l'un, il existe une infinité de possibilités d'équilibre, dans l'autre, il n'en existe qu'une. En fait, ces deux propositions d'auteurs qui se réclament d'une même Ecole de pensée ne sont pas compatibles, elles ne sont pas non plus suffisantes pour permettre de connaître les conditions nécessaires à la réalisation de l'équilibre général. Ce sont ces conditions qu'il convient de préciser.

Dans un système de concurrence pure, ce sont les courbes de coûts moyen et marginal qui déterminent le niveau de production compatible avec les exigences de la concurrence et de l'équilibre. Ainsi la véritable détermination des conditions de la réalisation de l'équilibre est-elle établie grâce à l'intersection de ces deux courbes. Au point d'intersection de ces deux courbes, le profit est nul et le coût de production moyen est le moins élevé, il est égal au coût marginal ; ce sont là les conditions de la réalisation de l'équilibre général et c'est donc ce point d'intersection qui est compatible avec l'équilibre concurrentiel. Tout autre point, à gauche ou à droite du point d'intersection de ces deux courbes, engendre un coût moyen plus élevé et toute entreprise qui s'en écarte est éliminée par la concurrence. Or, si l'on accepte cette dernière proposition, le niveau de l'emploi ne dépend plus des variations de l'offre et de la demande ni du niveau des salaires, mais il est déterminé par l'intersection des courbes de coûts moyen et marginal qui résultent d'une relation technique. Tout le problème est de démontrer que ce point, qui détermine l'équilibre du système, est compatible avec le plein-emploi.

2.2. La forme de la courbe d'offre de main-d'œuvre peut-elle avoir un effet sur le niveau de l'emploi ?

Certains auteurs, comme Samuelson, pensent que, à un certain niveau de taux de salaire, la courbe d'offre de main-d'œuvre change de direction.

« Outre la courbe *dd*, nous devons également tracer sur la figure 28.4 une courbe d'offre *oo*. Mais il n'y a désormais aucune raison pour que ladite courbe soit parfaitement verticale. Elle peut, au contraire, être positivement élastique et s'élever vers le nord-est- sa forme dépendant, dans le cas des tracteurs, de leurs coûts marginaux de production en hausse. Ou encore si le facteur de production consiste dans la main-d'œuvre, il se peut que les travailleurs considèrent qu'ils peuvent se permettre de travailler *moins* longtemps quand les salaires augmentent, si bien que la courbe *oo* peut finalement rebrousser chemin vers le nord-ouest à partir de la verticale, au lieu de continuer à progresser ». (Samuelson ; 1983, P.255-256. Souligné par l'auteur. Cf. aussi Lecaillon ; 1967, P. 152-153, et B. Gazier ; 1991, P.159).

Ce passage de Samuelson appelle deux remarques. (i) La forme de la courbe d'offre de travail (cf. Graphique 9) peut être différente de celle du capital. Cela est dû, comme nous l'avons vu, au fait qu'elles n'obéissent pas aux mêmes lois car elles n'ont pas les mêmes fondements. La détermination de la courbe d'offre du facteur produit est fondée sur son coût marginal, notion objective, tandis que celle du travail est fondée sur la désutilité du travail, notion subjective. Ainsi, les fondements des lois qui établissent les courbes d'offre et donc de l'emploi des différents facteurs ne sont pas les mêmes. (ii) Si l'offre d'un facteur (produit) est représentée par sa courbe de coût marginal et sa demande par celle de sa productivité marginale, cette représentation fait apparaître une confusion entre le prix du facteur (capital) en tant que bien et son taux de rémunération en tant que facteur de production, taux qui détermine la part du facteur dans la production. Comment peut-on admettre que le prix d'achat d'un facteur soit égal à la part du produit réalisé par le facteur dans la production à venir ? L'un détermine le prix du facteur en tant que bien, l'autre détermine le taux de rémunération du facteur selon sa participation à la production. (Cf. 7.).

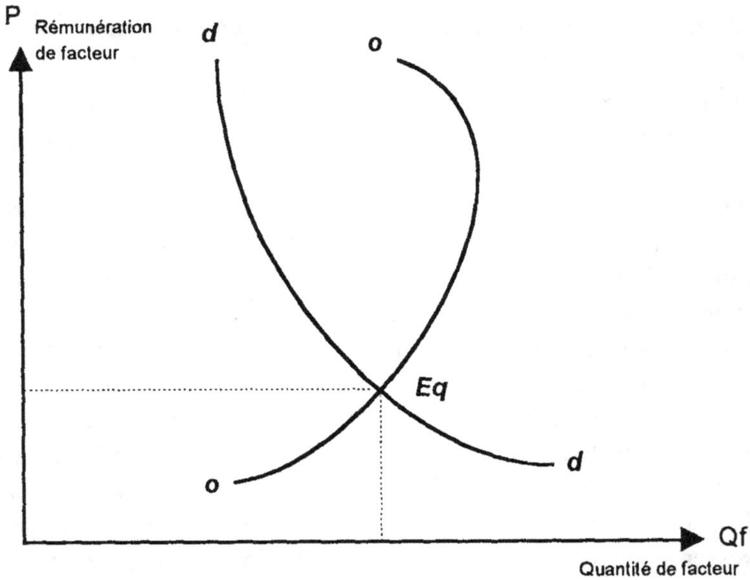

Graphique (9)

Le premier cas (prix du facteur) représente la dépense d'un revenu déjà formé, le second (rémunération du facteur), la formation du revenu dont la dépense permet l'achat de la part du produit réalisé par ce facteur. Or, peut-on mettre sur le même plan la part du produit réalisé par le facteur et son prix en tant que bien-capital ? Cela signifierait que la part produite par le facteur est égale au prix d'achat du capital. Autrement dit, le revenu formé grâce à la rémunération du facteur est équivalent au prix de ce même facteur. Si un capital est représenté par un camion, peut-on dire que sa rémunération représente le prix d'achat du camion ? Cette confusion entre prix et taux de rémunération met en cause toute la théorie de l'emploi et de la répartition du système marginaliste. Les limites en termes d'offre et de demande étant établies, poursuivons néanmoins le raisonnement de Samuelson car cela nous permettra de mieux appréhender les limites d'un raisonnement qui, nous le verrons, n'a pas de fondement réel.

S'il est vrai que, quand le taux de salaire augmente, la courbe d'offre de travail est susceptible de rebrousser chemin, il est alors possible, dans ce cas, d'avoir deux points d'équilibre. Peut-on en déduire qu'il suffit d'augmenter le taux des salaires pour obtenir un nouveau point d'équilibre, où l'on pourrait, semble-t-il, employer moins de main-d'œuvre ? Et, dans ce cas, respecte-t-on la loi marginaliste de la détermination des taux de rémunération ? (Cf. Graphique 9). S'il est possible d'avoir plus d'un point qui détermine le niveau de l'emploi, cela signifie que tous les points de la courbe de la demande (*dd*) sont compatibles avec l'équilibre du système. Or, nous avons vu (3.1.) que pour Samuelson il n'y a qu'un seul point E_q. Ce sont donc deux résultats qui ne sont pas compatibles.

Afin d'aller plus avant, il est nécessaire de préciser, encore une fois, comment sont établies les rémunérations des facteurs. Dans l'analyse marginaliste, pour déterminer les rémunérations des facteurs, il faut maintenir l'un des facteurs constant en faisant varier l'autre, dont la productivité marginale est décroissante. Une fois le montant de rémunération du facteur variable déterminé (quel qu'il soit, travail ou capital), c'est son complément qui constitue la rémunération du facteur constant. Autrement dit, il est indifférent de supposer comme facteur variable le travail ou le capital ; dans les deux hypothèses, le taux de rémunération de chaque facteur est identique. (Cf. Clark ; 1889 ; Benetti ; 1974, P.36-37). Il semblerait légitime d'exiger que les lois qui déterminent le taux de rémunération d'un facteur soient les mêmes, quel que soit le facteur variable. Or, nous avons vu que les déterminations des courbes d'offre des différents facteurs n'ont pas les mêmes fondements. En outre, nous venons de voir que la courbe d'offre de travail, même si on la suppose déterminée, n'a pas tout à fait la même forme que celle du capital. Si l'on accepte ces propositions, on peut penser que le rôle principal est joué par la courbe de demande et que tous les points sur cette courbe sont compatibles avec l'équilibre du système, ce qui signifie qu'il existe une infinité de points d'équilibre qui ne représentent pas le plein-emploi (par définition, le plein-emploi est déterminé en un point). Et pour obtenir le plein-emploi, on ne peut pas compter sur les forces du marché puisqu'elles s'annulent à l'équilibre, qui est représenté par l'intersection des deux courbes.

Si, comme le suppose Samuelson, la courbe d'offre de main-d'œuvre peut « rebrousser chemin vers le nord-ouest », on doit pouvoir améliorer la rémunération des travailleurs en appliquant le nouveau taux établi par le nouveau point d'intersection des courbes de demande et d'offre. Mais cela signifie-t-il que la productivité du même travailleur augmente quand le taux de son salaire augmente, ou que sa productivité augmente quand le nombre d'heures de travail, par travailleur, diminue ? La réponse à cette question ne peut pas être clairement établie car les éléments qui ont été pris en compte pour la détermination de la courbe d'offre de travail n'ont pas de fondements clairs, puisque ces éléments n'obéissent pas aux mêmes lois que celles qui fondent l'offre de capital. Si l'on suit l'analyse marginaliste, on ne peut pas dire que l'augmentation des salaires engendre l'augmentation de la productivité du travail, en revanche on peut dire que, si l'on diminue le nombre de travailleurs sur la même quantité de capital, on augmente sa productivité. Ce résultat découle de l'hypothèse selon laquelle tous les points de la courbe de la productivité marginale du travail déterminent son taux de rémunération. Or, comme nous l'avons vu, il s'agit de savoir si tous les points sur la courbe de productivité marginale de travail sont compatibles avec l'équilibre du système considéré dans son ensemble.

Les propositions de Samuelson engendrent un autre problème, qui est de savoir comment réconcilier les deux affirmations suivantes : d'une part, selon les auteurs de l'Ecole néoclassique, quand le taux de salaire augmente, l'offre de travail augmente, d'autre part, l'augmentation du taux de salaire, à partir d'un certain niveau, engendre une baisse de l'offre de travail.

Puisqu'il s'agit de l'étude de l'emploi, la validité de la première affirmation dépend de la réponse que l'on donne aux deux questions suivantes : 1° Le plein-emploi est-il établi par l'intersection des courbes de l'offre et de la demande de travail ? 2° La concurrence impose-t-elle que le niveau de l'emploi soit déterminé par l'intersection des courbes de coût marginal et de coût moyen, courbes qui résultent de la relation technique ? Il semble que Samuelson privilégie une réponse positive à la première question et passe sous silence, dans ce raisonnement, la réponse à la seconde question. Ce sont ces propositions de Samuelson qu'il convient d'aborder maintenant.

Afin de mieux appréhender l'effet de changement de direction de la courbe d'offre de travail sur le niveau de l'emploi, étudions d'abord la portée et les limites de l'affirmation de Samuelson selon laquelle, à partir d'un certain niveau, l'offre de travail diminue quand le taux de salaire augmente.

Pour connaître l'effet de l'augmentation du taux de salaire sur l'emploi, il importe de savoir si l'on peut retenir l'une des deux propositions suivantes : 1° Quand le taux de salaire augmente, le nombre de travailleurs offrant leur travail diminue. 2° Quand le taux de salaire augmente, le nombre d'heures de travail offertes, par travailleur, diminue.

La première affirmation ne peut avoir de véritable sens, car on ne voit pas pour quelle raison un certain nombre de travailleurs se retireraient du marché quand le taux de leur salaire augmente. Autrement dit, on ne voit pas pourquoi un certain nombre de travailleurs se mettraient en chômage quand leur taux de rémunération augmente. En partant de l'analyse marginaliste telle que nous l'avons vue dans le premier point de cette section, nous constatons que la deuxième affirmation n'a pas plus de sens. Dans l'étude de la répartition et de l'emploi, les Marginalistes fondent leur raisonnement sur une fonction de production à coefficients variables : sur une quantité fixe de capital, on peut employer un nombre variable de travailleurs. En d'autres termes, pour une quantité donnée de capital, ce n'est pas une quantité fixe d'heures de travail qui est partagée entre les travailleurs, car cette quantité est indéterminée, ce qui signifie que, si l'on diminue le nombre d'heures de travail par travailleur, on ne fait pas augmenter pour autant le nombre de travailleurs employés, et si l'on augmente le nombre de travailleurs, on fait baisser leur taux de rémunération. En outre, cette proposition de Samuelson va à l'encontre des affirmations de certains auteurs pour qui la baisse des taux de salaires permet la réalisation du plein-emploi. (Cf. J. Rueff, 1926 ; M. Hilton, 1930 ; J. Denuc, 1930). Or, il en va tout autrement si l'on admet que, dans cette analyse, le taux de rémunération réelle des facteurs, à l'équilibre, est indépendant des volontés, c'est-à-dire qu'il est déterminé par l'intersection des courbes de coût marginal et de coût moyen, ce qui signifie que le taux de rémunération et le niveau de l'emploi sont déterminés en un point.

Autrement dit, la proposition de Samuelson aurait sa place dans un raisonnement où une quantité fixe de capital permettrait d'employer un nombre déterminé de travailleurs, et où cette quantité fixe de capital permettrait d'offrir un nombre déterminé d'heures de travail. Dans ce cas, une diminution du nombre d'heures de travail par travailleur permettrait d'augmenter le nombre de travailleurs employés. Mais cette hypothèse n'est pas compatible avec les exigences de l'Ecole néoclassique et la fonction de production à coefficients variables. L'existence de cette fonction permet de penser que, sur la même quantité de capital, on peut employer autant de travailleurs qu'il est nécessaire pour réaliser l'équilibre de plein-emploi. C'est l'acceptation de cette affirmation qui permet à certains de ramener le problème de la réalisation du plein-emploi au problème du niveau de taux de salaire. Or, si, à l'équilibre concurrentiel, le taux de salaire et le niveau de l'emploi sont déterminés par l'intersection des courbes de productivités, marginale et moyenne, la réalisation de l'équilibre de « plein-emploi » ne dépend plus des variations du niveau des taux de salaire car, à ce point d'intersection, le taux de salaire est déterminé. En outre, si dans le cas de pénurie de main-d'œuvre, il n'est pas possible d'augmenter le nombre de travailleurs sur la même quantité de capital, pour entrer dans la phase des rendements décroissants, c'est-à-dire si l'on se trouve toujours dans la phase des rendements croissants, il n'est pas possible non plus de déterminer les rémunérations des facteurs en se fondant sur l'analyse marginaliste.

Or, il n'y a aucune certitude que l'équilibre obtenu par l'intersection de ces deux courbes représente l'équilibre de plein-emploi car cet équilibre est réalisé grâce aux relations qui ne tiennent pas compte du nombre de demandeurs d'emploi. A ce point de l'analyse, une remarque s'impose : étant donné que l'une des conditions fondamentales de la réalisation de l'équilibre dans ce système est l'existence des rendements décroissants, si le nombre de travailleurs n'est pas suffisant pour que l'emploi croissant du facteur variable permette d'établir l'égalité entre les courbes de coûts moyen et marginal, la réalisation de l'équilibre de l'économie dans son ensemble ne sera pas possible.

Le problème est de savoir, dans le cas où le niveau d'équilibre du système n'a pas permis la réalisation du plein-emploi, si les entreprises peuvent augmenter leur production en employant de plus en plus de travailleurs sur la même quantité de capital (facteur fixe). La réponse est négative. La concurrence exige que les entreprises cessent d'augmenter leur production en augmentant le nombre de travailleurs sur la même quantité de capital à partir du moment où est réalisée l'égalité entre les courbes de coût marginal et coût moyen. Nous avons vu que, si une seule entreprise continue d'augmenter sa production, elle se fait écarter du marché car son coût moyen est plus élevé que le coût obtenu par l'intersection des courbes de coût moyen et de coût marginal ; en effet ce point d'intersection représente l'équilibre.

Autrement dit, dans une situation de concurrence pure (hypothèse néoclassique), les entreprises ont intérêt à arrêter le niveau de leur production au point d'intersection des courbes de coût marginal et de coût moyen. (Cf. Graphique 10). Si une entreprise continue d'augmenter sa production, elle augmente son coût moyen et, de ce fait, elle ne peut plus se maintenir sur le marché ; c'est l'effet de la concurrence.

Par conséquent, le chômage dit « volontaire » n'est pas le fait des travailleurs qui n'acceptent pas un emploi pour le taux de salaire fixé par l'intersection de la courbe de productivité marginale de travail et de la courbe d'offre de travail, mais c'est plutôt le fait du niveau de la production compatible avec l'équilibre du système, niveau qui ne permet pas la réalisation du plein-emploi.

En dernière analyse, on peut dire que le chômage résulte de l'insuffisance des investissements. Mais, nous le savons, dans ce système, si les deux facteurs deviennent variables, c'est la détermination des taux de rémunération qui pose problème.

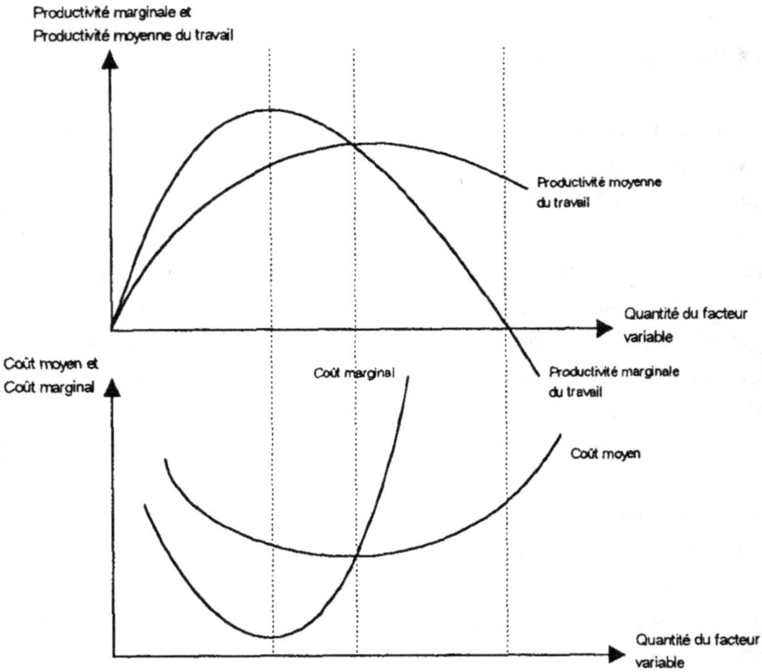

Graphique (10)

3. INFORMATION ET EMPLOI.

Cet insuccès de la détermination du plein-emploi amène, semble-t-il, certains auteurs à penser que, si le plein-emploi n'est pas réalisé, la cause en revient à une information imparfaite. Ainsi Samuelson, pour justifier cette affirmation, établit-il une comparaison entre le marché du travail et celui des biens. « Un boisseau de blé de bonne qualité peut toujours trouver à se vendre à la Bourse des Céréales de Chicago. Le prix diminue jusqu'à ce que le marché soit équilibré. Mais les travailleurs ne sont pas identiques au blé. Même deux travailleurs ne sont pas semblables l'un à l'autre. A court terme, les employeurs tenteront de fixer une échelle des salaires à laquelle ils feront travailler un nombre limité d'ouvriers : les barèmes des salaires sur le marché de l'emploi dans des villes telles que Dallas et Miami ne flotteront pas ni à la hausse ni à la baisse de façon à faire correspondre parfaitement le nombre d'emplois et le nombre de gens.

[...]

Le problème de la recherche, de l'information et de l'ajustement imparfait des prix devient encore plus compliqué lorsque le travail humain est impliqué ». (Samuelson ; 1983, P.619).

Ce passage de Samuelson peut être interprété de deux façons : 1° Le taux de salaire n'est pas compatible avec celui exigé par la loi des rendements décroissants. Cela est-il dû au fait que la concurrence n'est pas parfaite, ce qui ferait apparaître des pertes et des profits non compatibles avec les exigences de l'équilibre du système ? 2° Il n'y aurait pas de chômage si le marché de l'emploi était identique à celui de la Bourse des Céréales où l'information est parfaite. Si l'information était parfaite, le taux de salaire à l'équilibre serait connu et le chômage disparaîtrait. On ne peut toutefois pas être certain que l'équilibre de plein-emploi serait réalisé, même si le taux de salaire à l'équilibre était connu, c'est-à-dire même si l'information était parfaite. Nous venons de voir en effet que, même quand l'équilibre est obtenu grâce aux courbes de coût marginal et de coût moyen, il n'est pas certain que le plein-emploi soit réalisé.

Selon les Néoclassiques, l'existence du chômage est due à l'imperfection du marché. Or, si cette affirmation permet d'expliquer une partie du chômage frictionnel, elle peut difficilement être acceptée comme étant une cause de l'existence et de la persistance du chômage chronique.

L'explication du chômage fondée sur une information imparfaite est insuffisante, et cela pour deux raisons : 1° Elle suppose que ce sont les courbes d'offre et de demande de travail qui déterminent le plein-emploi. Or, nous avons vu que, dans ce système, le niveau de l'emploi est déterminé par une relation technique. 2° L'assimilation du travail à un bien n'est pas acceptable, car l'un constitue l'une des causes de la production, tandis que l'autre résulte de la production. La demande d'un produit a sa source dans l'offre, tandis que la demande du travail ne résulte pas de la dépense d'un revenu, car, par définition, il n'y a pas de revenu avant la production dont, dans ce système, le travail est l'une des causes. La rémunération du travail constitue une formation de revenu, tandis que l'achat d'un bien signifie la dépense d'un revenu déjà formé. Dans l'analyse néoclassique, la rémunération du travail est considérée comme un achat ; cela signifierait que le revenu existe avant la production, ce qui est un non-sens dans une économie salariale. Les entrepreneurs n'achètent pas le produit du travail dans l'acte de la rémunération des travailleurs, ils leur transmettent un revenu dont la dépense permet d'acheter leur produit ou son équivalent.

Dans son analyse de l'équilibre général, Walras lui aussi considère le travail comme un bien. On pourrait penser que cette hypothèse est justifiée car le cadre de son analyse est celui d'une économie d'échange. Or, une analyse fondée sur l'économie d'échange ne peut pas expliquer l'économie de production salariale, car, comme nous l'avons vu, la rémunération des services producteurs n'est pas un achat mais elle constitue la formation du revenu dans le système salarial. En outre, en considérant le travail comme un bien et en se plaçant dans un système d'économie d'échange, on doit nécessairement savoir si la détermination du taux de salaire en termes de productivité du travail peut être acceptée puisque, dans une économie d'échange, les prix sont des prix relatifs. S'il est vrai que, dans une économie salariale, le revenu des travailleurs est échangé contre leur produit ou son équivalent, si le profit est nul, en revanche, il n'est pas vrai de dire que les travailleurs vendent leur travail. La rémunération du travail est une formation de revenu et non un achat ; puisque le travail est considéré comme l'une des causes de la production, contre quel produit peut-on l'échanger pour établir son prix relatif ? Pour plus de clarté, nous pouvons dire que ce n'est pas le travail qui s'échange contre un produit, c'est le revenu du travail qui s'échange contre le produit du travail, ce qui signifie que, dans une économie salariale, il faut d'abord déterminer le revenu des travailleurs ; pour cela, dans un système à plusieurs facteurs de production, il faut déterminer la part du produit réalisé par le travail dans la production. (Cf. chapitre II 5. où nous démontrons que la répartition néoclassique ne peut pas être monétaire).

Les Marginalistes ne perçoivent pas ce raisonnement car ils veulent établir un rapport direct entre le travail et le produit. Ils veulent déterminer les taux de rémunération par des rapports relatifs. Ainsi, si le travail est considéré comme un bien, comme c'est le cas chez les Néoclassiques, et si on détermine les prix relatifs, il va de soi que, quand la quantité de travail augmente, sa valeur relative varie jusqu'à ce que l'équilibre de l'échange se réalise. Ce résultat découle de l'hypothèse selon laquelle le travail est considéré comme un bien. Mais, en même temps, les auteurs de cette Ecole de pensée supposent le travail comme étant l'un des facteurs de production, c'est-à-dire comme étant l'une des causes de la production. Or, si le travail est considéré comme l'une des causes de la production, le raisonnement précédent ne peut pas être pris en compte.

Prenons un exemple simple en établissant une relation entre les quantités de capital et de travail. L'augmentation de la quantité de capital engendre un accroissement de la demande de travail et, par conséquent, un accroissement de la production globale ou du revenu global, car la production est la source du revenu, et cela, quels que soient les rendements. Ainsi l'emploi croissant du travail devient-il l'une des causes de l'augmentation de la production. La source de la demande étant l'offre, ou, ce qui revient au même, la source de revenu étant la production, l'accroissement de l'offre engendre l'augmentation de la demande. Autrement dit, dans cette analyse, le travail étant l'une des sources de la production et son emploi croissant étant l'une des causes de l'accroissement de l'offre, il ne s'ensuit pas que son emploi croissant diminue sa valeur relative ou sa rémunération puisque la source de sa rémunération se trouve dans le produit créé par son emploi. Ainsi donc, la détermination du taux de salaire en tant que valeur relative mettant face à face des biens, dont le travail, ne convient plus. Le travail n'est pas un produit, il est l'une de ses causes. (Cf. 7.).

Par conséquent, l'introduction de l'hypothèse d'une information imparfaite ne permet pas de voir là l'une des causes véritables du chômage chronique, elle ne permet donc pas de faire avancer l'analyse sur ce sujet. L'information parfaite permettrait sans doute aux entrepreneurs et aux services producteurs de connaître les taux de rémunération compatibles avec les exigences du système marginaliste mais l'information parfaite existe-t-elle ? L'équilibre mécanique du système déterminé grâce aux courbes de coût marginal et de coût moyen suppose la perfection dans tous les domaines, il n'a besoin ni des sentiments ni des décisions, puisqu'il est obtenu par une relation technique. Cet équilibre mécanique peut être réalisé sans que le plein-emploi le soit. Autrement dit, que l'information soit parfaite ou imparfaite, cela ne change rien puisque, dans ce système, l'équilibre est réalisé d'une façon mécanique.

Redisons, enfin, que l'hypothèse de l'analyse néoclassique selon laquelle il est possible d'employer n'importe quelle quantité de travail sur une quantité fixe de capital est une fiction. Cette fiction, point de référence dans l'analyse néoclassique, rend les travailleurs responsables de leur situation (chômage volontaire) du fait qu'ils n'acceptent pas le taux de salaire qui permettrait la réalisation du plein-emploi.

4. TENTATIVE DE RECONCILIATION DES ANALYSES NEOCLASSIQUE ET KEYNESIENNE.

L'explication du chômage volontaire mettant en cause les travailleurs qui n'acceptent pas de travailler pour le taux de salaire établi par une relation déterministe ne satisfait pas, bien entendu, tous les économistes de l'Ecole de pensée néoclassique. Toutefois, certains souhaitent garder le cadre de l'analyse de cette Ecole en y introduisant des propositions de type keynésien dont la réflexion est centrée sur le chômage involontaire.

En partant d'une tautologie selon laquelle le chômage involontaire signifie que l'offre de travail excède la demande, certains auteurs, dont Malinvaud, disent que les offreurs de main-d'œuvre sont rationnés car un certain nombre de travailleurs ne trouvent pas d'emploi. Cela amène Malinvaud, d'une part, à marquer l'une des limites de l'interprétation de la théorie dominante sur le chômage, d'autre part, à proposer une nouvelle analyse sur ce sujet.

« Si l'on considère le marché du travail de façon isolée, et si l'on observe que l'offre excède la demande, on est rapidement tenté de dessiner un graphique comportant le taux de salaire w en abscisse et la quantité de travail L en ordonnée. La situation de chômage involontaire est celle pour laquelle le taux de salaire courant w_0 induit une offre de travail S excédentaire par rapport à la demande. Si l'on exclut les cas « pathologiques », cela signifie que l'équilibre sur le marché du travail doit correspondre à un taux de salaire w^* plus faible que w_0. *Le chômage involontaire* ne peut alors être réduit que si le taux de salaire s'abaisse ». (Cf. graphique 11).

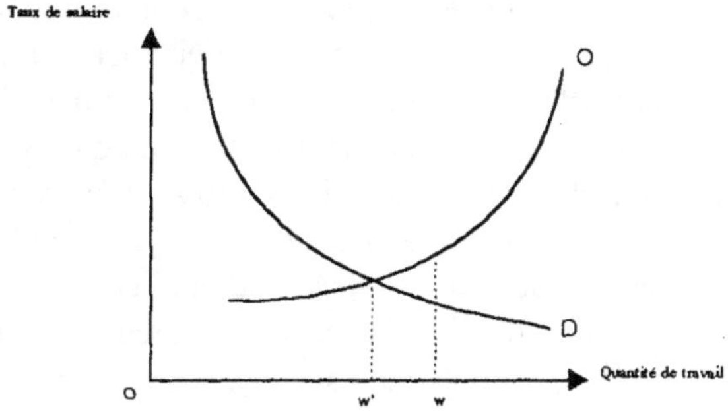

Graphique (11)

« Pour quelles raisons le raisonnement précédent ne se justifie-t-il pas ? Essentiellement parce qu'il néglige le fait que, dans les situations observées réellement, le rationnement sur le marché du travail est lié au, et dépend étroitement du, rationnement sur le marché des biens. Dès lors que les entreprises ne peuvent pas vendre autant qu'elles le désirent, qu'elles ne produisent pas plus que ce qu'elles peuvent vendre, que leurs besoins en main-d'œuvre sont directement corrélés dans le court terme au niveau de leur production, et que la demande de biens dépend des revenus du travail, la courbe de demande de travail *D* se déplace, tout comme la courbe d'offre, à mesure que le taux de salaire évolue de w_0, vers w^*, et que ce déplacement tend à s'opposer à la réduction de l'écart entre la demande et l'offre.

Ainsi, le cadre théorique adapté à notre recherche est celui dans lequel les offres sont rationnées à la fois sur le marché du travail et sur celui des biens. En outre, l'interdépendance entre les deux types de rationnement est si forte qu'elle justifie que, dans l'étude des politiques économiques de lutte contre le chômage involontaire, on concentre l'attention exclusivement sur la formation de la demande s'adressant au marché des biens.

[...]

« Mon explication personnelle de cette lacune théorique privilégie l'absence d'un cadre conceptuel pour traiter, en termes d'équilibre général, les économies avec rationnement. Mon principal objectif sera donc d'entreprendre l'étude d'un tel cadre ». (Malinvaud ; 1980, PP. 36-39. Souligné par l'auteur).

Ce long et important passage de Malinvaud contient deux éléments qui nous interpellent. Dans le premier, il critique implicitement le chômage volontaire et il présente explicitement une certaine interprétation de la théorie du chômage *involontaire ;* dans le second, il propose une nouvelle voie de recherche. Cette dernière proposition nous incite à poser la question de savoir si les propositions de Malinvaud sont compatibles avec le cadre d'analyse dans lequel il se place.

Il se fixe comme objectif principal d'étudier le problème du chômage dans le cadre de l'équilibre général, en y introduisant le rationnement. Aussi le problème est-il de savoir si le cadre de l'équilibre général est compatible avec l'hypothèse du rationnement.

Malinvaud affirme que le rationnement sur le marché du travail est étroitement lié au rationnement sur le marché des biens. En d'autres termes, si les entreprises ne produisent pas plus, et donc n'emploient pas davantage de main-d'œuvre, c'est qu'elles ne peuvent pas vendre plus. Cela est dû au fait que la demande de biens dépend des revenus du travail dont la dépense constitue la demande de biens.

Or ces affirmations ne sont pas compatibles avec le système de l'équilibre général. Dans ce système, comme dans tous les systèmes d'économie salariale, ce n'est pas la demande qui détermine l'offre (même si elle la guide), mais c'est le niveau de l'offre qui fixe le niveau de la demande, ou plus exactement, dans le système de l'équilibre général, ces deux éléments sont déterminés simultanément. Dans une économie salariale, c'est la valeur de l'offre globale, ou revenu formé grâce à la production, qui a le pouvoir d'écouler le produit. En outre, étant donné que, dans ce système, le travail est considéré comme un bien (Cf. Malinvaud ; 1980, P.55), le taux de salaire devient un problème de prix relatifs, comme le sont les prix de tous les autres biens. Par conséquent, dans ce système, on ne peut pas affirmer que le niveau de salaire a un effet sur la demande. D'autre part, même si Malinvaud raisonne en termes keynésiens, (il a pour objectif une « unification des théories qui semblaient auparavant fondamentalement distinctes » (cf. Ib., P.32), il ne nie pas que le salaire, ou le salaire plus l'intérêt, forme le revenu, dont la dépense écoule le produit, qui est sa contrepartie. Bien que fondamentalement différentes, l'analyse de l'équilibre général et celle des Keynésiens acceptent que la rémunération des services producteurs représente la contrepartie de la production de chaque période ; l'une « détermine » les rémunérations au moment des échanges, l'autre à la production. Ainsi, étant donné que le niveau des salaires (ou le niveau des rémunérations) n'a pas d'effet sur la demande (par définition, les rémunérations représentent la contrepartie de la production dont la dépense écoule les produits et, si le taux de salaire baisse, celui de l'intérêt augmente et vice-versa), Malinvaud doit déterminer les raisons de l'apparition de l'insuffisance de la demande, cause du chômage. Mais nous avons vu qu'il écarte les causes « pathologiques » du chômage. Précisons que l'insuffisance de la demande a une signification dans l'analyse keynésienne, car dans cette analyse, la valeur de l'offre est déterminée à la production, ce qui permet de la comparer à celle de la demande au moment de l'échange (ainsi, si la valeur de la demande est inférieure à celle de l'offre, il est nécessaire de déterminer la cause pathologique de cette insuffisance), en revanche, l'insuffisance de la demande n'a pas de sens dans l'analyse de l'équilibre général car l'offre et la demande sont déterminées simultanément, au moment des échanges. Il n'est pas inutile de se référer au père fondateur de l'équilibre général pour voir confirmer ce qui vient d'être énoncé.

« On pose le problème de la production en introduisant dans le problème de l'échange la circonstance que les objets de consommation sont des produits résultant de l'association de services producteurs entre eux ou de l'application de services producteurs à des matières premières. Pour tenir compte de cette circonstance, il faut, en face des *propriétaires fonciers, travailleurs et capitalistes*, vendeurs de services et acheteurs de services consommables et d'objets de consommation, placer, comme vendeurs de produits et comme acheteurs de services producteurs et de matières premières, des *entrepreneurs* dont le but est de réaliser un bénéfice en opérant la transformation des services producteurs en produits, c'est-à-dire en matières premières qu'ils se vendent les uns aux autres et en objets de consommation qu'ils vendent aux propriétaires fonciers, travailleurs et capitalistes consommateurs auxquels ils ont acheté des services producteurs ». (Walras ; 1976, P.XII. Souligné par l'auteur).

Malinvaud se place lui aussi dans le cadre de l'équilibre général pour étudier le chômage involontaire. Or, le système de l'équilibre général ne parle que de chômage volontaire. Ce changement de vocabulaire, qui résulte de l'influence keynésienne, signifierait-il que le chômage volontaire n'existe pas ? Si la réponse est affirmative c'est tout le raisonnement néoclassique du chômage qui est mis en cause. Pour expliquer le chômage involontaire, les Keynésiens établissent une relation entre le niveau d'investissement et le niveau de l'emploi, pour une technologie donnée, de sorte que l'insuffisance des investissements devient la principale cause de chômage, c'est pourquoi ils l'appellent involontaire. Le chômage est involontaire car les entreprises ne peuvent pas employer plus de main-d'œuvre que la technologie ne le leur permet. Or, il en va tout autrement de l'explication que l'on peut apporter au chômage dans le système de l'équilibre général. Dans ce système, étant donné que le taux de salaire est considéré comme un prix qui s'établit de façon relative par rapport aux autres biens et comme le prix de tout bien, les offreurs de main-d'œuvre qui n'acceptent pas de travailler pour ce prix (pour ce «taux de salaire »), établi sur le marché, sont considérés comme chômeurs volontaires. On le voit, les causes de chômage ne sont pas les mêmes dans les deux systèmes. Dans l'un, le chômage est dû à l'insuffisance des investissements, et donc, dans ce système il est indispensable d'augmenter les investissements pour améliorer le niveau de l'emploi. Dans l'autre système, deux interprétations sont données : pour l'une, le chômage est dû au niveau du taux de salaire, pour l'autre, le niveau de l'emploi est déterminé par la relation technique au point d'intersection des courbes du coût marginal et du coût moyen, selon les interprétations, qui sont plus ou moins rigoureuses. Redisons-le encore, dans ce système, pour pouvoir déterminer la rémunération du travail, on a pour impératif de garder fixe la quantité de capital et d'augmenter le nombre de travailleurs, ce qui signifie que les propositions faites pour améliorer le niveau de l'emploi dans l'un des systèmes ne sont pas compatibles avec les exigences de l'autre système. Nous avons vu que, si l'équilibre est déterminé en un point, le niveau des taux de salaire ne peut pas être considéré comme cause de chômage ; d'autre part, si, à l'équilibre, le plein-emploi n'est pas réalisé et si le capital reste constant, aucun élément permettant d'améliorer le niveau de l'emploi à l'équilibre n'apparaît. Cela met en cause la tentative d'unification des théories « qui semblaient auparavant fondamentalement distinctes », à moins qu'on admette comme cause de chômage l'insuffisance des investissements, ce qui signifie que, pour améliorer la situation de l'emploi, il faut augmenter les investissements. Mais, dans ce cas, les deux facteurs de production deviennent variables et c'est alors la détermination du taux des rémunérations du système marginaliste qui pose problème, détermination indispensable pour réaliser l'équilibre du système. On le voit, il serait illusoire de vouloir unifier des analyses dont les fondements sont profondément distincts. Néanmoins essayons de voir si le nouveau cadre d'analyse dont parle Malinvaud s'intègre dans la théorie walrasienne de l'équilibre général.

5. DE L'EQUILIBRE DE WALRAS A L'EQUILIBRE DE MALINVAUD.

Malinvaud propose un nouveau cadre, fondé sur les prix donnés, pour étudier l'équilibre général. Il pense que son nouveau concept d'équilibre convient mieux à l'étude du chômage. « Les prix étant donnés, le concept d'équilibre que nous cherchons doit permettre d'expliquer la détermination des quantités d'une façon qui convienne à l'étude du phénomène de sous-emploi ». (Malinvaud ; 1980, P. 49). Ce passage affirme deux idées fortes. L'une permet de penser que les prix donnés sont compatibles avec l'équilibre général, l'autre assure que le nouveau concept d'équilibre permet de mieux appréhender le « phénomène » de sous-emploi. Mais tout le problème est de savoir si ces affirmations sont compatibles avec l'équilibre général de Walras, dans le cadre duquel Malinvaud place son analyse.

Walras fait preuve d'une grande ingéniosité lorsqu'il pose les conditions de la réalisation de l'équilibre général, car il suppose que tous les prix (dont le taux de rémunération du travail) et quantités sont déterminés sur le marché. D'autre part, il suppose que son système est en concurrence pure. Ce sont là deux des exigences principales du système walrasien. Voici en quels termes il explique sa volonté de bien préciser que tous les prix et quantités sont déterminés sur le marché :

« Bien loin que ce soit le prix de revient des produits en services producteurs qui détermine leur prix de vente, c'est plutôt leur prix de vente qui détermine leur prix de revient en services producteurs ». (*Eléments* ; 1976, P.394). Ce passage peut paraître en contradiction avec le fait que, dans son système, tout est déterminé simultanément. Il semblerait que cette précision ait pour but d'écarter le fait qu'un prix puisse être supposé donné avant les échanges ; c'est là une exigence de son système. Par définition, un système d'équilibre qui est fondé sur les prix relatifs n'est pas compatible avec les prix donnés.

Malinvaud tient-il compte des exigences qui sont celles du système de Walras, son point de départ étant l'observation de la réalité ? « Etant donné la réalité des rigidités de prix à court terme, la théorie élaborée ici est fondée à supposer la rigidité stricte des prix ; autrement dit, il est naturel de travailler avec des modèles qui considèrent les prix et les taux de salaire comme exogènes ». (Malinvaud ; 1980, P.48). Malinvaud peut, à juste titre, prétendre que le système walrasien n'est pas compatible avec la réalité observée. Or, le problème est de savoir si la façon dont il souhaite le rendre compatible avec la réalité économique convient aux exigences de l'équilibre général. L'hypothèse des prix donnés est-elle compatible avec l'équilibre général, l'objectif de Malinvaud étant de se placer dans un nouveau cadre théorique dit « d'équilibre général à prix fixes » ? (Ibid. P.10).

Supposons que le prix d'un produit soit donné « exogène », c'est-à-dire qu'il ne soit pas déterminé par le système ; deux situations peuvent se présenter.

1° Le prix donné d'un produit est compatible avec les exigences de l'équilibre général ; cela signifie que ce prix est égal au coût de production, en ce sens qu'il respecte le taux de salaire, les prix des matières premières, etc..., prix qui sont compatibles avec l'équilibre général. Il est évident que si le prix fixé est compatible avec le prix d'équilibre, l'équilibre sera réalisé et, dans ce cas, le chômage sera considéré comme volontaire. Malinvaud suppose que c'est le prix à court terme qui est donné ; il suppose alors que, pour ce prix, l'équilibre a déjà été réalisé, car, dans le système walrasien, les prix ne sont connus qu'à l'équilibre et, si rien ne change, l'équilibre sera réalisé à nouveau. Or, si l'un des éléments du système change, même à court terme, les prix relatifs s'en trouveront modifiés. Mais il n'est pas possible de supposer que rien ne change quand le but est d'étudier l'amélioration du niveau de l'emploi, dont l'accroissement engendre une augmentation de l'offre.

2° Si le prix donné est supérieur ou inférieur au coût de production, il ne remplit plus les conditions de la réalisation de l'équilibre général. Si le prix fixé est le taux de salaire et s'il est supérieur ou inférieur au taux de salaire d'équilibre, l'équilibre général ne peut pas être réalisé car les conditions nécessaires à sa réalisation ne sont pas satisfaites, le taux de salaire donné n'étant pas compatible avec le taux de salaire d'équilibre (même si l'on suppose que le système walrasien peut déterminer le taux de salaire). Dans ce système où le profit est nul à l'équilibre, et où il n'y a pas de place pour le revenu de transfert, si le prix d'un produit est supérieur à son coût, l'entreprise productrice de ce bien réalise un profit, et cela au détriment d'autres entreprises. Or, cette situation n'est pas compatible avec les exigences de l'équilibre général où le profit est nul et où le prix de chaque producteur couvre juste son coût de production.

Ce n'est pas l'hypothèse des prix donnés que nous voulons écarter (rappelons que dans cette Ecole de pensée, les raisonnements sont fondés sur les hypothèses), mais sa compatibilité avec l'équilibre général qui a des exigences fondamentales à respecter pour que sa réalisation soit possible. Or, l'hypothèse des prix donnés, même si elle est « imposée » par la réalité économique, n'est pas compatible avec l'équilibre général car, les prix étant relatifs dans le système walrasien, toute variation de quantités influence ce rapport relatif qui ne peut être établi qu'au moment des échanges.

L'hypothèse des prix donnés signifie que les prix ne sont pas établis sur le marché par l'offre et la demande ; de ce fait, la concurrence ne joue aucun rôle dans la détermination des prix. Or, dans le système d'équilibre général, l'existence de la concurrence pure est l'une des exigences fondamentales. Si cette exigence n'est pas respectée, c'est la réalisation de l'équilibre général qui est compromise.

Si Malinvaud pense pouvoir mettre en cause la capacité d'explication du chômage dans le système de l'équilibre général, on ne peut que lui donner raison sur ce point. Mais s'il souhaite lui redonner cette capacité en introduisant de nouveaux éléments, il est contraint de le faire dans le respect des exigences fondamentales indispensables à la réalisation de l'équilibre général. Or, comme nous l'avons vu, l'hypothèse des prix donnés n'est pas compatible avec les exigences absolues de l'équilibre général.

Malinvaud convient que ce sont les prix relatifs qui permettent, dans le cadre de la concurrence pure, la réalisation de l'équilibre général. Or, l'hypothèse des prix donnés écarte, par définition, la possibilité d'établir des prix relatifs et, par conséquent, elle écarte la possibilité de réaliser l'équilibre du système. Enfin, l'amélioration du niveau de l'emploi va de pair avec l'évolution économique. L'hypothèse des prix donnés n'est donc pas compatible avec une économie qui évolue. Il va sans dire que l'évolution engendre des changements qui influencent les prix.

6. L'ANALYSE FONDEE SUR L'ECONOMIE D'ECHANGE NE PERMET PAS DE DETERMINER LE TAUX DE SALAIRE NI LE NIVEAU DE PLEIN-EMPLOI.

L'économie d'échange pur est assimilée à une économie de producteurs-échangistes. Dans ce système, les producteurs directs présentent leurs produits sur le marché ; au moment de l'échange sont déterminées les valeurs relatives de leurs produits et de ce fait, si l'échange est monétisé, leur revenu est aussi déterminé. En revanche, dans une économie salariale, le travailleur salarié n'a pas de produit à offrir sur le marché ; c'est sa participation à la production qui lui permet d'obtenir une rémunération constituant son revenu. Certains auteurs pensent que cette rémunération peut être considérée comme un achat. Karl Marx, bien qu'il fonde la valeur sur le travail, pense que les travailleurs vendent leur force de travail, qui représente leur marchandise. Or, cette affirmation ne concerne que le cas de pathologie du système, où le profit n'est pas dépensé sur le marché auquel il est destiné. Le profit est destiné au marché des produits, et non au marché des services producteurs, et sert à rémunérer le travail. Marx considère que la rémunération des travailleurs est puisée dans le capital monétaire des entrepreneurs et, par définition, le capital monétaire résulte du profit ou, d'une façon générale, du revenu. (Cf. B. Schmitt, 1975 ; E. Sadigh, 1994). Pour Marx, la rémunération de la force de travail est un achat car la force de travail est considérée comme une marchandise, tandis que, pour les auteurs néoclassiques tel que Walras, l'un des fondateurs de cette Ecole de pensée, la rémunération du travail est un achat ; de ce fait, pour Walras c'est le travail qui est considéré comme une marchandise. Mais ces deux courants de pensée ne situent pas leur analyse au même niveau. Marx se place dans une économie de production salariale, Walras se place dans une économie d'échange ; c'est pourquoi, dans le système de Walras, le travail est assimilé à un bien. Cette assimilation l'amène à étudier le taux de salaire comme le prix d'un bien et sa demande comme celle d'un bien. Par conséquent, étant donné que, pour un bien, ces éléments sont déterminés sur le marché, il en sera de même pour le travail.

Le problème est de savoir si la détermination du taux de rémunération du travail obéit aux lois de l'offre et de la demande, comme c'est le cas pour la détermination des prix des biens. En effet, c'est cette relation de l'offre et de la demande qui détermine la quantité de produits échangés ; est-ce que ce sont également l'offre et la demande de travail qui déterminent le niveau de plein-emploi ? La réponse à cette question étant affirmative dans le système de Walras, il convient de savoir comment cet auteur détermine l'offre et la demande de travail.

6.1. On ne peut pas déterminer le taux de salaire, qui relève de l'économie de production, comme le prix d'un bien, qui relève d'une économie d'échange.

Dans un système où le revenu n'est pas déterminé à la production, c'est-à-dire dans une économie d'échange, les prix des produits s'établissent de façon relative ; de ce fait, l'augmentation de la quantité d'un produit, par rapport aux autres produits, fait baisser son prix relatif. Dans cette économie, ce sont les ventes qui financent les achats, aussi la demande d'un échangiste est-elle limitée par son offre. En d'autres termes, dans ce système, il faut vendre pour acheter et le revenu du producteur direct est déterminé au moment de l'échange.

Peut-on appliquer ce raisonnement au travail pour déterminer le taux de sa rémunération dans une économie salariale ?

Walras le pense, puisque, dans la partie consacrée à la production (*Eléments*, 1976), il assimile le travail à un bien. Pour savoir si cette assimilation est justifiée, il faut savoir si la détermination du taux de salaire et de la quantité demandée d'un travail obéissent aux mêmes lois que celles qui déterminent le prix et la quantité demandée d'un bien, déterminations qui, pour un bien, peuvent être établies dans une économie d'échange. Ainsi convient-il de connaître l'élément qui détermine la quantité de travail demandée par les entrepreneurs, travail qui, par ailleurs, dans ce même ouvrage, est considéré comme l'un des facteurs ou comme l'une des causes de la production dans le système de Walras, et qui, de ce fait, est considéré comme l'une des sources du revenu, du fait de sa participation à la production. En outre, pour pouvoir déterminer son prix, il faut savoir quel est l'élément contre lequel le travail s'échange. Par conséquent, la question est de savoir si le taux des salaires est déterminé comme un prix relatif, c'est-à-dire comme le prix de tout bien dans une économie d'échange. Si l'on suppose que le travail est acheté par les entrepreneurs, il faut déterminer d'où vient leur revenu, ou contre quel produit ils l'échangent. Or, la production n'étant pas encore réalisée, les entrepreneurs n'ont ni revenu ni produit à échanger contre le travail. Ils n'ont donc rien à échanger contre le travail dont ils ont besoin pour réaliser leur production. Il s'ensuit que, à ce niveau de l'analyse, il n'est pas possible d'établir des prix relatifs pour le travail, puisque, avant que le travail ne participe à la production, il n'existe ni produit ni revenu contre lesquels l'échanger et, de ce fait même, sa demande ne peut pas être déterminée. Il semblerait que ce soit ce problème qui incite Walras, dans les *Eléments,* de même que Jevons, dans sa *Theory of Political Economy,* à déterminer le prix des services producteurs par le prix des produits au lieu de déterminer le prix des produits par le prix des services producteurs (cf. Walras 1976, P.394). Ainsi, avant de déterminer les taux de rémunération et la demande de travail, Walras doit supposer une production déjà réalisée, c'est-à-dire supposer que les produits sont présents sur le marché, afin de pouvoir établir des prix relatifs. L'acceptation de cette proposition de Walras et son application à une économie salariale passent par la résolution des deux problèmes suivants : i) selon quel critère s'est établie la demande de travail qui a permis la réalisation de la production permettant l'échange ? ii) comment le produit est-il partagé ou comment se répartit-il entre les divers facteurs de production, dont le travail ? Autrement dit, il faut déterminer la part de chaque facteur dans la production.

Pour écarter toute confusion, il est important de préciser que, même dans le cas où c'est un bien qui est considéré comme facteur de production, il faut distinguer le prix du facteur en tant que bien et son prix (sa rémunération) en tant que cause de la production. Dans le premier cas, son prix est en rapport avec sa quantité ou son coût de production, dans le second, sa rémunération dépend de la part du produit réalisée par ce facteur grâce à sa participation à la production, et il convient alors de déterminer cette part pour établir sa rémunération.

6.2. L'analyse walrasienne ne permet pas d'établir un rapport entre le niveau de la production et la demande de travail.

Walras se place dans une économie salariale mais il ne détermine pas le taux de salaire à la production, il pense pouvoir le déterminer grâce à l'échange. Pour établir les rapports d'échange ou les prix relatifs des biens, il faut connaître le niveau de production de chaque secteur, il faut donc savoir quel est l'élément qui détermine ce niveau de production. Or, l'analyse fondée sur l'échange ne permet pas de savoir pour quelle raison les entrepreneurs limitent leur production à un certain niveau et, par conséquent, elle ne permet pas de savoir pourquoi la demande de travail est limitée à un certain niveau alors que son emploi croissant permettrait d'augmenter la production. Autrement dit, comment savoir si ce niveau de production est compatible ou non avec le plein-emploi ? Certains auteurs d'autres Ecoles de pensée établissent des éléments de référence pour déterminer la quantité de travail qu'une société peut employer. A. Smith, par exemple, écrit : « ... l'industrie générale de la société ne peut jamais aller au-delà de ce que peut employer le capital de la société ». De même dans l'analyse keynésienne, pour une technologie donnée, la quantité de capital existant permet de déterminer le nombre de travailleurs à employer et, pour une technologie donnée, la demande de travail est limitée par la quantité de capital existant. Or, dans le système de Walras, les entrepreneurs n'ont pas ce point de référence, car le raisonnement néoclassique suppose que, sur une quantité donnée de capital, on peut employer n'importe quelle quantité de travail ; les entrepreneurs ne connaissant pas non plus le prix de leur produit avant l'échange, et par conséquent, ne connaissant pas le taux de rémunération du travail, ils n'ont pas d'élément qui les guide pour qu'ils puissent déterminer le niveau de leur demande de travail. Aussi le taux de salaire ne peut-il pas être un élément qui détermine la demande de travail, puisque, par hypothèse, il n'est connu qu'une fois les produits écoulés. Ainsi donc, si le taux de rémunération de la main-d'œuvre n'est connu qu'une fois les produits écoulés, l'hypothèse de chômage volontaire ne peut pas être retenue. En effet, selon cette hypothèse, les travailleurs qui n'acceptent pas de travailler pour le taux de salaire établi sur le marché sont considérés comme chômeurs volontaires. Le taux de rémunération de la main-d'œuvre n'étant pas connu à la production, ni les entrepreneurs ni les travailleurs ne peuvent s'y référer.

En outre, dans ce système, du fait qu'on suppose que ce sont les prix des produits qui déterminent le taux de rémunération des facteurs, l'équilibre de la production est obtenu grâce à l'équilibre des échanges car c'est ce dernier qui détermine les prix relatifs. Ainsi, quelle que soit la quantité de travail employé pour réaliser les produits, elle est considérée comme étant compatible avec l'équilibre, puisque l'équilibre walrasien établit des rapports relatifs. Peut-on en conclure que cet équilibre signifie le plein-emploi ? La réponse à cette question ne peut pas être claire car dans ce système, on ne sait pas quel est l'élément qui détermine la demande de main-d'œuvre, on ne peut donc pas la comparer avec son offre. En outre, dans le système walrasien, n'importe quelle quantité de travail peut être combinée avec le capital existant. Or, nous avons vu que cette dernière hypothèse ne représente que des cas d'exception, par conséquent, l'équilibre walrasien, qui prétend être général, n'englobe pas tous les cas. Par exemple, un tracteur ne peut pas être conduit par plusieurs travailleurs à la fois, ce qui signifie qu'on ne peut pas employer n'importe quel nombre de travailleurs sur une quantité donnée de capital.

6.3. Dans le système walrasien, est-ce que le taux de salaire a un effet sur le niveau de l'emploi ?

Walras dit que les services producteurs s'échangent contre les services producteurs. Cette affirmation permet-elle de déterminer le rapport d'échange entre les services producteurs et donc de déterminer les taux de rémunération dès la production et, de ce fait, d'établir la demande de travail par rapport au taux de salaire pour déterminer le niveau de l'emploi ou du plein-emploi de la main-d'œuvre ou laisse-t-elle penser que ce rapport s'établit au niveau des échanges, indépendamment de la production, auquel cas le taux de salaire n'intervient pas dans la demande de travail ? Il est intéressant de rappeler ici ce passage où Walras affirme que les facteurs s'échangent entre eux : « Remarquons enfin qu'à l'état d'équilibre de l'échange et de la production, on peut, comme nous l'avons dit (179), faire abstraction sinon du numéraire au moins de la monnaie, les propriétaires fonciers, travailleurs et capitalistes recevant et les entrepreneurs donnant une certaine quantité de produits sous le nom de fermages, salaires et intérêts, en échange d'une certaine quantité de services producteurs sous le nom de rente, travaux et profits. On peut même, à cet état, faire abstraction de l'intervention des entrepreneurs, et considérer non seulement les services producteurs comme s'échangeant contre des produits, et les produits comme s'échangeant contre les services producteurs, mais considérer même les services producteurs comme s'échangeant en fin de compte les uns contre les autres ». (Walras, 1976, P.194-195). Dans ce passage de Walras, on constate qu'en dernière analyse ce sont les services producteurs qui s'échangent contre des services producteurs. Cette affirmation découle des hypothèses de l'auteur selon lesquelles d'une part, il existe plusieurs facteurs de production, d'autre part, le profit est nul à l'équilibre. De ce fait, les facteurs obtiennent la totalité du produit, chacun recevant la part qu'il est censé avoir produite. Mais ce rapport d'échange entre les facteurs signifie-t-il que toutes les combinaisons entre les facteurs permettent la réalisation de la production, et cela, quelle que soit la quantité de chaque facteur ? Avant de poursuivre, remarquons que l'hypothèse de profit nul est révélateur de l'ambiguïté du système de Walras. S'il se place dans un système d'échange pour déterminer les prix relatifs, l'hypothèse de profit nul n'est pas nécessaire car, dans une économie d'échange, par définition, le profit est nul. En outre, le terme d'équilibre n'est pas approprié dans une analyse fondée sur l'échange, c'est une redondance. En effet, dans une économie d'échange, par définition, la valeur de l'offre (coût de production) n'est pas connue et ne peut donc pas être comparée à la valeur de la demande (prix) ; ces deux éléments sont déterminés simultanément au moment de l'échange et s'il y a échange, c'est que les échangistes ont accepté les termes de l'échange. Dans ce système, ce sont des rapports relatifs qui s'établissent et ils s'établissent quelles que soient les quantités échangées. Or, Walras pense pouvoir expliquer l'économie salariale en partant d'une économie d'échange, c'est là toute la difficulté.

Pour établir comment les services producteurs s'échangent contre les produits, il faut connaître la rémunération de chaque service producteur. Pour établir que les services producteurs s'échangent contre les services producteurs, il faut déterminer la part de chaque service producteur dans la production. Ces deux exigences représentent le même problème, car pour déterminer le taux de rémunération de chaque service producteur, il faut aussi connaître sa part dans la production. Le système de Walras parvient-il à déterminer la part de chaque facteur dans la production ?

Etant donné que, dans ce système, même le travail, comme les autres services producteurs, est considéré comme un bien, on doit en déduire qu'on peut établir des rapports relatifs et donc des prix relatifs entre les services producteurs. Dans une économie d'échange, quelles que soient les quantités des différents biens, on peut obtenir des rapports relatifs ; cela signifie-t-il qu'on détermine ainsi la part du produit qui sera approprié par chaque facteur ? Le problème est de savoir si les rapports relatifs entre les facteurs permettent d'établir la part qui revient à chaque facteur. Dans une économie d'échange (de producteurs-échangistes), ou dans une économie où le travail est la cause de la production, il faut passer par le rapport d'échange des produits de chaque sorte de travail pour établir des rapports entre les différentes sortes de travail. Ainsi, si 10 unités de travail (W_1) ont permis de produire 10 unités d'un produit (P_1), et si 20 unités de travail (W_2) ont permis de produire 10 unités d'un autre produit (P_2), si les 10 unités de P_1 s'échangent contre les 10 unités de P_2, on en déduit que la valeur produite par une unité de W_1 est équivalente à la valeur produite par deux unités de W_2 . Dans ce cas, ce sont les rapports entre les produits qui ont permis d'établir le rapport entre les différents travaux. Supposons maintenant qu'il y ait deux facteurs de production, que les quantités des deux facteurs soient données sur le marché : soit 20 unités de capital face à 10 unités de travail. Si on les considère comme des biens, un rapport d'échange peut s'établir entre les deux « biens ». Ce rapport permet d'établir des prix relatifs entre le travail et le capital, non pas en tant que facteurs de production mais en tant que « biens », et cela du fait qu'on considère le travail comme un bien. En revanche, si on les considère comme des facteurs de production dont l'un, le travail, ne résulte pas de la production, à ce niveau de l'analyse, aucun élément n'apparaît pour permettre d'établir la part du produit qui doit échoir à chaque facteur, car on ne connaît pas la part de chaque facteur dans la production et ce ne sont pas les rapports d'échange qui permettent d'établir la part de chaque facteur dans la production. Autrement dit, lorsque les facteurs entrent dans la combinaison de la production, ils ne se trouvent pas face à face, ils se trouvent associés pour réaliser la production.

Bien que Walras considère le travail comme un bien, il ne détermine pas directement son taux de rémunération (son prix) ; pour lui, c'est le prix des produits qui détermine le prix des services producteurs, dont le travail. On voit bien que, même si les facteurs sont considérés comme des biens, leurs taux de rémunération (leurs prix) ne sont pas directement déterminés par le rapport d'échange entre les facteurs. Ils ne le sont qu'une fois les prix des produits déterminés. Ainsi, même quand on considère les facteurs comme des biens, on ne peut pas déterminer leurs prix (taux de rémunération) directement, on doit d'abord déterminer des rapports relatifs et ensuite déterminer les prix des produits pour pouvoir établir les taux de rémunération. Les prix relatifs des facteurs sont déterminés par les rapports des quantités ; cela signifie-t-il que ces rapports déterminent la part produite par chaque facteur ? Walras le pense, puisque, dans son système, une fois les prix relatifs des produits déterminés, les rapports relatifs entre les facteurs permettent d'établir la part du produit qui doit échoir à chaque facteur.

Or, cette détermination pose problème. Les rapports relatifs entre les biens déterminent leurs prix relatifs, et cela sans que les facteurs interviennent dans cette détermination. Les rapports relatifs entre les facteurs déterminent leurs prix relatifs en tant que biens et non en tant que facteurs mais ces rapports ne déterminent pas la part de chaque facteur dans la production. Ainsi, ni la première ni la seconde relation ne permettent d'établir la part de chaque facteur dans la production. Aussi l'affirmation selon laquelle les services producteurs s'échangent contre les services producteurs ne peut se passer de cette détermination.

Ce résultat n'est pas surprenant, il résulte de l'analyse fondée sur l'économie d'échange qui est dans l'impossibilité d'expliquer le fonctionnement de l'économie de production salariale, et cela pour une simple raison : la production ne résulte pas des échanges, elle les précède. Le système de Walras établit des rapports d'échange relatifs qui, par définition, sont dans l'impossibilité de déterminer la part de chaque facteur dans la production. Or, tant que la part de chaque facteur dans la production n'est pas déterminée, les taux de rémunération ne peuvent pas l'être, et, par conséquent, il n'est pas possible d'établir un rapport entre le niveau du taux de salaire et celui de l'emploi.

6.4. Le système de Walras ne détermine ni la part de chaque facteur dans la production ni le niveau de plein-emploi.

Le système walrasien représente l'une des références les plus importantes des analyses sur lesquelles sont fondées les explications du fonctionnement de l'économie actuelle. Pour une grande majorité des auteurs de l'Ecole de pensée néoclassique, l'équilibre général est synonyme d'équilibre de plein-emploi. Or, l'équilibre walrasien est fondé surtout sur l'étude de l'équilibre des échanges ; de ce fait, le travail est considéré comme une ressource rare qui trouve toujours à être employée. Mais la rareté est une notion relative, c'est pourquoi il est indispensable de dire par rapport à quoi on établit la rareté du travail : rareté par rapport aux biens, cela n'a aucun sens puisque l'un (le travail) est l'une des causes de la production, l'autre (le bien) son effet ; rareté par rapport aux autres facteurs, cette proposition ne peut pas non plus être retenue puisque, dans ce système, on suppose que sur une certaine quantité de capital, on peut employer n'importe quelle quantité de travail. Dans ce système, on ne peut donc pas retenir la notion de rareté pour les facteurs.

En outre, dans l'analyse néoclassique, la rareté est l'un des fondements de la valeur, ce résultat découle de la détermination des prix par des rapports relatifs. Le travail étant considéré comme une ressource rare, sa rémunération, « son prix », s'établit-il comme le prix des biens ? On suppose d'autre part que le travail est l'une des causes de la production. Dans ce cas, sa rémunération ne peut pas être déterminée comme le prix d'un bien, car elle dépend de la part du produit qu'il est censé avoir contribué à réaliser, de même que la demande de travail ne peut pas être déterminée comme la demande d'un bien, car la première relation qui détermine les prix dépend de l'échange, la seconde relation qui détermine la rémunération du travail dépend de la production. Cet amalgame entre l'économie d'échange et l'économie de production salariale nous incite à envisager plusieurs limites dans la détermination des taux de rémunération et du niveau de l'emploi dans l'analyse walrasienne.

(i) En dernière analyse, le prix d'un bien dépend de son coût de production, tandis que le taux de rémunération (le prix) d'un facteur détermine la part qu'il est censé avoir produite. Le système walrasien ne tient pas compte de cette hiérarchie qui est une vérité établie. Son raisonnement, qui a pour but de déterminer le fonctionnement d'une économie salariale, est circulaire ; en effet, pour déterminer les taux de rémunération, il faut connaître le prix des produits, et, pour déterminer le coût de production, il faut connaître les taux de rémunération. La résolution simultanée ne change en rien ce problème, car ce n'est pas parce que la résolution est simultanée qu'elle permet de déterminer la part de chaque facteur dans la production. Or, dans une économie salariale, en déterminant les taux de rémunération, on établit la formation du revenu, tandis que la détermination des prix des produits passe par la dépense du revenu. Il ne convient pas de mettre sur le même plan ces deux déterminations, dont l'une se passe à la production, l'autre sur le marché des produits. Autrement dit, l'une, la production, est la cause de l'apparition du produit et donc du revenu, l'autre, l'échange, qui permet l'appropriation du produit par la dépense du revenu, est une conséquence de la production, et, certaines hypothèses sans fondement réel mises à part, il est impossible que des circonstances quelconques puissent les faire changer de place. Quand on suppose plusieurs facteurs de production, même si l'un des facteurs est un bien produit, il est indispensable de distinguer son prix, en tant que produit, dont la détermination, dans une économie salariale, est guidée par son coût, et son taux de rémunération, en tant que facteur, dont la détermination dépend de sa part dans la production.

(ii) Le raisonnement walrasien n'est pas fondé sur la production, il est fondé sur l'économie d'échange, qui a pour objectif de déterminer le partage du produit entre les facteurs. On peut donc supposer que, lorsque la quantité d'un facteur augmente, sa part relative dans la production diminue. Ce résultat découle de ce que, dans le système walrasien, la production est étudiée comme un échange généralisé. (Cf. Benetti, 1974, P. 74). Or, la production n'est pas un échange, ni simple ni généralisé.

(iii) En voulant déterminer la part de chaque facteur dans la production par les rapports relatifs entre les facteurs, on suppose qu'on peut employer sur une quantité donnée de capital n'importe quelle quantité de travail. Or, nous avons vu que cette hypothèse n'est pas acceptable car elle ne représente pas la réalité économique. Chaque technique de production impose une relation entre la quantité de capital et le nombre de travailleurs à employer. L'analyse néoclassique ne tient pas compte de cette exigence qui concerne la réalité de nos économies. En outre, rappelons que, comme nous l'avons vu, les rapports relatifs ne déterminent pas la part de chaque facteur dans la production.

(iv) L'écueil du système de Walras, en ce qui concerne la détermination du niveau de l'emploi et de sa rémunération, est d'avoir conçu l'économie de production salariale comme une économie d'échange. Pour établir des rapports d'échange, il est indispensable d'avoir une unité de mesure commune. Aristote dit : « L'échange ne peut avoir lieu sans l'égalité, ni l'égalité sans la commensurabilité ». Le numéraire chez Walras lui permet d'établir des relations d'échange relatives entre les biens dans le respect de cette exigence d'Aristote. Le rapport d'échange relatif est la représentation de l'économie d'échange où les producteurs directs se mettent d'accord sur les quantités échangées et sur les prix des produits. A ce niveau sont déterminés les prix ou les valeurs relatives des produits représentant le revenu des producteurs directs et les quantités échangées. Walras applique le même raisonnement à l'économie de production salariale. Il dit qu'en dernière analyse les services producteurs s'échangent contre les services producteurs (*Eléments*, P.194-195). Pour justifier cette affirmation, il faut non seulement trouver une unité de mesure commune au travail, au capital et aux biens, mais aussi et surtout déterminer la part de chaque facteur dans la production. Or, ces deux déterminations ne s'établissent pas au même niveau, l'une dépend de l'échange, l'autre de la production. Pour voir si le système de Walras permet de résoudre ces problèmes, il convient de savoir si les deux affirmations suivantes permettent d'analyser le système de production salariale comme un système de production directe.

1° Dans une économie de production salariale, il faut qu'une quantité de travail se trouve face à une quantité de capital, pour qu'on puisse établir la part de chaque facteur dans la production.

2° Dans une économie de production salariale, lorsque l'on cherche à établir une relation entre une quantité de travail et une quantité de capital, on cherche à établir une combinaison de production qui détermine le niveau de la production et donc le niveau de l'emploi pour la production résultant de cette combinaison.

On pourrait penser que la première affirmation découle de celle de Walras pour qui, en dernière analyse, les services producteurs s'échangent contre les services producteurs. L'acceptation de cette affirmation signifierait que les prix relatifs entre les facteurs déterminent la part relative de chaque facteur. Ainsi, si dix unités de travail se trouvent face à dix unités de capital, le rapport d'échange est d'une unité de travail pour une unité de capital. Autrement dit, si on associe une unité de travail à une unité de capital, chaque facteur obtient la moitié de la production. Or, ce rapport d'échange entre les services producteurs n'a aucune signification économique puisqu'il n'existe pas d'unité de mesure commune entre les facteurs ; il s'agit là d'une confusion entre la détermination des prix relatifs et celle de la part de chaque facteur dans la production. En effet, c'est un rapport d'échange entre deux « biens » (deux facteurs) et, par définition, ce n'est pas ce rapport qui détermine la part de chaque facteur dans la production. On ne peut pas prendre le numéraire pour établir ce rapport entre les facteurs car le numéraire intervient au niveau des échanges entre les produits et non au niveau de la production entre les facteurs qui sont les causes de la production, ce qui signifie qu'il faut connaître la part produite par chaque facteur pour établir le rapport entre les facteurs. Walras était conscient de ce problème et, s'il avait accepté cette solution, il aurait pu déterminer la part de chaque facteur à la production, mais il voulait déterminer cette part grâce aux échanges des produits. Or, si l'échange des produits permet de déterminer des valeurs relatives entre les produits, il ne permet pas de détermine la part de chaque facteur dans la production ; ce n'est pas parce qu'on établit des rapports relatifs entre les facteurs qu'on détermine la part de chaque facteur dans la production. Et, pour pouvoir affirmer que les services producteurs s'échangent contre les services producteurs, il est indispensable d'établir la part du produit de chaque service producteur dans la production. Or, le système dont l'analyse est fondée sur l'échange ne permet pas de déterminer la part de chaque facteur.

Quant à la deuxième affirmation, sous réserve qu'on puisse combiner n'importe quelle quantité de travail avec une quantité donnée de capital, elle nous donne le niveau de la production mais elle non plus ne détermine pas la part de chaque facteur dans la production. (Cf. chapitre consacré à la répartition).

Si la part de chaque facteur dans la production n'est pas déterminée, sa rémunération ne peut pas l'être non plus et, par conséquent, la demande de travail n'est pas fonction de son taux de rémunération, pas plus que le niveau de l'emploi ne peut être déterminé en fonction des taux de rémunération.

(v) Enfin, même si tous ces problèmes sont censés être résolus, il n'est pas certain que l'équilibre du système signifie l'équilibre de plein-emploi car l'équilibre walrasien est réalisé dans le cadre de la concurrence pure. Dans ce cas, l'équilibre du système est obtenu lorsqu'il y a égalité entre coût moyen et coût marginal. Mais cette condition (l'égalité réalisée) ne suffit pas pour que tous les travailleurs trouvent un emploi.

Afin d'écarter un certain nombre de critiques, on dit que Walras étudie une situation idéale qui, par définition, ne représente pas la réalité économique, ce que lui-même revendique quand il écrit : « Cet état d'équilibre de la production est, comme l'état d'équilibre de l'échange, un état idéal et non réel ».(*Eléments*, 1976 P.194). Cela est son droit, même si certaines de ses hypothèses et certaines déterminations dans son système, comme nous l'avons vu, ne conviennent pas à l'étude de l'économie de production salariale. En revanche, comment peut-on prétendre partir d'une analyse qui n'a pas de fondements réels pour expliquer la réalité économique. Par exemple, et pour le sujet qui nous intéresse ici, il n'est pas admissible de trouver dans une grande partie de l'analyse dominante une explication du chômage fondée sur l'équilibre walrasien qui n'explique que le chômage volontaire, dû, selon ces auteurs, au taux de salaire. Pour eux, cette sorte de chômage existe car les demandeurs d'emploi n'acceptent pas de travailler pour le taux de salaire établi à l'équilibre. Or, nous avons démontré que, même si l'équilibre est obtenu, il n'est pas certain qu'il signifie le plein-emploi. Nous avons vu aussi que ni les travailleurs ni les entrepreneurs ne peuvent se référer au taux de salaire puisqu'il n'est pas connu avant l'équilibre et cela, même si l'on suppose que le taux de rémunération peut être déterminé, ce qui n'est pas le cas puisque la part de chaque facteur dans la production ne peut pas être déterminée par des relations d'échange. Nous avons vu, en effet, que, dans ce système, le taux de rémunération des facteurs est confondu avec le prix des facteurs en tant que biens. Nous pouvons donc en conclure que, si le taux de salaire n'est pas connu à la production, rien ne permet de rendre le niveau des salaires responsable du chômage, comme le font les Néoclassiques.

6.5. L'analyse fondée sur la détermination des prix relatifs ne convient pas à l'étude de l'économie de production ni à celle de l'emploi.

Le principal objectif de Walras se trouve résumé dans ce passage : « L'*économie politique pure* est essentiellement la théorie de la détermination des prix sous un régime hypothétique de libre concurrence absolue. L'ensemble de toutes les choses, matérielles ou immatérielles, qui sont susceptibles d'avoir un prix parce qu'elles sont *rares*, c'est-à-dire à la fois *utiles et limitées en quantité*, forme la *richesse sociale*. C'est pourquoi l'économie politique pure est aussi la *théorie de la richesse sociale* ». (*Eléments*, 1976, P. XI, souligné par l'auteur). La théorie de la détermination des prix, par définition, étudie les rapports des quantités et donc des prix relatifs dans une économie d'échange. Or, la production ne résulte pas des échanges, elle les précède, et la rémunération des facteurs n'est pas un achat, mais une formation de revenu dans une économie salariale ; c'est la dépense du revenu formé à la production qui permet d'établir les prix des produits. Mais les prix des produits ne peuvent pas établir la part de chaque facteur dans la production. Dans sa partie consacrée à la production, Walras ne peut pas soutenir que la rémunération des travailleurs résulte de la concurrence car, dans son analyse, il prétend que les produits se partagent selon un rapport relatif entre les facteurs. Il ne convient donc pas de parler de concurrence lorsqu'il s'agit de rapports relatifs. La théorie des prix, par définition, permet d'étudier les relations d'échange des richesses qui sont présentes sur le marché, elle n'est donc pas appropriée à l'étude de la production, qui permet d'expliquer la réalisation de la richesse ou l'enrichissement de la société. La détermination des prix établit des rapports d'échange entre les produits présents sur le marché, et, par définition, elle ne tient pas compte de la situation de l'emploi.

Nous savons que dans une économie salariale les prix des produits sont guidés par leur coût, tandis que la rémunération des facteurs ne peut pas être guidée par le coût, le partage des produits entre les facteurs n'est possible qu'une fois qu'on est parvenu à déterminer les lois qui établissent ce partage. Or, Walras inverse cette logique qu'impose la réalité, et cela pour satisfaire les exigences de son système. C'est cette inversion qui l'empêche d'étudier la réalité de l'économie de production salariale. Ainsi l'exigence de construire un système idéal peut être vue de deux façons : un système simplifié qui permet de mieux pénétrer la réalité économique, ou un système qui ne tient pas compte de la réalité économique. Walras a choisi le second, il dit que son système d'équilibre est « un état idéal et non réel ». Il subordonne l'analyse de la production à celle des prix qui, par définition, étudie les relations d'échange. Or, fonder l'analyse de la production sur l'étude des prix est une hérésie. Ce ne sont pas les prix qui déterminent la production. Les prix peuvent avoir une influence dans la réalisation de la production des périodes à venir dans le cas où ils font apparaître des pertes et profits, mais l'analyse de Walras suppose le profit nul à l'équilibre, et, de ce fait, même cet indicateur disparaît à ce niveau.

Il semblerait que le refus d'analyser la production par l'étude des prix ait incité certains économistes à déterminer les taux de rémunération en se fondant sur la part de chaque facteur selon sa productivité marginale. Mais le taux de rémunération déterminé de cette façon varie selon la quantité du facteur variable employé (ce résultat peut-être considéré comme sous-jacent dans le système de Walras, qui établit une relation relative entre les facteurs). Ainsi, le problème est de savoir quel est le taux de rémunération compatible avec l'équilibre et le plein-emploi. Le système fondé sur la concurrence pure impose aux entreprises de fixer le niveau de leur production au point d'intersection des courbes de coût moyen et de coût marginal. C'est ce point, en effet, qui satisfait l'une des principales exigences de l'équilibre général fondé sur la concurrence pure car, à ce niveau de production, le profit est nul.

Or, dans ce cas, la détermination du taux de rémunération de la main-d'œuvre, qui est censée déterminer le niveau de l'emploi ou du plein-emploi, n'est pas fondée sur l'offre et la demande du travail considéré comme un bien ; ce taux est déterminé par une relation technique. En outre, nous avons démontré que cette dernière proposition est fondée sur une fonction de production qui ne peut pas prétendre expliquer toute la réalité de l'économie salariale car, d'une part, elle n'est applicable que dans la phase où les rendements sont décroissants, d'autre part, pour une technologie donnée, il n'est pas vrai que l'on puisse faire varier la quantité de travail sur une quantité donnée de capital pour obtenir l'équilibre, et si on ne peut pas faire varier le nombre des travailleurs sur une quantité donnée de capital, on ne peut pas établir non plus le taux de rémunération des facteurs. Prenons un exemple simple. Un entrepreneur de transport routier, s'il respecte la réglementation qui est de huit heures de travail par jour pour chaque travailleur, emploie trois personnes pour faire rouler son camion 24 heures sur 24. Cette relation étant fixe, elle ne permet pas de faire varier le nombre d'emplois ; or une variation est nécessaire, dans ce système, pour pouvoir déterminer les taux de rémunération des facteurs, mais l'entrepreneur ne peut pas employer plus d'un conducteur à la fois sur chaque camion. Chaque fois qu'un conducteur conduit un camion, une production est réalisée grâce à l'association d'un travailleur et d'un capital (le camion). En effet, si les trois conducteurs employés sur un camion ont les mêmes qualifications, leurs productions sont équivalentes. Le camionneur n'a pas intérêt à employer plus de conducteurs sur le même camion ; et s'il diminue le nombre de conducteurs, il voit sa production baisser proportionnellement. Dans ce cas, l'analyse marginaliste et celle de Walras ne permettent pas de déterminer la répartition de la production de l'entreprise entre salaires et intérêt. Autrement dit, pour une technologie donnée, ce qui représente la grande majorité des cas, ces deux analyses se trouvent dans l'impossibilité de déterminer les taux de rémunération des facteurs ; de plus étant donné que la technologie établit un rapport fixe entre la quantité de capital fixe et le nombre d'emplois, le niveau de l'emploi dépend du niveau des investissements et non d'un nombre quelconque de travailleurs sur une quantité fixe de capital.

7. CONCLUSION

L'analyse néoclassique est fondée sur des hypothèses. Il est vrai qu'un système peut être délimité par des hypothèses, qu'il s'agisse de l'économie d'échange ou de l'économie de production salariale, mais il est indispensable de savoir si les hypothèses posées dans le cadre d'un système conviennent à l'étude d'un autre système. Par exemple, une analyse, celle des Néoclassiques, fondée sur l'économie d'échange permet-elle d'expliquer le fonctionnement de l'économie salariale, et en particulier d'étudier le problème de l'emploi, qui concerne la production, puisque, dans cette analyse, le travail est considéré comme la (ou l'une des) cause(s) de la production ? Ainsi, c'est le choix des hypothèses, dans le cadre d'un système, qui rend une analyse compatible ou non avec la réalité économique qu'elle se propose d'étudier. Essayons de donner quelques exemples d'hypothèses qui fondent le système néoclassique en ce qui concerne la partie consacrée à l'emploi. Les Néoclassiques assimilent le travail à un bien. Cette hypothèse n'est pas seulement une fiction, elle constitue aussi une erreur qui est à l'origine de l'échec de l'analyse néoclassique de l'emploi. Cette confusion entre bien et facteur de production oblige les auteurs de cette Ecole de pensée à analyser le travail comme un bien pour déterminer son « prix », sa quantité offerte et demandée. Nous pouvons résumer en trois points les limites qui découlent de cette assimilation.

1° Le travail ne peut être ni considéré ni étudié comme un bien, car le bien résulte de la production, tandis que le travail est la (ou l'une des) cause(s) de la production. Ainsi, la rémunération du travail n'est pas un achat, mais une formation de revenu ; en effet, dans une économie salariale, avant la production il n'y a, par définition, ni produit ni revenu contre lequel le travail s'échange. Le système dans lequel le travail s'achète est le système esclavagiste, car le travail y est considéré comme un « capital » par le propriétaire.

2° Pour déterminer le « prix » du travail ou son taux de rémunération et le niveau de l'emploi, il faut, selon les auteurs, soit imaginer des courbes d'offre et de demande de travail, soit établir des rapports relatifs.

Pour les auteurs néoclassiques, la détermination de la courbe de l'offre de travail ne pose pas de problème puisqu'elle est imaginaire. Elle représente la désutilité du travail, notion subjective qui n'a aucun fondement économique. Précisons que, dans l'analyse néoclassique, la courbe d'offre d'un bien représente son coût marginal. Si le facteur de production est un produit (capital), sa courbe d'offre est représentée par son coût marginal. Dans ce cas, il n'apparaît pas en tant que facteur mais en tant que produit.

Quant à la détermination de la courbe de la demande de travail, les Néoclassiques pensent la fonder sur un raisonnement objectif. Dans leur système, elle est représentée par la courbe de la productivité marginale, lieu géométrique qui est censé déterminer la rémunération du facteur variable (le travail). On suppose ainsi que la répartition est définie dans la phase des rendements décroissants, ce qui oblige les auteurs à prendre une fonction de production homogène de degré un ; de ce fait, on écarte une partie importante de la réalité économique qui concerne les rendements croissants, car, dans la phase des rendements croissants, il est impossible d'appliquer la loi de la productivité marginale pour rémunérer les facteurs de production. Nous avons vu que, pour obtenir la courbe de la demande, il faut accepter l'hypothèse selon laquelle on peut employer sur une quantité de capital n'importe quelle quantité d'un facteur variable. Or cette hypothèse ne représente pas la réalité économique, puisque, dans la plupart des cas, la technologie impose un rapport fixe entre les facteurs de production (cf. 6.5. exemple du camionneur). Comment peut-on accepter une théorie qui prétend être générale et comporte autant d'exceptions qui écartent une grande partie de la réalité économique ? Mais qui plus est, cette détermination, par l'intersection des courbes d'offre et de demande, d'une part, ne signifie pas forcément le plein-emploi, d'autre part, fait apparaître une confusion entre le prix du facteur en tant que bien et son taux de rémunération en tant que facteur de production. Or, le prix d'un bien (facteur) ne signifie pas son taux de rémunération, qui doit représenter la part du facteur dans la production. Enfin, dans le chapitre consacré à la détermination de la rémunération des facteurs (3.4.1.), nous avons vu que les courbes de l'offre et de la demande des facteurs telles qu'elles sont établies par les Néoclassiques n'existent pas.

On le voit, le raisonnement walrasien n'ouvre pas de nouvelles perspectives. En effet, si le travail est considéré comme un bien et si l'on se place dans un système d'économie d'échange, on détermine le taux de salaire comme un prix relatif et on ne peut donc pas le déterminer en termes de productivité du travail. Mais la détermination du taux de salaire comme prix relatif pose problème aussi, puisque le travail, dans ce système, est considéré comme l'une des causes de la production et que, de ce fait, il ne peut pas s'échanger contre les produits pour que s'établisse son prix relatif, car ce n'est pas le travail mais le produit du travail qu'on échange ; dans ce cas, il faut déterminer avant les échanges la part du produit réalisé par le travail dans la production et c'est là tout le problème dans ce système. Or, d'une part, les rapports relatifs ne permettent pas de déterminer la part de chaque facteur dans la production, d'autre part, ils ne sont d'aucune utilité pour déterminer la demande d'un facteur, car la question que l'on doit se poser est la suivante : demande d'un facteur par rapport à quoi ? L'analyse walrasienne ne répond pas à cette question.

3° Le niveau des salaires n'est pas la cause du chômage, et cela pour plusieurs raisons. Donnons-en deux parmi d'autres : 1° la courbe de l'offre de travail est une courbe qui n'a pas de signification économique ; 2° la détermination de la courbe de la demande résultant de la productivité marginale du facteur variable (travail) est fondée sur une hypothèse non réelle. En effet, il n'est pas certain qu'on puisse employer n'importe quelle quantité de travail sur une quantité fixe de capital pour une technologie donnée.

On suppose que le système est en concurrence pure et parfaite et cette hypothèse oblige à affirmer qu'à l'équilibre le profit est nul. Or, le profit est non seulement l'une des sources du financement des investissements, mais aussi le principal indicateur qui permet de savoir quels sont les secteurs où il faut développer des investissements ; le profit est en fait le principal indicateur de l'évolution économique. Exiger que le profit soit nul à l'équilibre, c'est condamner l'évolution économique car, par cette exigence, on supprime son élément de référence et l'une de ses sources de financement. Mais, dans une analyse qui a pour but d'étudier le problème de l'emploi, dont l'accroissement engendre l'évolution, il est indispensable de savoir où il faut employer la main-d'œuvre. Or, si le profit n'est pas nul, c'est la réalisation de l'équilibre qui est mise en cause dans ce système. Toutes ces limites découlent du fait que l'on se place dans le cadre d'une économie d'échange pour étudier le fonctionnement d'une économie salariale.

Dans le système marginaliste, étant donné que la détermination des taux de rémunération ne peut être établie que dans la phase des rendements décroissants et étant donné qu'il faut supposer un facteur constant et l'autre variable, de ce fait, la production n'augmente pas proportionnellement à l'accroissement de la main-d'œuvre, ce qui signifie que la rémunération, ou le pouvoir d'achat du travail, diminue. Or, nous constatons que, depuis l'industrialisation, le pouvoir d'achat des travailleurs a augmenté. C'est cette évolution que ne peut pas expliquer l'analyse marginaliste si elle se place dans le cadre de son équilibre.

Une autre pierre d'achoppement de l'analyse marginaliste de l'emploi réside dans l'hypothèse selon laquelle, sur une quantité fixe de capital, on peut employer des travailleurs jusqu'à l'obtention de l'équilibre de plein-emploi. Cette hypothèse est une fiction, et cette fiction étant détachée de la réalité, elle engendre une autre fiction : le chômage volontaire dont la cause serait à rechercher dans le refus des travailleurs d'accepter un travail pour un taux de salaire imposé par une relation déterministe. Ce sont ces hypothèses qui permettent de prétendre que le chômage est dû à un taux de salaire élevé. En outre, nous avons vu que tous les points de la courbe de demande ne sont pas compatibles avec l'équilibre du système, mais, même si l'on accepte le raisonnement marginaliste, force est de constater que l'équilibre concurrentiel est déterminé par l'intersection des courbes de coût marginal et de coût moyen, donc en un point, et dans ce cas, le chômage ne peut pas être considéré comme volontaire. Enfin, l'équilibre des échanges peut être réalisé sans qu'il signifie le plein-emploi. Cela découle d'une autre fiction, qui est de prétendre analyser l'économie de production salariale comme une économie d'échange pur, dans laquelle le travail est considéré comme un bien.

A propos de fiction, rappelons ces mots de Spinoza : « En ce qui les concerne, (les fictions) il faut surtout tenir compte de ceci : moins l'esprit comprend, tout en percevant davantage, plus grande est sa capacité de former des fictions ; mais plus il comprend, plus cette capacité diminue ».

[...]

« Car après avoir supposé fictivement quelque chose et lui avoir donné son assentiment, elle ne peut le penser ou le supposer d'une autre manière, et elle se trouve même contrainte, par cette fiction, de penser les autres choses de façon telle qu'il n'y ait pas de contradiction avec la première fiction ». (Spinoza ; 1996. P.38 et 40).

Il semblerait qu'une grande partie des confusions portant sur la détermination du taux de salaire ou son indétermination, provienne du fait que l'on veuille appliquer les relations qui sont établies dans une économie d'échange à une économie salariale. Il est vrai que, dans une économie d'échange, les prix sont relatifs, et que si l'offre d'un produit augmente proportionnellement plus vite que l'offre des autres produits, son prix relatif baisse. Mais il n'est pas possible d'appliquer ce raisonnement au travail puisque, d'une part, le travail n'est pas un bien, d'autre part, il est la (ou l'une des) cause(s) de la production.

L'analyse néoclassique de l'emploi se trouve dans une impasse pour une raison simple : elle ne voit que le chômage volontaire ; pour elle, le chômage involontaire n'existe pas, car le travail est assimilé à un bien et, dans ce système, l'offre et la demande déterminent à la fois les quantités échangées et le prix du bien. C'est ainsi qu'apparaît la confusion entre le prix du facteur en tant que bien et son taux de rémunération en tant que facteur. Etant donné que l'analyse néoclassique ne convient pas à une économie de production salariale, les propositions avancées dans le cadre de cette analyse ne peuvent engendrer de véritable effet positif. De plus, étant donné que cette analyse représente le courant de pensée dominant, à la fois dans la recherche, l'enseignement et, par voie de conséquence, parmi les dirigeants, on comprend qu'il ne puisse y avoir, dans ces conditions, de véritable solution au problème de l'emploi.

Pour résoudre le problème du chômage, il faut effectuer un retour à la source de l'analyse économique et en corriger les imperfections par les apports de l'Ecole keynésienne et de celle du circuit économique. C'est à la lumière de ces nouveaux apports que l'analyse économique sera capable de déterminer les véritables causes du chômage et, de ce fait même, d'avancer des propositions qui permettront d'endiguer ce fléau de la société qu'est le chômage.

CHAPITRE IV

CROISSANCE ENDOGENE ET ECOLE NEO-CLASSIQUE

INTODUCTION

On situe généralement l'étude formalisée de la croissance économique dans les années 1947-1948, qui correspondent respectivement aux écrits de Domar et de Harrod. Les modèles de ces auteurs ont été surtout critiqués par Solow qui, grâce à ses travaux, pense ouvrir de nouvelles perspectives fondées sur une fonction de production de degré un avec rendements marginaux décroissants mais il ne parvient pas à intégrer (rendre endogène) le progrès technique dans son modèle. Sans doute faut-il voir là l'une des raisons de la mise en sommeil de l'étude de la croissance économique pendant plusieurs décennies.

Et ce n'est que dans les années 80 que les travaux de Romer (1986) et de Lucas (1988), redonneront un nouvel élan à l'étude de la croissance économique en se donnant pour but d'intégrer le progrès technique dans les modèles de croissance.

L'objet de ce travail n'est pas d'exposer de façon exhaustive les théories de la croissance mais d'étudier les modèles de la croissance économique dans leur cohérence interne, notamment les modèles de croissance endogène, et de les confronter avec les exigences des hypothèses qui fondent l'analyse des courants de pensée constituant le cadre de ces modèles.

1. THEORIE DE LA CROISSANCE DE SOLOW.

Le point de départ de la théorie de la croissance économique d Solow est le constat des limites du modèle de croissance de Harrod e Domar. Dans cette section, nous nous référons, en grande partie, au démonstrations de Solow développées dans « *Théorie de la croissanc économique* » (1972). Cette étude nous permettra, d'une part d'évoquer les principales raisons qui ont amené Solow à marquer le limites des théories de la croissance de Harrod et Domar, d'autre part d'étudier les apports de Solow, mais aussi de marquer les limites de se propositions tant en les confrontant à la réalité qu'en examinant l cohérence interne de son analyse.

1.1. Critique des modèles de croissance de Harrod et Domar par Solow.

Solow reproche à leurs modèles, d'une part, de s'appuyer su l'hypothèse des coefficients fixes[1], d'autre part, de supposer l'existenc d'une condition qui permet d'engendrer une croissance régulière, celle ci n'étant obtenue que si $s = vn$; s, v et n représentant respectivement la propension à épargner, le coefficient du capital (K/Q), et le taux d croissance de la population active (L°/L)[2] ; $s = S/Q = I/Q = K°/Q = n$ d'où $K° = nK$, soit $K°/K = n = L°/L$: cette dernière relation représen la condition supposée par Harrod-Domar.

(Q, K, et L sont respectivement : la production, le capital et l travail).

[1] Supposons que, pour obtenir une unité de produit, il soit nécessaire d'utiliser u quantité (v) de bien-capital et un certain nombre d'heures de travail (u). Dans le cadre d'une fonction de production à coefficients fixes, nous pouvons écrir $K = vQ$ et $L = uQ$. (v et u étant des constantes positives). Le rapport v/u nous don la proportion selon laquelle le travail et le capital doivent être combinés dans production.

[2] Un point au-dessus d'une variable désigne la dérivée par rapport au temps K° dK/dt.

Si s > vn, cela implique que K°/K > L°/L, or la technologie est telle que K/L est constant, il en découle donc une formation d'épargne qui ne peut être utilisée.

« Dans tous les cas, l'existence d'un état régulier, état de fonctionnement dans lequel le taux d'épargne, le coefficient de capital et le taux de croissance de la force de travail sont constants, dépend de la condition de compatibilité s = vn. Alors, et alors seulement, le flux additionnel de capital sera égal à l'accroissement annuel de la force de travail, à coefficient du capital constant ». Et plus loin il ajoute : « Cela pose un problème. Si s, v et n sont des constantes indépendantes, alors il n'y a aucune raison pour que s = vn, sauf par le plus pur des hasards ». (Solow, 1972 ; PP. 22-23).

Comme nous l'avons vu, la principale cause de cette limite, la non-réalisation d'une croissance régulière, réside dans le fait que s, n et v sont des constantes données. Pour rendre plus probable cette réalisation, il suffit que l'un de ces éléments ne soit pas une constante donnée. Il est évident que si plusieurs de ces éléments n'étaient plus constants, la réalisation serait encore plus facile[3].

Pour certains auteurs, il est difficile d'agir sur le taux de croissance de la population (n), car ce taux dépend des facteurs sociologiques et du niveau de développement économique de la nation considérée, tandis que pour d'autres auteurs, si s était inférieur à vn, des mesures prises en faveur de la diminution de la durée du temps de travail permettraient de retrouver plus facilement une croissance équilibrée. Le coefficient du capital étant constant, ces mesures pourraient être assez aisément estimées.

Mais, dans ce cas, la réalisation de la croissance régulière dépendrait de décisions politiques qui interviendraient pour faire varier la durée du temps de travail ; or ces décisions pourraient être envisagées dans une économie fermée, mais dans une économie ouverte leur réalisation se révélerait problématique.

---

[3] Nous nous poserons, une fois encore, la question de savoir si l'hypothèse des coefficients variables peut être acceptée économiquement, ou si elle découle de la généralisation au capital des résultats obtenus sur la terre. Un autre problème est celui du taux d'épargne constant. Cette hypothèse ne tient pas compte du rôle du taux d'intérêt qui permet d'ajuster l'offre à la demande.

1.2. Croissance et coefficient du capital variable.

Les Néoclassiques, et en particulier Solow, proposent de rendre le coefficient du capital variable. Ils supposent un stock de biens capitaux homogènes, épargnés sur les produits des années passées, des rendements d'échelle constants et une fonction de production homogène de degré un : Q = F (K, L).

Cela signifie que, si l'économie emploie deux fois plus de capital et de travail, la production sera multipliée par deux :

F (2K, 2L) = 2F (K, L).

La quantité de capital étant donnée (elle résulte des périodes précédentes), le produit annuel de l'économie dépend du volume de l'emploi. Dans un premier temps, l'augmentation du nombre de travailleurs employés sur la quantité fixe de capital se traduit par un accroissement plus que proportionnel de la production et par un produit marginal physique du travail croissant (phase des rendements croissants) ; ensuite, à partir d'une certaine limite, l'accroissement du nombre de travailleurs, sur la même quantité de capital, engendre une augmentation moins que proportionnelle de la production et un produit marginal du travail décroissant (phase des rendements décroissants).

Remarquons que cette exigence est non seulement nécessaire à la réalisation de la croissance régulière, mais indispensable, dans le cadre de la théorie néoclassique, à l'explication de la rémunération des facteurs selon leur productivité marginale, l'une des principales conditions de la réalisation de l'équilibre.

Un autre problème est de savoir si l'hypothèse des coefficients variables est compatible avec la réalité économique. Peut-on employer sur une même quantité de capital donné autant de travailleurs qu'il est nécessaire pour réaliser le plein-emploi ? La démonstration mathématique de ce problème est connue. Mais il ne suffit pas que les mathématiques aient raison pour que la réalité économique lui obéisse (nous avons évoqué ce problème dans le chapitre consacré à l'emploi). Plus judicieusement, Harrod et Domar étaient parvenus à une relation qui découlait de l'observation de la réalité économique. Leur modèle de croissance établissait une relation entre la quantité de capital existant et le niveau de l'emploi (coefficient constant). Cette relation signifie que le sous-emploi est dû à l'insuffisance des investissements. Pour réaliser le plein-emploi, il faut effectuer des investissements additionnels. Solow écarte cette relation qu'il considère comme restrictive. Il introduit des coefficients variables chers et indispensables à l'analyse néoclassique. Cette nouvelle relation, du fait qu'elle permet d'employer sur une quantité de capital fixe n'importe quelle quantité de travail, écarte les obstacles à la réalisation du plein-emploi. Or, il ne suffit pas de supposer qu'un problème est résolu pour qu'il le soit, encore faut-il vérifier que cette proposition est compatible avec la réalité économique. Prenons un exemple. Un transporteur qui dispose de trois camions emploie neuf conducteurs dont chacun travaille huit heures par jour. Le nombre journalier d'heures de travail étant de vingt-quatre heures, la quantité de travail employée par ce transporteur ne peut dépasser cette limite, étant entendu que la détermination « scientifique » des rémunérations des facteurs (fondée sur leur productivité marginale) ne doit pas être réalisée dans un cas d'exception mais dans le cas général (l'exception étant le cas de la terre : la rente). Les trois premiers conducteurs, sur chaque camion, ont une rentabilité identique tandis que le quatrième aura une rentabilité nulle. Par conséquent, la règle de la rémunération des facteurs de production selon leur productivité marginale ne s'applique pas ici. En outre, cet exemple montre bien les limites de l'hypothèse des coefficients variables et, de ce fait, met en cause l'une des principales hypothèses sur lesquelles est échafaudée la théorie de la croissance de Solow.

Le modèle avec coefficient de capital variable permet d'obtenir plus facilement un état régulier de croissance. Mais dans ce modèle, comme dans celui où le coefficient est constant, une fois cet état obtenu, le rapport de l'emploi au capital reste constant. Autrement dit, le stock de capital croît au même taux que l'offre de travail.

Or nous constatons que, d'une part, l'intensité capitalistique (capital par travailleur) augmente régulièrement dans les pays industrialisés, d'autre part, le progrès technique peut être considéré comme un élément qui augmente la production globale, les quantités de capital et de travail restant inchangées. Dans ce dernier cas, nous ne nous trouvons plus dans le cadre des rendements décroissants. En effet, le progrès technique engendre des rendements croissants et ce modèle n'en tient pas compte.

1.3. Modèle de croissance avec capital « générations » et limites de ce modèle.

Solow, conscient du problème posé par le progrès technique, avance des propositions susceptibles de faire face à cette insuffisance du modèle, en soulignant au préalable :

« De deux ensembles mixtes de biens de capital, l'un plus récent et l'autre ancien, ou l'un utilisant plus de travail et l'autre moins, comment allons-nous savoir s'ils représentent un même volume de capital, ou si l'un des deux a un volume plus grand ? Si tous les biens de capital ne sont pas semblables, on n'a peut-être pas le droit de parler de stock de capital » (Solow, 1972, P.63).

Ici Solow pose le problème de l'hétérogénéité du capital au cours de différentes périodes, pour introduire le progrès technique. Or, nous pensons que le même problème peut se poser à l'intérieur de la même période. Essayons néanmoins de voir comment l'auteur résout le problème qu'il a lui-même soulevé.

Il suppose qu'il y a autant de biens de capital que de périodes. Il appelle ces différents types de biens de capital : « générations », et repère chaque génération par la date de sa production :

« Une unité de biens de capital d'une génération donnée fournira une certaine capacité de production et exigera un volume constant d'emploi ; et ces caractéristiques ne varieront pas durant la vie des biens de capital. Le progrès technique suivra régulièrement son cours puisque les biens de capital les plus récents, c'est-à-dire la capacité de production de la dernière génération, seront toujours plus efficients selon ma définition - que la capacité d'une génération antérieure formée de biens de capital plus anciens ». (Ib., P. 63)[4].

Le problème est de savoir si ces propositions sont compatibles avec les hypothèses de l'analyse néoclassique et avec les exigences de l'économie de marché. En effet, si le nouveau capital est plus efficient que les anciens, ceux-ci devront disparaître du fait de la concurrence

[4] Voir aussi R. Solow, J. Tobin, C.C. von Weizâcker et M. E. Yaari, « Neoclassic growth with Fixed Factor Proportions », review of Economic Studies, XXXIII, avr 1966.

pure. Avec les capitaux les plus efficients on produirait seulement, selon l'hypothèse de Solow, les capitaux de la dernière période[5].

Pour faire face à cette situation, l'auteur propose que le salaire réel soit fixé au niveau du produit par tête d'unité la plus ancienne en service[6]. (Solow, 1972, P.68). Il fait ainsi apparaître une quasi-rente positive pour les capitaux les plus efficients et il justifie cette proposition hardie en établissant une analogie entre le capital marginal et la terre marginale chez Ricardo. Mais l'hétérogénéité des capitaux ainsi proposée est-elle compatible avec l'analyse marginaliste de la répartition ?

1.4. Analogie entre capital marginal et terre marginale.

Essayons de voir si cette analogie entre le capital marginal et la terre marginale est justifiée. (Cf. E. Sadigh, 1992, sur les limites d'une première analogie établie par Samuelson, 1983, T2). Pour ce faire, il faut vérifier si les fondements de l'analyse néoclassique sont compatibles avec ceux de l'analyse ricardienne, d'une part, et si les propositions de Solow sont compatibles avec les fondements de l'analyse néoclassique, d'autre part.

Les Néoclassiques établissent une analogie entre la rente ricardienne et la répartition selon la productivité marginale des facteurs de production (Samuelson, 1983). Ils observent que la productivité du facteur variable connaît successivement une phase croissante puis une phase décroissante : ils appellent loi des rendements décroissants cette relation entre la variation du produit et la variation du facteur de production variable.

Or Solow établit une autre analogie. Il suppose que les capitaux sont homogènes à l'intérieur de chaque période donnée, mais de moins en moins productifs à mesure que l'on remonte dans le temps. Les capitaux de la période (t) sont plus productifs que les capitaux de (t_{-1})

---

[5] Remarquons que l'amortissement des capitaux des périodes passées engendre un nouveau problème : celui de l'hétérogénéité des capitaux à l'intérieur des différentes périodes.

[6] Solow suppose ainsi que le même bien est produit dans la même période avec des techniques de production différentes dont l'efficience diminue au fur et à mesure que l'on remonte dans le temps

et moins productifs que ceux qui seront employés en (t_{+1}). En ce sens il établit une analogie avec les terres, qui deviennent de moins en moin fertiles au fur et à mesure qu'augmentent les surfaces mises en culture Solow remonte dans le temps, tandis que Ricardo avance dans le temps Cette remarque est importante car chez Ricardo les terres de moins e moins fertiles sont mises en culture grâce à la demande de produit agricoles. Autrement dit, si la demande ne le permet pas, les terres le moins fertiles ne seront pas mises en culture ; il n'en est pas de mêm dans l'analyse de Solow, pour qui ce n'est pas la demande qui exige l mise en marche des machines les moins productives.

Essayons de donner une synthèse de l'analyse de Ricardo pour l comparer à celle de Solow.

Les Classiques supposent des terres de fertilités différentes, le terres les plus fertiles étant mises en culture les premières.

Nous avons vu dans le chapitre consacré à la répartition que, pou David Ricardo, la rente est un effet de prix en ce sens que, sur la terr non marginale, le prix des produits agricoles sur le marché est plu élevé que le coût de production. Ricardo précise en outre que le pri courant varie en fonction de l'offre et de la demande (1970, P.89 Aussi la raison de l'apparition et de l'augmentation de la rente est-el l'accroissement de la demande de produits agricoles. En effe l'augmentation de cette demande est la cause de la mise en culture d terres de moins en moins fertiles. Moyennant l'emploi d'un même trava et d'un même capital, sur des terres de fertilités différentes, le produ net est nul pour la terre marginale alors qu'il est positif pour les autr terres. On peut dire aussi que la production d'une même quantité d produits agricoles exige davantage de travail et de capital sur la ter marginale que sur les autres terres. Etant donné que, dans le système d Ricardo, le prix des produits se fixe (du fait de la demande) au nive du coût de production établi sur la terre marginale, une différen positive apparaît entre le prix du marché des produits agricoles et coût de production des produits des terres non marginales, ce q constitue la rente différentielle.

Peut-on étendre ce résultat obtenu dans le secteur de l'agriculture l'appliquer à l'industrie manufacturière ?

Ricardo distingue le secteur de la manufacture de celui l'agriculture : « C'est ainsi que du drap qu'on peut donner à 40s. l'au en prélevant les profits ordinaires sur le capital, pourrait hausser jusqu'à 60 ou 80s., en raison des exigences de la mode, ou par suite de quelque autre cause, qui tout à coup, et sans qu'on s'y attendît, en augmenterait la demande ou en diminuerait l'approvisionnement. Les fabricants de draps feront, pendant quelque temps, des profits extraordinaires ; mais les capitaux afflueront vers ce genre de fabrique jusqu'à ce que l'offre soit au niveau de la demande, et alors le prix du drap baissera de nouveau à 40s, qui est son prix naturel et absolu. » (Ricardo, 1970, P.89-90).

L'analyse de Ricardo permet de dire que l'augmentation de la demande, et donc de l'effet de prix, dans une industrie manufacturière (dans un secteur particulier) entraîne une augmentation des profits dans ce secteur, faisant ainsi apparaître un surprofit, dont il résulte un accroissement des investissements permettant d'augmenter la production et amenant l'offre au niveau de la demande, la conséquence en étant le rétablissement du niveau du profit au niveau d'un taux de profit uniforme dans le système. Ainsi pour Ricardo l'augmentation de la demande peut avoir comme effet l'augmentation du taux de profit pour certaines industries. D'une façon générale, le profit gravite autour du profit moyen, (certains pensent que c'est le taux établi sur le marché monétaire), de même que les capitaux engagés sur la terre obtiennent une rémunération égale au taux de profit moyen en vigueur dans le système. Pour Ricardo, le taux de profit dans le système est en rapport avec le taux de profit établi dans l'agriculture. (Ricardo, 1970, ch.VI, *Des profits*). Dans l'analyse de D. Ricardo, le profit ne constitue pas un élément du coût de production, il résulte de la différence entre prix et coût de production. Ainsi l'intérêt du capital est-il payé par le profit réalisé sur le marché des produits. Il convient de remarquer qu'à la différence de l'analyse néoclassique, l'analyse ricardienne est compatible avec l'apparition de la rente et du profit résultant d'un effet de prix qui engendre un revenu de transfert. Autrement dit, dans le système ricardien, l'existence du profit n'affecte en rien le fonctionnement harmonieux de l'économie, au contraire, on peut même dire qu'il est souhaité.

Nous avons vu aussi que, du fait de l'accroissement de la demande de produits agricoles, le prix de ces produits dépasse le coût de production sur les terres non marginales. Or le système ricardien n'admet pas qu'il y ait plusieurs taux de profit sur les capitaux engagés dans ce secteur, aussi Ricardo a-t-il été amené à expliquer la rente différentielle non seulement en supposant des terres de fertilités différentes, mais en définissant la rente en tant que différence entre le surprofit et le profit moyen réalisé sur la terre marginale.

L'analyse ricardienne suppose que, dans le secteur de l'industrie, le surprofit est dû à l'effet de la demande, comme dans le secteur agricole. Or, dans le raisonnement de Solow, tous les secteurs réalisent une quasi-rente, non pas du fait de la demande, mais du fait de l'existence de capitaux anciens, qui sont moins efficients que les capitaux plus récents. Dans l'analyse ricardienne, lorsque, dans un secteur, la valeur de l'offre s'établit au niveau de celle de la demande, le surprofit disparaît, ce qui n'est pas le cas dans l'analyse de Solow où, du fait de l'existence des différents capitaux des différentes périodes, la quasi-rente non seulement ne disparaît pas, mais a tendance à augmenter. Ne pourrait-on pas en conclure que, pour augmenter la quasi-rente, il faut garder les capitaux les plus anciens ?

Dans le secteur de l'industrie, la concurrence pure, hypothèse néoclassique, s'oppose à l'apparition du profit et des taux d'intérêt différents, et donc à la quasi-rente.

Enfin, l'hypothèse fondamentale de l'analyse marginaliste, qui fonde la rémunération des facteurs de production selon leur productivité marginale dans le respect de la concurrence, n'est pas respectée par Solow. De ce fait, la réalisation de l'équilibre devient problématique. En outre, les rémunérations des facteurs deviendraient encore plus arbitraires si l'évolution du capital et du travail dans les nouvelles techniques de production ne respectaient pas les proportions établies pour les plus anciennes.

1.5. Quelques limites aux modèles de croissance néoclassiques.

On peut reprocher à ces modèles de s'intéresser davantage aux conditions permettant la réalisation d'une croissance équilibrée qu'aux moteurs de la croissance économique. L'obtention d'une croissance équilibrée est rendue plus facile par la supposition d'une possibilité de substitution des facteurs, mais une fois ce sentier de croissance atteint, pour le maintenir, les facteurs travail et capital doivent évoluer dans les proportions déterminées.

1° Dans ces modèles, soit le profit est nul à l'équilibre (le taux de rentabilité est identique pour l'ensemble des entreprises), auquel cas il n'est pas possible de savoir quels sont les entreprises ou les secteurs où il faut réaliser des investissements, ce qui est fâcheux dans un système dont le but est d'expliquer l'évolution économique, soit, du fait de l'introduction des différents biens de capital « générations » (Solow, 1972 ch.3), on fait apparaître la quasi-rente et c'est alors la réalisation de l'équilibre qui pose problème. Dans ce cas, la rémunération des facteurs selon leur productivité marginale dans le respect de la concurrence n'est plus appliquée, ce qui signifie l'abandon de l'une des exigences fondamentales de la théorie néoclassique. En effet, soit l'équilibre est réalisé, et dans ce cas la concurrence écarte les entreprises les moins performantes, soit la concurrence ne joue pas son rôle et alors l'équilibre n'est pas réalisé, même si l'on ne tient pas compte des techniques de production de la dernière génération. En outre, la quasi-rente ne peut pas être considérée comme l'indicateur d'évolution des entreprises ou des secteurs car elle ne résulte pas des préférences des consommateurs, mais de l'hypothèse du capital « générations ».

2° Quant au progrès technique, soit il est absent de ces modèles et, de ce fait, c'est l'un des éléments importants de l'évolution économique depuis l'industrialisation de la production et le développement du salariat qui se trouve être négligé, soit il est exogène aux modèles. Comment peut-on être assuré que le progrès technique dû aux biens de capital « générations » n'engendre pas de rendements croissants pour les nouveaux capitaux, ce qui signifierait que la rémunération selon la productivité marginale des facteurs ne peut plus être appliquée ?

3° Dans ces modèles, l'élément important de la croissance économique est l'accumulation du capital. Mais du fait de l'hypothèse de la rémunération des facteurs selon leur productivité marginale, l'augmentation du capital engendre la baisse du taux de sa rémunération, qui tend vers zéro, ce qui annule l'accumulation. Ainsi la décroissance de la productivité marginale des facteurs devient-elle une cause de la limite de la croissance dans ces modèles.

Or, dans ces modèles, l'hypothèse de l'existence d'une fonction de production de degré un à rendements d'échelle constants, qui engendre une productivité marginale des facteurs décroissante, est une nécessité. En effet, dans le cadre de cette fonction de production, c'est l'hypothèse de la substitution (coefficient variable) des facteurs qui permet d'expliquer la rémunération des facteurs.

4° Dans le modèle de capital « générationss », si le facteur variable est le capital, selon Solow, l'emploi de nouvelles générations de capital augmente la quasi-rente. Mais, selon la théorie néoclassique, l'augmentation du facteur variable diminue sa rémunération. Comment peut-on concilier ces deux résultats opposés ? Comme nous l'avons vu, Solow propose que le salaire réel soit fixé au niveau du produit par tête d'unité la plus ancienne en service. Mais en même temps cette proposition écarte l'une des principales exigences de ce système, qui établit la rémunération des services producteurs selon leur productivité marginale.

2. THEORIE DE LA CROISSANCE ENDOGENE ET PROBLEMES POSES PAR LES RENDEMENTS CROISSANTS.

L'objet de cette section est, d'une part, de déterminer les éléments qui permettent d'établir les conditions de la réalisation d'une croissance avec progrès technique endogène, d'autre part, de voir si la théorie de la croissance endogène respecte les hypothèses fondamentales du système néoclassique qui constituent le cadre de l'analyse des auteurs de cette Ecole de pensée, à savoir : les hypothèses de la concurrence pure et de la rémunération des facteurs selon leur productivité marginale. Ces hypothèses sont nécessaires à la réalisation de l'équilibre de l'ensemble du système. Dans cette étude, nous nous sommes intéressés particulièrement au modèle de Romer qui, conscient des problèmes engendrés par les rendements croissants, place son analyse dans le cadre d'un équilibre de concurrence monopolistique. (Romer, 1990, P. s71). Ce cadre d'étude permet-il de satisfaire les exigences de fond de l'analyse néoclassique indispensables à la réalisation de l'équilibre dans l'ensemble du système ?

2.1. Origines des rendements croissants.

Les rendements croissants ne constituent pas un problème récent. Adam Smith est l'un des premiers à s'y être intéressé. Dans le Livre I de *« la Richesse des Nations »,* il étudie les causes de l'accroissement des capacités productives du travail. Il établit que l'accumulation du capital est l'une des causes de la division du travail et aussi l'une des causes essentielles de l'accroissement de ses capacités productives, comme le montre l'exemple de la fabrique d'épingles. Cette division du travail augmente la dextérité des travailleurs et l'utilisation des machines permet des gains de temps. Autrement dit, dans une période donnée, le même nombre de travailleurs (employés dans l'industrie par rapport à ceux qui réalisent le même objet de façon artisanale) réalise une production plus importante. Cette augmentation de la productivité est due à la fois à l'amélioration de l'habileté des travailleurs et au perfectionnement des machines ; ou, plus exactement, c'est le perfectionnement des travailleurs (éducation, formation et expérience) qui est la principale cause des inventions et innovations à la fois de la technologie et de l'organisation du travail dans le secteur industrialisé.

« Cette grande augmentation dans la quantité d'ouvrages qu'un même nombre de bras est en état de fournir, en conséquence de la division du travail, est due à trois circonstances différentes : - premièrement, à un accroissement d'habileté... ; - deuxièmement, à l'épargne du temps... ; - troisièmement enfin, à l'invention d'un grand nombre de machines qui facilitent et abrègent le travail... ». (Smith, 1776, P.42).

Ces perfectionnements permettent de réaliser des économies d'échelles ou des rendements croissants. Selon Kaldor : « C'est à Allyn Young que revient le mérite d'avoir examiné les principales implications du théorème d'Adam Smith sur le mode opératoire des forces économiques dans son fameux article « *Rendements croissants et progrès économique* » de 1928[7] ». (Kaldor, 1987, P.96).

Smith pense que le progrès technique est continu et qu'il évolue avec l'éducation, la formation et l'expérience, tandis que Schumpeter insiste aussi sur les avancées par bonds. Pour le premier, chaque

[7] Economic Journal, déc., 1928

nouvel investissement est susceptible d'engendrer un progrès techni
qui devient une cause de croissance continue. Pour le second,
avancées par sauts constituent l'un des principaux éléments
l'évolution économique mais aussi de l'apparition et de la disparit
des monopoles. Il est vrai que les entreprises innovatrices peuv
constituer des monopoles, ce qui leur permet de réaliser des prof
Pour Schumpeter, le profit est l'un des éléments importants
l'évolution économique. Il s'agit donc de savoir si le cadre des analy
de Smith et de Schumpeter est compatible avec celui de l'analyse
Néoclassiques. En effet, les théoriciens de la croissance endog
pensent pouvoir établir une analogie entre leurs analyses et celles
Smith et de Schumpeter. Remarquons simplement que les fondem
des analyses de Smith (Classique) et de celles des Néoclassiques
sont pas les mêmes, en particulier en ce qui concerne la détermina
des rémunérations. En outre, pour les Classiques, la valeur s'étab
la production et les prix s'établissent sur le marché des produits, ta
que pour les Néoclassiques le prix exprime en même temps la vale
prix et valeur sont confondus et apparaissent sur le marché
produits. Cette distinction des fondements des deux analyses
importante pour l'explication du profit.

L'objectif des théoriciens de la croissance endogène est doub
premièrement, tenir compte du progrès technique en l'intégrant
leur modèle ; deuxièmement, trouver un moyen qui emp
l'annulation de la productivité marginale d'un facteur accumul
indispensable à l'évolution durable de la production. Ainsi, ils doi
concilier, d'une part, l'hypothèse selon laquelle au fur et à mesure
la quantité du facteur variable (capital) augmente, sa product
diminue (hypothèse nécessaire pour pouvoir déterminer la rémunéra
des facteurs), d'autre part, l'hypothèse selon laquelle l'emplo
nouveaux capitaux augmente plus que proportionnellement
production (du fait du progrès technique), ce qui empêche la dimin
et donc l'annulation de leur productivité marginale.

2.2. Problèmes posés par l'introduction du progrès technique.

L'introduction du progrès technique pose d'autres problèmes, du ait que ce progrès engendre des rendements croissants. Les rendements roissants ne sont pas compatibles avec la règle des rémunérations des acteurs de production selon leur productivité marginale. En appliquant ette règle, les entreprises devraient payer l'ensemble des facteurs lavantage que ce que leur rapporte la production, ce qui n'est pas ossible. La concurrence pure ne peut pas s'appliquer puisque, soit les noyens de production les plus récents sont plus productifs que les nciens, soit les entreprises innovatrices se trouvent dans une situation e monopole qui leur procure une rente due à cette situation. Arrow 1962) démontre l'incompatibilité du cadre concurrentiel avec 'existence du progrès technique. Or, si le progrès technique pose roblème, dans le cadre concurrentiel, la réalisation de l'équilibre éoclassique devient douteuse. Les théoriciens de la croissance ndogène, conscients de ces problèmes, proposent un cadre d'analyse n termes d'équilibre de la concurrence monopolistique.

Il s'agit de savoir comment les théoriciens de la croissance endogène xpliquent la croissance dans ce cadre et parviennent à résoudre le roblème des rémunérations et celui de la réalisation de l'équilibre énéral. Leur cadre d'analyse permet-il de satisfaire les exigences de ond de l'analyse néoclassique dans laquelle ils se placent ?

Pour répondre à ces questions nous allons reprendre les analyses de omer (1990), la traduction de Romer par Bac (1991), ainsi que par B. mable et D. Guellec (1992) et P. Artus (1993).

Pour Romer, la croissance économique a sa source dans la division ociale du travail. Il précise que celle-ci dépend du nombre croissant inputs. L'augmentation de la spécialisation des inputs résulte d'une tivité spécifique rémunérée : la recherche et le développement. Ainsi, évolution technologique est le moteur de la croissance. La technologie ermet d'augmenter le nombre d'inputs qui accroissent la division du avail.

2.3. Description du modèle de Romer.

Dans son modèle de 1990, Romer suppose que l'économie possède trois secteurs : la recherche, les biens intermédiaires et les biens finals. « Le secteur de la recherche utilise le capital humain et le stock de connaissances existant pour produire de nouvelles connaissances ». (Romer, 1990, P.s79). Ce secteur « *produit* » des projets (designs) pour la production de nouveaux biens durables. « Le secteur de biens intermédiaires met en œuvre les projets développés dans le secteur de la recherche, et de l'output épargné, pour produire les biens d'équipement utilisables comme inputs dans la production de biens finals. (...). Le secteur des biens finals utilise du travail, du capital humain et l'ensemble des biens d'équipement disponibles ». (Romer, 1991, P.9). Même si Romer ne le précise pas, il est à remarquer que les secteurs de la recherche et des biens intermédiaires ne peuvent pas se passer de biens capitaux.

Il existe quatre inputs de production, le capital, le travail non qualifié L (mesuré en nombre de personnes), le capital humain[8] H (qui est un effet de l'éducation et de l'expérience) et la technologie A[9]. Le niveau de la technologie peut croître, tandis que le niveau du capital

---

[8] Le terme « capital humain » pose problème. Le capital est un produit qui peut être acheté, tandis que le travail ne peut être ni produit ni acheté, il est rémunéré. La rémunération du travail n'est pas un achat mais une formation de revenu. En outre le « capital humain » signifie le travail spécialisé, il doit donc être représenté comme un multiple du travail non qualifié. Dans ce cas, l'amélioration du « capital humain » ne signifie-t-elle pas l'augmentation de la quantité de travail simple? Si cette distinction entre travail simple et travail complexe n'est pas établie et si l'on parle de capital humain, le problème sera de savoir comment on distingue les différentes formations et quel est leur effet sur la productivité.

[9] Si l'on suppose quatre facteurs de production, on doit expliquer la règle de la rémunération de chaque facteur.

Le modèle de la croissance endogène pose problème ; soit la technologie est incorporée dans tout le capital et, de ce fait, la distinction entre capital et technologie n'apparaît plus, soit elle est incorporée dans une partie du capital et, dans ce cas, les capitaux ne sont plus homogènes, soit elle implique une nouvelle organisation de la production. Dans ce dernier cas, il faut savoir si elle est la même pour l'ensemble des entreprises et des secteurs. Si elle engendre des rendements croissants, comment expliquer les rémunérations des facteurs selon leur productivité marginale? Si elle n'est pas identique pour l'ensemble des entreprises et des secteurs, peut-on établir l'équilibre général du système?

humain est fixe. Cela est dû, d'une part, au fait que le capital humain est représenté dans la personne physique, d'autre part, au fait qu'on considère une population fixe[10]. Pour mesurer A, Romer suppose que la technologie peut être présentée de façon linéaire par le nombre de projets (designs) proposés pour de nouveaux biens. Ainsi la valeur de A change-t-elle au fur et à mesure que de nouveaux procédés sont inventés.

« L'introduction de facteurs comme le « capital humain » ou la « connaissance » peut permettre de contourner le problème qui se pose dans un modèle avec une fonction de production de type Solow car leur accumulation ne dépend pas du produit, où se situent les rendements marginaux décroissants. Le progrès technique est alors permis par l'accumulation de connaissances, variable dont le niveau par tête peut croître sans limite, à la différence du capital physique ». (Amable et Guellec, 1992, P.325-326). Plus loin ils ajoutent : « Le capital humain a donc la double caractéristique d'être de l'information, du savoir (comme la technologie), et d'être appropriable par des individus (comme le capital physique) puisqu'il leur est incorporé ». (Ib. P.347-348).

Dans ce modèle, la croissance ne dépend pas du facteur accumulable dont l'augmentation engendre des rendements décroissants. Elle dépend de l'accumulation des connaissances dont le niveau par tête peut augmenter sans limite. Cela signifie-t-il que la connaissance est productive ?

Peut-on parler du « capital humain » (appropriable comme le capital physique) et dire que son accumulation n'engendre pas des rendements marginaux décroissants ? La connaissance acquise (due à l'éducation et à la formation) constitue une partie de la production de la période. De deux choses l'une, soit l'on accepte la notion de « capital humain » et l'on doit admettre les conséquences de cette acceptation[11], soit, comme

---

[10] On ne peut pas dire que le niveau du capital humain est fixe du fait qu'on considère la population comme fixe. D'après l'auteur, le capital humain signifie l'amélioration de connaissances et de compétences, qui ne peuvent donc pas être fixes.

[11] Amable et Guellec, en présentant le modèle simple de Rebelo [1990] avec une fonction de production : Y = AK, disent : « Le travail est assimilé à du capital humain, il est donc accumulable et il s'agrège au capital physique pour former le

nous l'avons dit, le travail ne peut pas être assimilé au capital, et dans ce cas le problème se pose en termes de travail simple et de travail complexe. Dans les deux cas, la quantité de travail employé mesuré en travail simple augmente. Quand on parle du capital, qu'il soit « humain »(!) ou physique, il faut le rémunérer. Dans le système néoclassique, cette rémunération doit obéir à la loi des rendements décroissants. Or c'est l'un des points sur lesquels l'analyse de la croissance endogène achoppe.

Les auteurs supposent que H, le capital humain, est divisé en deux parties :

H1 représente le capital humain qui est consacré à la production du bien final (consommé ou investi), (Romer, 1990, P.s79),

H2 représente le capital humain qui est utilisé dans la production de nouvelles connaissances, c'est-à-dire dans l'amélioration de la technologie. H = H1 + H2, H est fixe.

Le capital matériel n'est pas un bien homogène[12], mais un ensemble d'inputs différents représenté par :

---

concept élargi de capital, K, présenté dans le modèle ». ([1992]. P.324). On le voit, le « capital humain » est tantôt accumulable, tantôt non accumulable, selon les besoins des auteurs. Ici on voit la confusion totale entre le capital et le travail qui, étant considéré comme « capital humain », devient accumulable. Or, comment mesure-t-on le « capital humain », comment peut-on expliquer son amortissement? Cela ne pose pas de problème à ces auteurs puisqu'ils supposent qu'il n'y a pas de dépréciation du capital. (Cf. Ib. P.324). Or, dans un système où le capital est considéré comme un facteur de production et où la source de la formation du capital est l'épargne, pour pouvoir rémunérer le capital existant, d'une période à l'autre, il faut assurer son amortissement et, pour cela, il faut connaître la valeur du capital.

[12] Si l'on considère que le capital n'est pas homogène, on voit apparaître deux problèmes :

1° Comment peut-on réaliser l'addition des différents capitaux? Romer propose une mesure comptable (Cf. Romer, 1991, P.12). Mais la mesure comptable passe par la connaissance du prix du capital. Si X(i) est considéré commme une consommation intermédiaire, il est produit et consommé (consommation productive) dans la période. Dans ce cas, son prix ne peut être connu avant les échanges. S'il vient de la période passée, sa valeur dépend du taux d'intérêt de la période et ce taux d'intérêt ne peut être connu qu'une fois les prix fixés sur le marché. En outre, un prix donné n'est pas compatible avec la réalisation de l'équilibre général et avec l'économie en évolution.

$$K = \int_0^A X(i)\partial_i$$

où X(i) représente la quantité d'inputs i utilisés dans la production.

Le capital augmente grâce à l'accroissement du nombre des inputs, c'est-à-dire avec l'augmentation de A, qui représente la technologie.

« Pour produire une quantité d'un facteur de production quelconque (indicé par i), il faut η capital. Ceci implique qu'à la date t, le capital doit être égal :

$K = \int_0^A X(i)\partial_i$ ». (Artus, 1993, P.200).

A l'équilibre, on obtient :

$$K°/K = A°/A.$$

Ainsi, la croissance du capital et celle du progrès technique se réalisent au même rythme. Le progrès technique résulte d'une production d'inputs de plus en plus spécialisés, c'est aussi l'élément qui augmente la division sociale du travail.

On peut penser que la division du travail découle de l'hypothèse selon laquelle chaque nouvel input permet de réaliser un nouveau produit ou un nouveau bien intermédiaire. (Cf. Romer, 1990, P. S79).

On le voit, le capital augmente, même si c'est au même rythme que la technologie.

Si l'on cherche à obtenir l'équilibre, on doit chercher à savoir comment les rémunérations des facteurs sont déterminées[13]. En disant que le progrès technique résulte d'une production d'inputs de plus en

---

2° Si les capitaux ne sont pas homogènes, la rentabilité identique de l'ensemble du système ne sera pas assurée. (Les remarques sur les limites du capital « génération » de Solow peuvent être reprises ici). Mais pour écarter cette difficulté, les auteurs supposent que tous « les biens intermédiaires sont produits dans les mêmes conditions, ils ne diffèrent donc pas véritablement entre eux » (Cf. Amable et Guellec, 1992, P.337). Or, comment peut-on accepter que tous les biens intermédiaires de tous les secteurs soient identiques?

[13] Si capital et progrès technique augmentent au même rythme, cela pose problème dans un système où l'on suppose la croissance endogène. Dans ce cas, la détermination des rémunérations de ces deux inputs pose un double probléme car : 1° ces inputs évoluent dans les mêmes proportions ; 2° les rendements sont croissants.

plus spécialisés, on doit se poser la question de savoir si cela est compatible avec les conditions qui permettent la réalisation de l'équilibre. En effet, dans ce cas, les technologies précédentes sont moins efficientes que celles de la dernière période. Comment les intégrer dans le modèle ? Les propositions de Romer apportent-elles des solutions ou ont-elles pour but d'esquiver ces problèmes ?

Le bien final est produit grâce au capital humain (H1), au travail (L) et au capital matériel (K) :

$$Y(H1, L, X_i) = H_1^{\alpha} L^{\beta} \int_0^A X(i)^{1-\alpha-\beta} \partial_i$$ (B. Amable et D. Guellec, 1992, P.337)

Cette fonction de production est à rendements constants.

« Cependant, une augmentation du nombre des inputs utilisés dans la production, c'est-à-dire une augmentation de A, augmente la production de bien final. Les inputs X(i) constitutifs du capital ne sont pas consommés dans la production mais seulement utilisés (leurs services sont consommés) ». (Ib. P.337).

L'un des objectifs des théoriciens de la croissance endogène est d'empêcher l'annulation de la productivité marginale du facteur accumulable. Mais étant donné que la fonction de production du secteur des produits finals est toujours à rendements constants, il s'ensuit que l'existence d'un facteur accumulable engendre la baisse de sa productivité, ce qui empêcherait d'atteindre l'un des objectifs fixés. S'il n'existe pas de facteur accumulable, quelle est la règle qui établit la rémunération des facteurs ? Ne met-on pas ainsi en cause la théorie de la rémunération des facteurs selon leur productivité marginale ?

Il est intéressant de voir comment Romer résout ce problème et de savoir si sa proposition peut être considérée comme une véritable solution ou comme un sophisme permettant d'éluder le problème.

Selon l'auteur, les inputs sont des capitaux, puisque ce sont leurs services qui sont consommés, mais ils ne sont pas considérés comme capital. C'est une hypothèse lourde qui permet à l'auteur de se passer de l'accumulation et de ne pas tenir compte des rendements décroissants du fait de l'augmentation de ce facteur, ce qui lui permet également de ne pas avoir à expliquer l'amortissement du capital. Mais parallèlement apparaît un autre problème : si l'on ne détermine pas 'accumulation, comment peut-on expliquer que les rendements narginaux sont décroissants, et dans ce cas, comment explique-t-on la émunération de ce facteur de production ? Dans un système en volution, on ne peut pas appliquer les taux de rémunérations établis lans les périodes antérieures.

« Une fois qu'une firme a conçu les plans d'un bien i, elle peut btenir un brevet de durée infinie. Si la firme produit x(i) unités de ce ien, elle les loue aux entreprises du secteur final à un loyer p(i). Comme la firme i est le seul vendeur du bien de capital i, elle fera face une demande de pente décroissante pour celle-ci ». (Romer, 1991, .11). Nous verrons que si X(i) est un input (capital) et que son prix (i) est donné, cette dernière hypothèse n'est pas compatible avec la ituation du secteur final qui est celle de la concurrence. Les entreprises u secteur de biens finals se trouvant dans le secteur concurrentiel ne euvent pas adresser leur demande au secteur de biens de capital puisqu'ils ne la connaissent pas) avant d'avoir écoulé leur produit. Dans le système de la concurrence et de l'équilibre néoclassique, les uantités ne sont connues qu'au moment de l'échange. Louer un roduit signifie que son paiement s'étale dans le temps, est-ce pour ette raison que l'on écarte le problème de l'amortissement ? Dans ce as, ne peut-on pas considérer ce capital comme un produit ntermédiaire qui entre dans la consommation productive, et qu'on ne émunère pas selon sa productivité marginale ? Mais le problème est de avoir si, dans le cadre de l'analyse néoclassique, on peut considérer un élément comme facteur de production et l'écarter en tant que facteur ont la rémunération doit être fondée sur la productivité marginale. En utre, si le prix d'un facteur est donné, il va sans dire qu'il n'est pas éterminé selon la loi qui fonde l'analyse néoclassique, loi des endements marginaux décroissants. Ce raisonnement ne serait valable ue si l'on supposait un seul facteur de production, le travail ; cette ypothèse n'est donc pas compatible avec l'analyse néoclassique, qui uppose plusieurs facteurs de production.

Si chaque nouveau projet permet de réaliser un nouveau bien, (c'est, emble-t-il, une application de la concurrence monopolistique de type hamberlinien qui suppose la juxtaposition des firmes produisant des biens substituts proches)[14], nous nous trouvons devant deux cas de figure :

1° les nouveaux projets chassent les anciens. Dans ce cas, pour réaliser l'équilibre de plein-emploi, les nouveaux projets doivent pouvoir employer la main-d'œuvre libérée par les anciens projets. Mais il semble que l'auteur ne retienne pas cette éventualité et si cette hypothèse n'est pas retenue, l'amélioration de la productivité des facteurs qui participent à la production des produits existants ne peut pas être expliquée, puisque les nouveaux projets ne les concernent pas ; il évident que l'amélioration est un problème de comparaison.

2° Si les nouveaux projets s'ajoutent aux anciens, un problème se pose : est celui de la main-d'œuvre qui doit réaliser ces nouveaux projets. Or, étant donné que, dans les périodes précédentes, l'équilibre de plein-emploi était réalisé, et étant donné que H1 + H2 et L sont des données fixes (hypothèse des auteurs), on ne voit pas comment les projets nouveaux pourraient être réalisés.

« Les nouveaux biens intermédiaires sont produits d'une part avec un plan (un « design ») acheté au secteur de la recherche et d'autre part par η unités de biens intermédiaires. Ce secteur est donc à rendements croissants en raison du coût fixe que représente l'achat de brevets au secteur de la recherche nécessaire pour produire une quantité quelconque d'un nouveau bien intermédiaire.

$C(X) = P_A + \eta rX$. »[15] (Amable et Guellec, 1992., P.337)

---

[14] « Chamberlin a fondé sa théorie de la « concurrence monopolistique » sur une donnée empirique solide : il y a très peu de monopoleurs parce qu'il existe très peu de biens pour lesquels il n'y a pas de substituts étroits ; de même très peu de biens sont totalement homogènes d'un producteur à l'autre. On est au contraire en présence d'une large gamme de biens, dont certains ont relativement peu de substituts et dont certains ont de nombreux substituts qui sont bons, sans être parfaits ». (J.-P. Gould et C. E. Ferguson, Théorie Microéconomique. Ed Economica, 1991, traduit par J. M. Laporte et J.M. Six).
Ces remarques de Chamberlin sont à interpréter de deux façons : 1° Elles écartent la possibilité de la détermination des rémunérations des facteurs de production selon leur productivité marginale, rémunérations, qui ne sont obtenues que si les conditions de la concurrence pure de l'équilibre général sont réalisées. 2° Chamberlin, par la constatation de « données empiriques solides » conteste la possibilité de l'application des hypothèses qui fondent l'équilibre général.

La « découverte » de ces théoriciens revient à fonder l'apparition des rendements croissants sur l'existence d'un coût fixe. Cette affirmation signifie qu'une entreprise qui loue un bâtiment et qui augmente sa production dans ce même bâtiment réalise des rendements croissants ; quelle belle découverte !.

Les auteurs de la croissance endogène avaient pour ambition d'expliquer la croissance avec progrès technique telle qu'elle était étudiée par Smith, Schumpeter, Solow, etc.. Or, ils sont parvenus à un résultat où la croissance endogène se résume à l'existence d'un projet dont le prix est donné (coût fixe) du fait, pensent-ils, que l'augmentation de la production engendre une baisse du coût unitaire. Ce projet ne peut pas être considéré comme un capital puisque son augmentation engendre des rendements décroissants. Mais pour augmenter la production avec le même projet, ne faut-il pas augmenter les facteurs de production ?

Néanmoins poursuivons leur raisonnement. Avec les plans achetés au secteur de la recherche, les entreprises de biens intermédiaires produisent des biens intermédiaires. Chaque bien intermédiaire i est produit par une entreprise. (Romer, 1991, P.11). De ce fait, on écarte la concurrence entre les entreprises qui produisent ces biens.

Les rendements croissants ne résultent pas de l'augmentation de la productivité mais de l'hypothèse du coût fixe[16]. Du fait de cette

---

[15] « Une grande partie de la littérature en pointe en la matière utilise la notion de « nouveau produit » comme métaphore universelle pour l'innovation. La réduction des coûts elle-même est souvent supposée intervenir *via* l'invention de nouveaux biens intermédiaires. Le développement des nouveaux produits est un trait assurément marquant du paysage technologique, mais il est permis de se demander si c'est là la seule manière de voir les choses, ou même la meilleure. N'importe quelle représentation imagée peut créer un biais dans le fil des raisonnements qui en découlent ». (Solow, 1995, P.6).

[16] « Le troisième argument - certainement le plus fondamental - est que les données disponibles pour travailler à partir des matières de base sont intrinsèquement différentes de tout autre type de bien économique. Une fois le coût d'une technique nouvelle amorti, la technique développée peut être utilisée à volonté sans coût additionnel. Développer de nouvelles techniques et les utiliser revient à intégrer un coût fixe dans le procès de production ; cette propriété est caractéristique de la technologie ». (Romer, 1990, P.s72).

hypothèse et de l'existence de monopoles, supposée par l'auteur, les entreprises de ce secteur réalisent un surprofit. Le prix fixe du projet peut être utilisé pour n'importe quelle quantité de bien et il se fixe pour toujours au moment de l'achat ; cela revient à dire que si l'on a un capital dont le prix est donné, plus ce capital est utilisé (cela est permis car dans cette analyse les auteurs supposent que les coefficients sont variables), moins son coût unitaire est élevé. Dans ce cas aussi, on fait baisser le coût sans que la productivité augmente, d'autant plus qu'on ne tient pas compte de l'amortissement.

Distinguons deux situations.

1° La nouvelle technologie achetée est incorporée dans le capital ; dans ce cas, le raisonnement est le même que pour l'investissement additionnel.

2° La nouvelle technologie implique une nouvelle combinaison de production ; pour l'acheter, il faut que l'entreprise qui l'achète ait réalisé un profit dans les périodes passées, hypothèse qui n'est pas compatible avec l'équilibre du système, car en effet, avant d'avoir la nouvelle technique, l'entreprise se trouvait dans une situation de concurrence où le profit est nul ; autre possibilité qui lui est donnée : il faut qu'elle emprunte pour financer l'achat. Mais elle doit alors, d'une part, payer des intérêts comme pour tout investissement, et l'analyse néoclassique exige que ce paiement soit fondé sur la productivité marginale des facteurs, qui dans ce cas, n'apparaît pas, d'autre part, rembourser l'emprunt et, pour cela, elle doit réaliser un profit. Or, le profit n'est réalisé que dans une situation de déséquilibre, c'est-à-dire au détriment d'autres entreprises et, par conséquent, c'est l'hypothèse de la croissance du système dans son ensemble qui est ainsi mise en cause, car l'évolution d'une entreprise dépend de la disparition des autres. Il va sans dire que, même si l'entrepreneur finance l'achat de son projet par son propre profit (s'il investit), cela ne change rien, puisque cet entrepreneur, avant de réaliser un achat productif (un investissement), compare le taux d'intérêt que lui apporterait le placement de son profit avec les résultats de son investissement (son achat). Et si les nouveaux projets font apparaître de nouvelles combinaisons de production, c'est en tenant compte de cette nouvelle situation qu'ils doivent expliquer la répartition. Si les rendements ne sont pas décroissants, l'analyse néoclassique ne parvient pas à expliquer la répartition. L'auteur suppose que le nouveau bien s'ajoute aux biens existants, et il introduit ainsi la concurrence monopolistique. Il reste à savoir si l'introduction de la concurrence monopolistique écarte ces objections ; ce point sera étudié (3.3.) car il convient d'approfondir l'analyse de la croissance endogène telle qu'elle est proposée par ces auteurs.

Les biens intermédiaires sont produits par le secteur de biens intermédiaires qui est différent du secteur de biens finals. Ils ne peuvent être produits que par les entreprises et non par le secteur de la recherche, puisqu'on les achète au prix de P_A au secteur de la recherche. Dans ce cas, soit ils sont produits par l'entreprise qui produit le bien final et c'est cette dernière qui obtient des rendements croissants, soit ils sont produits par d'autres entreprises, et ce sont ces entreprises qui réalisent des rendements croissants. C'est la seconde proposition qui est retenue dans ce modèle de croissance endogène. Comment alors intégrer ces entreprises dans le secteur concurrentiel ? Ne pouvant pas appliquer la loi des rendements marginaux décroissants, comment détermine-t-on la rémunération des facteurs de production ?

« En fait, tous les biens intermédiaires sont produits dans les mêmes conditions, ils ne diffèrent donc pas véritablement entre eux. Ils sont tous utilisés dans les mêmes proportions et ont le même prix. On peut donc poser que $X(i) = \bar{x}$ pour tout i. La fonction de production peut alors s'écrire :

$$Y = A H_1^{\alpha} L^{\beta} \bar{x}^{1-\alpha-\beta}$$

Mais il faut bien remarquer que le terme en $\bar{x}$ n'est pas un facteur mais une constante, alors que A n'est pas une constante mais constitue le véritable moteur de la croissance endogène ». (Ib. P.337).

En supposant $\bar{x}$ (qui résulte de Xi) comme une constante, on écarte le problème posé par l'accumulation et par la rémunération du capital dont l'augmentation diminue la productivité. Ainsi, selon cette hypothèse, chaque nouveau Xi permet de produire un nouveau bien, ce qui signifie que l'augmentation de Xi ne sert pas à augmenter la quantité de biens existants (les nouveaux biens produits en t_1 sont différents et s'ajoutent à ceux produits en t_0). Par conséquent, ils ne sont pas comparables, et donc pas concurrentiels sur le marché. Du fait que les nouveaux produits s'ajoutent aux anciens, la production global augmente, et cela sans que l'augmentation de $\overline{x}$ diminue la productivit de cet input. C'est une hypothèse qui convient à cette analyse de l croissance endogène, placée dans le cadre de la concurrenc monopolistique.

En effet, même si dans ce cas on suppose l'innovation, o n'explique pas la croissance due à l'augmentation de la productivité de facteurs, puisque cette croissance est due à l'augmentation d'inputs par ailleurs, les produits des différentes périodes ne sont pa comparables, on ne peut donc pas établir l'amélioration de l productivité. On a les produits de la période passée plus les produits d la nouvelle période. De ce fait l'innovation ne signifie-t-elle pa l'apparition de nouveaux biens ?

Deux situations sont à distinguer : 1° la croissance est du seulement à l'augmentation de la quantité de biens intermédiaires, dans ce cas l'amélioration du progrès technique n'apparaît pas. Cela n signifie pas qu'il n'y a pas de rendements croissants. La croissanc endogène se limite alors à l'apparition de nouveaux inputs q permettent de créer de nouveaux produits et cela ne signifie pa l'augmentation de la productivité des facteurs. Et si c'e l'augmentation des inputs qui est la cause de l'accroissement de production, on ne voit pas quel est le véritable apport de la théorie de croissance endogène[17]. 2° La croissance est due à la fois l'augmentation de la quantité de biens intermédiaires et à l'amélioratic de la productivité grâce à l'introduction de nouveaux bie intermédiaires.

Si c'est la deuxième hypothèse qui est vraie, le secteur de bie finals réalise aussi des rendements croissants. Ainsi, même dans secteur de biens finals, on ne peut pas expliquer la rémunération d facteurs selon leur productivité marginale.

---

[17] Comme nous l'avons déjà vu, étant donné que la production des produits d périodes passées continue, l'augmentation de la production, du fait de l'appariti des nouveaux inputs permettant la production de nouveaux biens, pose le problè de savoir d'où vient la main-d'oeuvre nécessaire à la production de ces nouvea biens.

2.4. Innovation, invention, de Schumpeter à Romer.

« En raison des conditions de production, chaque producteur d'input de production possède un monopole sur la production du bien dont il a acheté le projet de fabrication. On trouve là une idée schumpeterienne, les innovations garantissent un certain degré de monopole et donc un profit supplémentaire. En raison des améliorations apportées par l'innovation et de l'exclusivité que possède l'innovateur (qui n'est pas inventeur), il peut demander un prix supérieur au coût marginal ». (Ib. P.337)

Ce passage cité appelle plusieurs remarques :

1° On ne sait pas pour quelle raison le producteur d'input de production possède un monopole ni pour quelle raison d'autres producteurs n'achètent pas le même projet, auquel cas il n'y aurait plus monopole mais concurrence. En effet, le producteur (l'inventeur) du projet innovateur a intérêt à vendre le maximum de projets. Par conséquent, la concurrence empêcherait de demander un prix supérieur au coût marginal.

Or, l'existence de monopoles découle de l'exigence du modèle où le secteur des inputs est supposé à rendements croissants et où l'application de la règle des rémunérations des services producteurs selon leur productivité marginale signifie que les entreprises devraient payer l'ensemble des facteurs plus qu'ils ne produisent. C'est l'hypothèse de l'existence de monopoles, supposée par les auteurs, qui permet de satisfaire la dernière exigence. Cette exigence est-elle compatible avec la condition de la réalisation de l'équilibre du système dans son ensemble ? (Ce point sera étudié dans la section 3.3). Remarquons simplement que, dans l'analyse néoclassique, l'hypothèse selon laquelle le prix est supérieur au coût marginal n'est pas compatible avec l'équilibre.

2° Cette affinité établie avec l'analyse de Schumpeter est hardie. Chez Schumpeter, c'est l'entreprise innovatrice et créatrice qui produit le nouveau bien, elle peut donc prétendre détenir un monopole pour son produit, au moins pendant un certain temps. Or, ce n'est pas le cas ici, puisque l'innovateur n'est pas l'inventeur, de ce fait, et dans le cas du fonctionnement normal du marché, plusieurs producteurs d'inputs de production peuvent acheter le projet de production. Autrement dit, dans le raisonnement des théoriciens de la croissance endogène, le monopole est imposé par la nécessité de leur analyse afin d'écarter le problème posé par les rendements croissants qui ne permettent pas d'expliquer les rémunérations des facteurs selon leur productivité marginale.

En outre, Schumpeter pense que le profit est l'un des éléments importants de l'évolution économique. « Sans évolution, pas de profit, sans profit, pas d'évolution » (1935, P.447). Mais ne pouvant pas le réaliser dans son circuit simple, il le fait apparaître dans son circuit d'évolution grâce au crédit qui engendre le profit inflationniste. Dans le modèle de Schumpeter, le profit de monopole apparaît dans le cadre de déséquilibre inflationniste, qui n'est pas incompatible avec son système[18]. Or tel n'est pas le cas de l'analyse marginaliste où, par définition, à l'équilibre, le profit est nul et, en dehors de l'équilibre, rien n'est défini.

2.5. Du progrès technique aux nouveaux projets, des nouveaux projets aux biens rivaux, non-rivaux et partiellement exclusifs.

Dans ce modèle, on n'explique pas la croissance par l'amélioration de la productivité du capital, c'est le nouveau projet qui devient la cause d'une nouvelle organisation de la production permettant l'apparition d'un nouvel input. Cette différence s'impose pour éviter que l'entreprise productrice de biens finals, qui par hypothèse ne produit pas de biens intermédiaires, réalise des rendements croissants. Mais cela est-il suffisant pour éviter les rendements croissants dans ce secteur ou/et dans l'ensemble du système ?

---

[18] Cela ne signifie pas que le prélèvement inflationniste d'une partie du pouvoir d'achat des services producteurs soit sans conséquence sur le fonctionnement harmonieux du système. Schumpeter accorde au système bancaire un rôle incompatible avec une analyse économique rigoureuse selon laquelle le revenu a sa source dans la production, dans la rémunération des services producteurs. Or Schumpeter veut que le système bancaire, en créant de la monnaie, crée un pouvoir d'achat. (Cf. Chapitre I (2.1.3.) où nous avons marqué les limites de l'analyse de Schumpeter dans ce domaine).

Les nouveaux biens intermédiaires sont découverts par le secteur de la recherche, c'est ainsi que leur nombre augmente. Ce secteur trouve de nouveaux biens intermédiaires et accroît le nombre de ces biens disponibles pour la production du bien final.

$$A_{t+1} - A_t = \delta H_{2,t} A_{t,} \text{ ou}$$

$$A_{t+1} = \delta H_{2,t} A_t + A_t$$

« Le secteur de la recherche permet de trouver de nouveaux biens intermédiaires. Les firmes qui s'occupent de la recherche trouvent de nouvelles idées de biens intermédiaires et augmentent le nombre de ces biens disponibles pour la production du bien final. Les chercheurs repoussent donc la « frontière » de ces biens A selon :

$A° = \delta H_2 A$ ». (Amable et Guellec, 1992, P337)

Selon ces auteurs, les biens publics peuvent être introduits dans un modèle de « price-taking » s'il existe un gouvernement qui peut lever des impôts et taxes. La recherche scientifique fondamentale est un exemple de bien public qui pourrait être fourni dans ce sens et qui est approprié pour modéliser la croissance. (Romer, 1990, P.s74). En supposant que la technologie est financée par les impôts, on l'écarte du secteur concurrentiel, puisqu'elle peut être offerte aux entreprises gratuitement. En outre, dans ce cas, les rémunérations n'obéissent pas aux critères de rendements. Et Romer ajoute : « le trait particulier de la technologie considérée comme un input est qu'elle n'est ni un bien conventionnel, ni un bien public ; elle est un bien non-rival partiellement exclusif. » (Romer, 1990, P.s71). L'hypothèse de bien non-rival partiellement exclusif permet de créer une situation de monopole qui explique la croissance du fait de l'apparition de nouveaux biens.[19]

Ce secteur de biens intermédiaires est donc à rendements dynamiques croissants.

« Plus on consacre de ressources à la recherche, plus la productivité de ce secteur s'accroît. Seule une telle hypothèse permet d'assurer une

[19] Un bien rival a la propriété de ne pouvoir être utilisé que par une seule entreprise ou personne.
Un bien non-rival est utilisé par une entreprise ou une personne et peut tout aussi bien l'être par une autre.
Un bien est exclusif si son propriétaire peut en interdire l'usage par un autre.

croissance soutenue de la technologie : A°/A ne s'annule pas quand A est grand. On trouve ici le même type de formulation que dans les modèles précédents : une croissance soutenue dans l'activité d'accumulation, assise sur les rendements d'échelle croissants, est nécessaire à une croissance soutenue du produit final ». (Amable et Guellec, P.338)

Il semble que le raisonnement qui permet de dire que la croissance soutenue de la technologie A°/A ne s'annule pas soit fondé sur le fait que, dans ce secteur, il n'y a qu'un seul facteur de production : le « capital humain ».

Romer (1991, P.13) affirme que : « en consacrant plus de capital humain à la recherche, on pourra développer davantage de biens d'équipement nouveaux ».

Or, si H2 augmente, H1 diminue, puisque H = H1 + H2. Dans ce cas, le nombre de H1 consacré à la production de biens finals diminue, en même temps que le nombre de biens finals augmente. Mais étant donné que l'on suppose que l'entreprise de biens finals a des rendements constants, quel sera l'effet de cette baisse de H1 ? Comment déterminer la situation la plus favorable, d'autant plus que les nouveaux produits s'ajoutent aux anciens ?

On pourrait penser que ce problème ne se pose pas dans ce modèle, car, du fait de l'hypothèse des coefficients variables, n'importe quelle quantité d'un facteur s'ajuste à d'autres facteurs. C'est un ajustement mathématique qui peut ne pas être compatible avec la réalité économique. (Cf. 1.2.). En outre, étant donné que les anciens projets restent en place, l'ajustement mathématique n'est pas suffisant pour résoudre le problème de l'emploi, puisque par hypothèse, le mode de production des biens existants ne change pas.

« La connaissance produite est non seulement utilisée pour accroître la productivité du secteur du bien final, mais aussi (et ceci gratuitement) pour accroître la productivité du secteur de la recherche ». (Amable et Guellec, 1991,. P.338).

« Dans ce qui suit, il s'avérera que la productivité marginale du capital humain H_Y employé dans le secteur de la production de bien final, croit proportionnellement à A ». (Romer 1991, P.13-14).

Cette affirmation : « La connaissance produite est aussi utilisée pour accroître la productivité du secteur du bien final » pose problème. L'augmentation de la productivité dans ce secteur doit être soit exogène, soit endogène. Mais ces deux possibilités sont écartées dans ce modèle, du fait de l'hypothèse de fonction de production à rendements constants pour la production du bien final. Si le nouveau bien final qui résulte d'un nouveau projet est différent des biens existants, la comparaison qui permet d'affirmer l'augmentation de la productivité pose problème. Si c'est la production du même bien qui augmente, dans ce cas, ce secteur a aussi des rendements croissants. Si, avec la même quantité de facteurs, on augmente le nombre de biens, de ce fait, la production globale augmente. Mais, dans ce cas, on ne peut plus dire que les rendements du secteur de biens finals sont constants. Dans ce modèle, la production augmente grâce à l'augmentation des biens intermédiaires.

L'analyse néoclassique de la croissance endogène est prisonnière de ses hypothèses, qui lui permettent de réaliser l'équilibre de l'ensemble du système.

En effet, quand on dit que la recherche (ou « la connaissance consacrée à la recherche ») est gratuite, on vise un double objectif, d'une part, écarter du système concurrentiel le secteur de la recherche, qui réalise des rendements croissants, d'autre part, écarter le problème posé par la rémunération des facteurs dans ce secteur. Cette supposition (« la connaissance consacrée à la recherche » est gratuite) des auteurs appelle deux remarques :

1° Elle signifie que les entreprises n'ont pas de secteur de recherche[20] puisque, en créant les conditions de la réalisation des rendements croissants, elles ne satisfont plus les conditions de la réalisation de l'équilibre. Or, dans le raisonnement de Schumpeter, ce sont les entreprises elles-mêmes qui organisent leur propre recherche, ce qui permet de justifier l'établissement d'une situation de monopole par les entreprises créatrices et/ou innovatrices. En outre, le raisonnement de Schumpeter est fondé sur le circuit de production et sur l'inflation qui engendre un déséquilibre dans ce cadre, par

[20] Hypothèse gratuite, puisque la plupart des entreprises consacrent une partie de leur budget à la recherche.

opposition à celui des Néoclassiques, qui est fondé sur l'échange et l'équilibre général.

2° Est-ce qu'on obtient les conditions de la réalisation de l'équilibre walrasien en écartant la recherche du système concurrentiel ? Ou est-ce que l'équilibre de la concurrence monopolistique permet la réalisation de l'équilibre de l'ensemble du système ?

Avant de répondre à ces questions, il serait bon d'étudier les conditions de la réalisation de l'équilibre de la croissance endogène.

3. LA CROISSANCE ENDOGENE ET LES CONDITIONS DE LA REALISATION DE L'EQUILIBRE.

Dans le modèle de Romer, la technologie est un input non-rival à usage partiellement exclusif. De ce fait, l'équilibre de la concurrence parfaite ne peut être soutenu. C'est pourquoi Romer propose d'étudier dans son modèle l'équilibre de la concurrence monopolistique. Après avoir repris les conditions de l'équilibre dans son modèle, nous soulèverons le problème posé à l'ensemble du système par la généralisation de l'équilibre fondé sur la concurrence monopolistique qui suppose certains prix comme donnés. Peut-on supposer des prix comme donnés dans un système de croissance et dans un cadre de progrès technique endogène, où par définition tout est susceptible de varier ?

« Le marché du bien final est concurrentiel, en accord avec l'hypothèse de rendements constants, alors que les biens intermédiaires sont vendus au prix de monopole ». (B. Amable et D. Guellec, 1992, P.338).

N'est-il pas possible que plusieurs centres de recherche travaillent sur le même projet, ou que plusieurs entreprises achètent le même projet, auquel cas l'hypothèse de monopole ne conviendrait plus ?

Nous avons vu (1.3) que Solow introduit l'expression de « capital générations » pour écarter (sans y parvenir) le problème posé par la comparaison des capitaux des différentes périodes, qui sont de moins en moins productifs à mesure que l'on remonte dans le temps L'introduction de nouveaux projets pose problème aussi. Ces nouveaux projets (engendrés par l'invention, cause d'innovations) ont-ils un effet sur la production des biens existants ? Par ailleurs, étant donné que l'emploi de ces projets agit dans le cadre de monopoles, que deviennent les producteurs qui ne bénéficient pas de nouveaux projets ?

Pour éviter ce problème, Romer suppose que les biens produits par les anciens et par les nouveaux projets ne sont pas comparables (Romer, 1991, P.14). Dans ce cas, l'innovation au sens smithien n'apparaît pas puisque les nouveaux projets ne concernent pas les biens existants.

Comment peut-on s'assurer que l'introduction de nouveaux biens intermédiaires n'engendre pas des rendements croissants dans le secteur de biens finals : en considérant tout simplement que l'augmentation de la production du bien final est due à l'augmentation des inputs. Rien, si ce n'est l'hypothèse de l'auteur, n'empêche que le secteur de biens finals réalise des rendements croissants. Rien n'empêche, par exemple, que le secteur de biens finals réalise une nouvelle organisation qui lui permettrait d'augmenter sa productivité et d'entrer dans une phase de rendements croissants.

3.1. Les conditions de l'équilibre selon Romer.

« Un équilibre du modèle sera représenté par des sentiers de prix et de quantités tels que :

(i) Les consommateurs choisissent leurs niveaux d'épargne et de consommation en considérant les taux d'intérêts comme donnés.

(ii) Les détenteurs de capital humain décident de travailler dans le secteur de la recherche ou dans celui de la production en considérant comme donnés : le stock de connaissances total A, le prix des innovations P_A et le taux de salaire dans le secteur du bien final w_A.

(iii) Les producteurs de biens finals choisissent leurs inputs en travail, capital humain et biens d'équipement différenciés en prenant les prix comme donnés.

(iv) Chaque firme qui possède le brevet de fabrication d'un bien d'équipement et produit celui-ci, maximise son profit en considérant comme donnés le taux d'intérêt et la courbe de demande décroissante pour ce bien. Elle fixe le prix de celui-ci.

(v) Les firmes qui envisagent de produire un bien d'équipement nouveau considèrent les prix des innovations comme donnés.

(vi) L'offre de chaque bien est égale à la demande». (Romer, 1991, P.17).

Selon l'auteur, ces éléments constituent les conditions de la réalisation de l'équilibre. Il s'agit toutefois de savoir si ces conditions permettent de réaliser l'équilibre de l'ensemble du système et, pour en être sûr, il est nécessaire de voir si ces conditions sont compatibles avec les exigences du système néoclassique.

3.2. Les conditions posées par Romer ne sont pas compatibles avec les exigences qui permettent la réalisation de l'équilibre du système.

Reprenons les conditions de l'équilibre telles qu'elles sont proposées par Romer :

(i) S'il y a formation d'épargne, il y aura formation d'un capital dont l'augmentation diminuera la productivité marginale. Nous avons vu que les quantités de capital humain et de travail non qualifié, L, sont constantes. La détermination des rémunérations dans ce système est obtenue en supposant un facteur constant et l'autre variable. L'augmentation du facteur variable engendre une diminution de sa rémunération. Or, si le facteur travail, dans son ensemble, est constant et si l'on ne tient pas compte du capital, on ne voit pas comment les rémunérations peuvent être déterminées selon les lois marginalistes qui fondent cette étude.

On ne voit pas comment plusieurs taux d'intérêt[21] peuvent être compatibles avec le système d'équilibre néoclassique ; la réalisation de cet équilibre est d'autant plus douteuse que les prix sont considérés comme donnés. Cette situation serait compatible avec l'hypothèse de monopoles dont l'existence peut être acceptée dans le cadre micro-économique. Mais dans ce cas, la détermination des rémunérations n'est pas compatible avec l'équilibre du système dans son ensemble, or Romer introduit des monopoles dans son système et veut établir « l'équilibre du modèle » ; cette détermination n'obéit pas à la loi de

[21] Le capital étant homogène, on ne voit pas comment on peut lui attribuer plusieurs taux d'intérêt.

rendements décroissants et elle écarte toute possibilité de réalisation de l'équilibre du système néoclassique.

Certains placent ce raisonnement dans la courte période. Or, la distinction entre l'équilibre de courte période et l'équilibre de longue période ne peut être retenue (c'est un sophisme). La formation et la dépense du revenu se déterminent à chaque période, donc l'équilibre doit être établi pour chaque période.

En effet, cela suppose qu'à court terme les lois qui fondent l'équilibre ne peuvent pas être appliquées puisque, par exemple, dans ce cadre, il y a des entreprises qui réalisent des profits, d'autres des pertes, des entreprises qui se trouvent dans une situation de monopole, d'autres dans une situation de concurrence... Soit cette situation perdure et les conditions de la réalisation de l'équilibre ne sont jamais réalisées, soit le long terme signifie que toutes les entreprises ont la même technique de production, la même rentabilité, et aucune innovation ou invention particulière n'est possible dans ce cadre. Ce qui est à mettre en cause ici, ce n'est pas l'existence des entreprises créatrices ou innovatrices, c'est l'impossibilité de ce système fondé sur un raisonnement marginaliste qui n'est compatible ni avec les rendements croissants ni avec le profit à l'équilibre.

(ii) Comment est déterminé P_A ? Etant donné que A peut varier, et qu'il varie d'une période sur l'autre ($A_{t+\&} - A_t = \delta H_{2,t} A_t$) et étant donné que ce secteur, par hypothèse, a des rendements croissants, comment peut-on accepter que les prix soient donnés ?

Dans la section 5 consacrée à la *solution de croissance équilibrée du modèle,* Romer écrit : « Puisque la productivité du capital humain augmente au même taux dans les deux secteurs, H_y et H_a restent constants si le prix P_A de développement de nouveaux biens d'équipement est constant ». (Romer, 1991, P.20). On le voit, l'auteur admet que la productivité du capital humain augmente dans les deux secteurs. Mais on ne voit pas selon quelle règle ce facteur est rémunéré, puisqu'il ne peut pas être rémunéré selon sa productivité marginale décroissante. En outre, on ne voit pas pourquoi P_A resterait constant puisque le système est en évolution.

L'auteur considère P_A comme un prix de monopole pour éviter le problème posé par les rendements croissants dans ce secteur. Mais nous verrons (3.3.) que l'existence d'un monopole n'est pas compatible avec l'équilibre général du système. Le taux de salaire w_A est donné, mais pas pour les mêmes raisons car, dans ce secteur, les rendements ne sont pas croissants. Dans ce cas, soit w_A est compatible avec le prix d'équilibre, du fait d'une chance extraordinaire, soit il est inférieur ou supérieur, et alors il n'y a plus d'équilibre.

On ne peut pas accepter l'hypothèse selon laquelle w_A est connu. En effet, le taux de salaire des détenteurs de capital humain du secteur de produits finals ne peut être connu qu'une fois le produit écoulé. Ce secteur ayant des rendements constants et étant dans une situation de concurrence, tous les prix y sont déterminés à l'équilibre. Dans ce cas, la comparaison n'est pas possible et donc les détenteurs de « capital humain » ne peuvent plus décider, selon l'allocation de leurs ressources, d'aller « vers le secteur de la recherche ou celui de la production ». Autrement dit, si le même facteur (le capital humain) a deux prix dans le système, il en résulte par définition que l'équilibre n'est pas réalisé.

(iii) Si les producteurs de biens finals sont dans une situation de concurrence, l'hypothèse des prix donnés ne peut pas être retenue. Comment peut-on accepter que les producteurs de biens finals soient en situation de concurrence et que les prix soient donnés ? Ces deux hypothèses sont contradictoires, puisque c'est la concurrence qui permet d'établir les prix d'équilibre. En outre, l'économie d'évolution et l'hypothèse des prix donnés ne sont pas compatibles puisque, par hypothèse, tout est susceptible d'évoluer, de changer.

Dans le système de l'équilibre walrasien, si un seul prix est donné, la réalisation de l'équilibre devient problématique, étant donné que toutes les variables sont déterminées en même temps à l'équilibre.

(iv) Le taux d'intérêt constitue la rémunération d'un facteur. Dans le cadre de l'analyse néoclassique, on ne peut pas connaître les taux de rémunération avant l'échange. A l'équilibre, le taux d'intérêt est unique pour l'ensemble du système.

On ne peut s'empêcher de citer ce passage pertinent de David Ricardo, en réponse à la quatrième condition d'équilibre de Romer : «M. Say convient que le taux de l'intérêt tient à celui des profits, mais il ne s'ensuit pas que le taux des profits dépende du taux de l'intérêt ; l'un est la cause, l'autre l'effet, et il est impossible que des circonstances quelconques puissent les faire changer de place ».

(Ricardo, 1970, P.239). Or, le profit ne peut être connu qu'une fois les produits écoulés. L'hypothèse du taux d'intérêt donné est d'autant moins acceptable que Romer étudie une économie en évolution, cette situation ne permet pas de supposer que le taux d'intérêt ne change pas ou qu'il est donné.

Les auteurs de la croissance endogène supposent que le secteur de biens intermédiaires réalise des rendements croissants (cf. Amable et Guellec, 1992, P.337) ; or, dans ce cas peut-on supposer une courbe de demande décroissante pour ce bien ?

(v) Cette affirmation de Romer (celle, v, des conditions d'équilibre) découle de l'hypothèse de l'existence des entreprises de monopole. Mais si ces mêmes entreprises produisent le bien final, elles auront des rendements croissants. En outre, peut-on supposer l'existence d'entreprises de monopole et obtenir l'équilibre du système ?

(vi) Dans le système d'équilibre général, l'une des conditions de la réalisation de l'équilibre exige que l'ensemble des entreprises ne réalisent ni perte ni profit, ce qui n'est pas le cas dans ce modèle. Par conséquent, les conditions de la réalisation de l'équilibre général ou du modèle de Romer ne sont pas réunies. Dans le système néoclassique, l'offre de chaque bien est égale à la demande, si le prix de chaque bien est égal au coût de production, ce qui écarte la possibilité de réaliser des profits.

Enfin, dans l'analyse de la croissance endogène telle qu'elle est étudiée par ces auteurs, les différents secteurs ou différentes entreprises n'ont pas la même rentabilité. Or, l'analyse marginaliste exige que la rentabilité soit la même pour toutes les entreprises (par exemple : taux d'intérêt unique dans le système), mais l'introduction de nouveaux projets engendre des rentabilités différentes, ce qui pose problème à la réalisation de l'équilibre. Ainsi, comme nous venons de le voir, les conditions de l'équilibre proposées par Romer ne sont pas compatibles avec celles qui sont exigées par les Néoclassiques pour réaliser leur équilibre. Il est vrai que si l'on suppose tous les problèmes résolus, il n'y a plus de problème.

3.3. L'existence des entreprises de monopole n'est pas compatible avec l'équilibre de l'ensemble du système.

Est-ce que l'analyse de la croissance endogène, qui suppose les prix donnés, est compatible avec l'équilibre du système ? Est-ce que l'hypothèse de l'existence de la concurrence monopolistique écarte le problème posé par la réalisation de l'équilibre de l'ensemble du système ? Autrement dit, peut-on généraliser à l'ensemble du système l'équilibre de la concurrence monopolistique, qui permet d'étudier le cas particulier des entreprises se trouvant dans cette situation ?

L'élément qui oblige les auteurs à supposer que les biens intermédiaires sont vendus au prix de monopole réside dans l'hypothèse des rendements croissants du secteur des biens d'investissements. Les rendements croissants et la rémunération des facteurs selon leur productivité marginale ne sont pas compatibles. Le problème est de savoir si l'on peut intégrer ce secteur dans l'ensemble du modèle afin de réaliser l'équilibre du système dans sa globalité, ou si sa mise à l'écart (qui découle d'une étude séparée du secteur à rendements croissants et du secteur à rendements constants) est compatible avec la réalisation de l'équilibre général.

L'hypothèse de la mise à l'écart manque de pertinence car le secteur des biens intermédiaires fait partie intégrante de l'ensemble du système. Le revenu global est constitué grâce aux rémunérations effectuées par l'ensemble des entreprises de la nation, aussi bien celles qui produisent des biens intermédiaires, avec rendements croissants, que celles qui réalisent la production finale, avec rendements constants (hypothèse des auteurs). Ainsi l'économie dans son ensemble réalise-t-elle des rendements croissants. Mais, en outre, si les entreprises du secteur de biens intermédiaires réalisent des profits de monopole, elles le font au détriment des entreprises d'autres secteurs concurrentiels à rendements constants. Peut-on dire que l'économie dans son ensemble a réalisé un profit ? La réponse est négative dans le système néoclassique.

Il est évident que dans une économie stationnaire, toutes choses étant égales par ailleurs, on peut supposer que les prix ne changent pas d'une période à l'autre. Le problème est le même si l'on suppose la croissance extensive, les facteurs de production évoluant dans le mêmes proportions que la production. Mais dès que l'on suppose une possibilité de substitution (coefficients variables), l'hypothèse des prix donnés n'est plus compatible avec la réalisation de l'équilibre puisque, par définition, la rémunération du facteur variable diminue. Qu'en est-il dans une économie de croissance endogène ? Dans une telle économie, si les taux de salaire, d'intérêt, et les prix des produits intermédiaires et du bien final sont donnés, peut-on obtenir l'équilibre ?

Supposons qu'en t_1 l'équilibre soit réalisé, c'est-à-dire que la dépense des rémunérations de la période écoule la production de la période. Si, en t_2, le taux des rémunérations est au même niveau qu'en t_1 mais que la production augmente plus que proportionnellement (du fait des rendements croissants), une partie de la production ne peut pas être écoulée[22].

Les rémunérations en t_1 établissent un niveau de prix qui permet d'écouler la totalité du produit résultant de la production de cette période. Or, si les facteurs de production restent constants, mais que la production augmente du fait du progrès technique, les rémunérations et les prix étant donnés (ce sont ceux de t_1), la partie du produit qui résulte des rendements croissants ne peut être achetée. En effet, ces éléments étant donnés, on ne peut écouler qu'une quantité équivalente à celle de t_1. Certains pourraient voir ici une surproduction dont la cause serait à rechercher dans l'hypothèse des prix donnés.

Dans le cas où un secteur se trouve dans une situation de monopole et en l'absence d'explication du profit de transfert, le profit réalisé par les entreprises en situation de monopole représente les pertes subies par d'autres entreprises. Ainsi, si les entreprises de monopole réalisent des profits, elles le font au détriment d'autres entreprises qui subissent des pertes et qui, de ce fait, se trouvent écartées du marché ; il n'y a pas de profit dans le système considéré dans son ensemble ; les profits des unes correspondent aux pertes des autres. Pour que la croissance ait un sens, il faut démontrer que l'augmentation de la production des entreprises de monopole dépasse la perte de production due à la disparition des entreprises qui ne sont pas en situation de monopole. Ce

---

[22] Si l'un des facteurs reste constant, l'autre variant, ou si leurs variations ne sont pas proportionnelles, le taux de rémunération des facteurs de production varie aussi. Donc l'hypothèse des prix donnés ne peut être retenue.

problème n'est pas étudié par les auteurs de la croissance endogène, et cela d'autant moins qu'ils supposent que les entreprises continuent à produire les biens des périodes précédentes, les biens nouveaux s'ajoutant aux anciens. En outre, le niveau de prix des entreprises de monopole est limité par les pertes des entreprises qui ne sont pas en situation de monopole (toujours en l'absence du revenu de transfert, qui n'est pas expliqué dans le système néoclassique). Tous ces éléments empêchent que l'équilibre tel qu'il est défini dans l'analyse néoclassique se réalise.

Enfin, l'hypothèse des rendements croissants et l'existence des entreprises de monopole posent non seulement le problème de la non-réalisation de l'équilibre, mais aussi celui de l'impossibilité d'expliquer les rémunérations dans le cadre de l'analyse néoclassique. Or, l'un des objectifs annoncés par l'analyse néoclassique est la volonté de déterminer « scientifiquement » la rémunération des facteurs de production. Le non-respect de cette exigence absolue va à l'encontre de la volonté des fondateurs de l'Ecole néoclassique et de la réalisation de l'équilibre du système dans son ensemble.

Dans le système de la croissance endogène, on distingue deux secteurs : l'un à rendements croissants, où l'on pense que le problème posé par les rémunérations des facteurs est résolu du fait que l'on suppose ce secteur en situation de monopole (le prix peut dépasser le coût de production) ; l'autre à rendements constants, où le prix est égal au coût de production. Ainsi le système pris dans son ensemble est-il à rendements croissants. Dans un tel système l'analyse marginaliste ne peut pas expliquer la rémunération des facteurs de production selon ses propres lois et, par conséquent, ne peut pas résoudre, par définition, le problème de la réalisation de l'équilibre de l'ensemble du système.

L'équilibre de la concurrence monopolistique n'est pas compatible avec l'équilibre général du système. Dans le cas de la concurrence monopolistique[23], un certain nombre d'entreprises essayent de réaliser

---

[23] Présions que l'étude de la concurrence monopolistique dans le cadre des rendements croissants est différente de celle située dans le cadre des rendements marginaux décroissants. Dans le deuxième cas, les rémunérations des facteurs de production sont déterminées selon les lois marginalistes tandis que, dans le premier cas, les rémunérations ne peuvent pas être déterminées selon ces lois ; elles sont donc fixées arbitrairement.

leur équilibre en supposant comme données certaines variables, telles que les prix et les quantités. C'est un équilibre fondé sur une analyse micro-économique et réalisé par les entreprises qui se trouvent dans cette situation. Or la généralisation, sous l'hypothèse des variables données (ce qui est un non-sens dans un système fondé sur l'équilibre général), ne permet pas la réalisation de l'équilibre du système considéré dans son ensemble.

Dans le cas de l'équilibre général, c'est le système dans son ensemble qui détermine le niveau des prix, des « taux de rémunération » et des quantités, niveau qui permet la réalisation de l'équilibre du système dans son ensemble. Ainsi la concurrence monopolistique et, par conséquent, la croissance endogène à rendements croissants ne peuvent pas trouver leur place dans l'équilibre général du système. Aussi le cadre de l'équilibre général du système, qui implique les rémunérations des facteurs selon leur productivité marginale, ne convient pas à l'étude des rendements croissants et de croissance endogène, et cela bien que le progrès technique représente une grande partie de la réalité économique.

Enfin, la croissance endogène, selon ces auteurs, engendre des monopoles dont l'existence se fait au détriment d'autres entreprises, ce qui revient à dire que, dans le cadre de l'analyse néoclassique, la réalisation de la croissance endogène a un prix à payer, celui de la disparition d'un certain nombre d'entreprises, ce qui exigerait que ces auteurs démontrent que la croissance des entreprises qui utilisent le progrès technique dépasse la production des entreprises qui ont disparu. Mais, en même temps, ces auteurs supposent que les entreprises continuent à produire les mêmes biens après l'apparition des monopoles. En effet, comme nous venons de le voir, le profit de monopole, dans le système néoclassique, ne peut exister que si certaines entreprises réalisent des pertes. Il apparaît donc que c'est le cadre de l'analyse néoclassique qui n'est pas compatible avec l'étude de la

---

Comment être sûr que ces rémunérations arbitraires assurent un profit au monopole et, dans le cas où les rémunérations arbitraires permettent au monopole de réaliser un profit, comment peut-on être assuré que ni les acheteurs, ni les services producteurs, ni les deux, ne seront pas spoliés?

croissance endogène. Or, nous savons que le progrès technique représente la réalité dans une économie industrielle en évolution.

3.4. Progrès technique, coefficients variables et emploi.

Distinguons deux situations qui découlent de deux exigences.

L'analyse marginaliste de la croissance (par exemple celle de Solow) suppose les coefficients variables des facteurs et c'est cette hypothèse qui lui permet d'ajuster le nombre de travailleurs à la quantité de capital existant. Solow pense que cet ajustement peut s'effectuer dans une période donnée. Il suffit, pour faciliter la réalisation de l'équilibre de plein emploi, de faire varier le nombre de travailleurs sur une quantité donnée de capital, ce qui diminue la rémunération du facteur variable au bénéfice du facteur constant. Autrement dit, au fur et à mesure que la rémunération du facteur variable diminue, celle du facteur constant augmente.

Or, tout autre est l'objectif de Romer, qui voudrait présenter ce qu'est, selon lui, le véritable sens du « progrès technique endogène ». Il étudie comment la recherche permet de trouver de nouveaux inputs qui amèneraient à réaliser de nouveaux biens finals.

Romer permet une nouvelle prise de conscience en soulignant, comme l'ont fait les grands penseurs de toutes les époques, l'importance de la richesse humaine, qui est la première richesse d'une nation, à condition que cette richesse humaine soit mise en valeur, et cela, grâce à l'éducation, qui doit être de plus en plus poussée, au perfectionnement et à la formation. Tous ces éléments favorisent l'apparition et le développement du secteur de la recherche, qui joue un rôle prépondérant dans l'évolution de l'économie.

L'un des effets du progrès technique (au sens où l'entendent les Classiques) est que la même quantité de capital nouveau exige moins de travail pour produire la même quantité de biens. Le niveau de cet ajustement peut varier selon l'importance du progrès technique. C'est un effet du changement dans la technique de production, changement dû au progrès technique, qui exige un ajustement de la quantité de travail à cette nouvelle technique de production. Or, comme nous l'avons vu, Romer n'étudie pas véritablement ce cas puisque, pour lui, l'évolution est due à l'apparition de nouveaux inputs qui permettent la réalisation de nouveaux biens s'ajoutant aux biens existants. En outre, il n'explique pas comment la main-d'œuvre s'ajuste à la nouvelle production, étant entendu que dans les périodes précédentes, la production des biens se réalisait dans le cadre de plein-emploi.

Si, dans le second cas, l'ajustement qui permet la réalisation du plein-emploi est une exigence du progrès technique, dans le premier cas, en revanche, il découle d'une exigence mathématique, mais il n'est pas certain que cette exigence, qui mathématiquement est juste, soit conforme à la réalité économique. Autrement dit, il n'est pas certain que, pour une technique de production donnée, on puisse augmenter le nombre de travailleurs afin de réaliser l'équilibre de plein emploi. L'exemple de l'entreprise de transport (Cf. 6.5. ch III) nous montre que, si chaque camion peut employer trois conducteurs par vingt-quatre heures, le quatrième conducteur employé aura une productivité nulle.

Ce constat de la réalité économique ne peut être pris en compte par l'analyse marginaliste, qui a besoin d'une fonction de production à coefficients variables pour pouvoir exprimer la rémunération des facteurs de production selon leur productivité marginale.

Ainsi le raisonnement de Solow ne peut-il pas intégrer le cas des coefficients constants qui reflètent pourtant la réalité économique. Par conséquent, ce n'est pas le niveau du taux des rémunérations qui empêche l'établissement du plein-emploi, puisque, à chaque période, c'est la dépense du revenu formé à la production, quel que soit son niveau, qui permet l'écoulement de la totalité du produit de la période. Dans ce cas, pour améliorer le niveau de l'emploi, pour une technologie donnée, il est nécessaire d'augmenter les investissements.

Si nous reprenons le raisonnement de Romer, nous pouvons en conclure que, soit son système est bloqué, du fait que la totalité de la main-d'œuvre est employée à la production de biens existants, et les nouveaux inputs ne peuvent être utilisés, du fait du manque de main-d'œuvre, soit l'économie se trouve à un niveau de sous-emploi et les nouveaux inputs (les investissements nouveaux) permettent l'amélioration de la situation de l'emploi. Mais Romer n'étudie pas ce cas.

Le raisonnement marginaliste trouve sa limite à l'intérieur même du système néoclassique. En effet, pour cette Ecole de pensée, l'hypothèse de la concurrence détermine la combinaison des facteurs au point d'intersection des courbes du coût marginal et du coût moyen. Par conséquent, qu'on se réfère à la relation Harrod-Domar (coefficients fixes) ou celle des Néoclassiques, la combinaison entre travail et capital ainsi que le niveau de l'emploi sont déterminés par chacune de ces relations, c'est-à-dire par une technique de production donnée.

Même si l'on accepte ce raisonnement, dans le cas d'une absence de progrès technique, le problème est de savoir si l'existence de plusieurs techniques de production est compatible avec l'analyse néoclassique. A chaque apparition d'un progrès technique, la fonction de production change. Les auteurs de la croissance endogène, tels que Romer, du fait qu'ils supposent l'apparition de nouveaux biens, résultant du progrès technique, supposent l'existence de plusieurs techniques de production dans la même période. Or, dans le chapitre consacré à la détermination de la répartition dans l'analyse néoclassique, nous avons vu que cela n'était pas compatible avec les exigences du modèle néoclassique de l'équilibre.

3.5. Distinction des inputs.

La distinction entre les inputs rivaux, non-rivaux, exclusifs et non-exclusifs ne change en rien les problèmes posés par le modèle de la croissance endogène. Elle oblige simplement Romer à faire apparaître des monopoles qui réalisent des surprofits. Or, c'est précisément l'existence de monopoles (exigée par l'existence des rendements croissants) qui, dans ce modèle, constitue la pierre d'achoppement et empêche la réalisation de l'équilibre de l'ensemble du système.

Dans le cadre de l'analyse néoclassique et de l'équilibre, tous les facteurs de production et tous les produits obtiennent un prix par l'effet de l'offre et de la demande sur le marché. L'équilibre est réalisé quand apparaît l'égalité entre l'offre et la demande, qui détermine l'égalité entre le prix de chaque produit et son coût de production. Ainsi, dans ce système, l'équilibre général écarte toute idée de monopole.

Les rendements croissants constituent une réalité économique. Ils ne sont pas l'apanage des situations de monopole. Même le secteur agricole connaît des rendements croissants. Alors que dans les pays industrialisés la population du secteur agricole a diminué, sa production a fortement augmenté.

L'analyse marginaliste est dépendante de ses hypothèses, dont l'une des plus contraignantes est celle de la détermination des rémunérations des services producteurs selon leur productivité marginale. Or, la croissance endogène, croissance à rendements croissants, n'est pas compatible avec l'hypothèse des rémunérations, qui fonde l'analyse néoclassique. Pour l'analyse marginaliste, il y a impossibilité logique à expliquer la croissance avec des rendements croissants, par conséquent le progrès technique ne peut être endogène dans ce système.

Est-ce que cela signifie que c'en est fait des rendements croissants et que l'analyse économique n'est pas capable d'en tenir compte ? Cette impossibilité découle des exigences des hypothèses de l'analyse néoclassique.

Or, il suffit que la production soit monétisée grâce à la rémunération des services producteurs dès la production pour que ce problème trouve sa solution. En effet, quels que soient les rendements, croissants, constants ou décroissants, la rémunération des services producteurs représente la valeur monétaire de la production et c'est la dépense du revenu formé à la production qui permet d'écouler cette production.

Le niveau de la rémunération monétaire de chaque service producteur est déterminé sur le marché des services producteurs, tandis que le revenu réel est déterminé au moment de l'échange.

CONCLUSION

Les Néoclassiques souhaitent établir des lois économiques en appliquant la méthode des mathématiciens. Ils pensent que ces lois peuvent être scientifiques du seul fait qu'elles sont formalisées. « Si l'économie politique pure, ou la théorie de la valeur d'échange et de l'échange, c'est-à-dire la théorie de la richesse sociale considérée en elle-même, est, comme la mathématique, comme l'hydraulique, une science physico-mathématique, elle ne doit pas craindre d'employer la méthode et le langage des mathématiques ». (Walras, 1976, P.29).[24]

Cette citation de l'un des principaux pères fondateurs de l'Ecole néoclassique appelle deux remarques de natures différentes. Du point de vue économique, la théorie de l'échange ne peut fonder la théorie de la richesse sociale. C'est la théorie de la production qui permet d'expliquer la richesse sociale, ce n'est pas l'opération d'échange qui engendre l'enrichissement. Du point de vue épistémologique, les mathématiques ne sont pas une « science physico-mathématique » parce qu'elles ne portent pas sur l'expérience, contrairement à la physique, et si l'on se réfère au modèle de la physique mathématisée, encore faut-il savoir comment les physiciens utilisent les mathématiques. Les physiciens utilisent les mathématiques pour expliquer une réalité, en fonction des besoins de l'expérience. A contrario, l'utilisation des mathématiques pour elles-mêmes, (fascination pour les formules) ne relève pas d'une attitude scientifique.

En ce qui concerne la méthode, les mathématiciens fondent leur raisonnement sur des postulats - le postulat étant un «principe indémontrable qui paraît légitime, incontestable » - ils raisonnent dans un système hypothético-déductif. Les prémisses qui constituent leur

[24] « Toutes les tentatives et les grands efforts pour penser la psychologie, la sociologie, la théorie politique et même économique, dans les catégories des sciences naturelles, ne sont rien d'autre qu'une totale erreur. En économie, on a parfois l'impression de s'occuper de sciences de la nature. Mais on oublie toujours que les économistes ont affaire aux intérêts humains .» (Y. Leibowitz ; 1993).

point de départ sont sans prétention réelle, c'est-à-dire qu'elles n'ont aucun fondement dans la réalité et qu'elles ne prétendent rien enseigner sur la réalité. Comme le dit Russel lui-même : « Les mathématiques sont la seule science où l'on ne sait pas de quoi on parle ni si ce que l'on dit est vrai ». Bourbaki ne dit pas autre chose quand il parle des structures mathématiques comme d'un « réservoir de *formes abstraites* ». (Cf.. *L'architecture des mathématiques*, in : les Grands Courants de la pensée mathématique. Ed. Cahiers du Sud, Paris 1948, PP.37-47).

Les économistes néoclassiques prétendent, eux aussi, forger des hypothèses, mais ils nient le caractère axiomatique de leurs hypothèses et prétendent que celles-ci sont des prémisses vraies. En économie, il ne suffit pas qu'un raisonnement soit valide pour qu'il soit vrai, il doit être confirmé par la réalité.

En ce qui concerne le langage, l'analyse scientifique est l'art de développer avec rigueur un raisonnement appliquant des règles précises et considérées comme admises. La mathématique est l'écriture de ce raisonnement, au moyen de symboles.

Il s'agit de savoir si les auteurs néoclassiques respectent ces exigences fondamentales. Prenons un exemple. Les mathématiciens étudient les conditions de la dérivabilité d'une fonction. Les Néoclassiques, en partant de ce résultat, constatent que la dérivée de la fonction de production passe par des phases de rendements croissants et décroissants. Ils rejettent la phase des rendements croissants, qui ne leur convient pas, car ils ne peuvent pas rémunérer les facteurs de production dans cette phase (bien que celle-ci représente une réalité économique). Pour pouvoir rémunérer les facteurs, ils sont donc obligés de prendre la phase des rendements décroissants, ce qui, mathématiquement, est possible. Mais c'est là où le bât blesse : pour entrer dans cette phase, ils sont obligés de supposer que, sur une quantité fixe d'un facteur, ils peuvent employer n'importe quelle quantité de facteur variable. Il est vrai que, mathématiquement, cette hypothèse est légitime mais, du point de vue économique, elle ne peut pas être acceptée dans un système concurrentiel, et c'est pourtant dans ce système que les Néoclassiques se placent.

Pour pouvoir fonder un raisonnement scientifique, le problème auquel les Néoclassiques doivent apporter une réponse est le suivant :

ns un état de technique donné, dans une période donnée et dans une uation de concurrence, est-il possible d'employer sur une quantité :e d'un facteur n'importe quelle quantité de facteur variable ?

Plus rigoureusement, les Classiques et les Keynésiens établissent ıe relation entre la quantité de capital et le niveau de l'emploi pour e technologie donnée, ce qui signifie que l'accroissement du capital gendre une augmentation de la demande de main-d'œuvre. (Pendant e certaine période, les pays occidentaux ont connu cette situation, et ont été obligés de faire appel à la main-d'œuvre étrangère).

Or, c'est cette même hypothèse, selon laquelle on peut employer sur e quantité fixe de capital n'importe quelle quantité de travail, qui ıde l'analyse néoclassique de l'emploi. Pour pouvoir rémunérer les :teurs selon leur productivité marginale, les Néoclassiques rejettent coefficients fixes, qui constituent une grande partie de la réalité ›nomique et ce rejet, qui leur est imposé par les exigences de leur stème, leur facilite la tâche pour « résoudre » le problème du ômage. Ainsi, pour ces auteurs, le problème de l'emploi se ramène au ›blème du taux de rémunération du travail, puisque, au fur et à sure que, sur une quantité fixe de capital, on augmente le nombre de vailleurs, la productivité du travail baisse et donc sa rémunération ninue. Par conséquent pour que le plein-emploi soit atteint, le taux s salaires doit diminuer ; mais, en même temps, selon cette analyse, rémunération du facteur constant augmente, ce qui suppose que sa ›ductivité augmente, et cela bien que, par définition, ni sa quantité ni qualité ne changent. Or, comme nous l'avons montré dans ce travail, ypothèse de coefficients variables ne peut pas être retenue et, de ce t, le niveau du taux des salaires en tant que cause du chômage ne ıt pas être accepté. Voilà comment, à partir d'un raisonnement thématique acceptable, on aboutit à un résultat que l'observation de réalité économique contredit.

La croissance endogène, qui résulte du progrès technique, engendre rendements croissants. Or, l'analyse marginaliste ne peut pas erminer la rémunération des facteurs dans cette situation. C'est ainsi les auteurs qui étudient la croissance endogène introduisent alors la ıcurrence monopolistique. Cela engendre deux conséquences ompatibles avec les exigences de l'analyse dans le cadre de laquelle ils se placent : d'une part, la règle qui leur permettait de déterminer les rémunérations des facteurs ne peut plus s'appliquer, d'autre part, l'équilibre économique, qui constitue le pivot de l'analyse néoclassique, et qui doit être obtenu dans le cadre de la concurrence pure, ne peut plus être réalisé.

Nous avons démontré tout au long de ce travail que l'analyse néoclassique est fondée sur des hypothèses qui ne sont pas compatibles avec la réalité économique. En outre, certaines de ses applications ne respectent même pas les hypothèses qui fondent cette analyse.

Si les auteurs néoclassiques ont pour objectif de fonder un raisonnement scientifique à l'instar des « sciences exactes », ils doivent respecter leurs exigences, or ils ne le font pas. Albert Jacquard a raison de dire : « « Il faudrait parler non de « science exacte », mais de «science rigoureuse », ce qui est un pléonasme, car ce qui n'est pas rigoureux n'est pas scientifique » (1997, P.113).

La théorie néoclassique, qui domine l'enseignement et qui, par conséquent, prétend guider les hommes politiques, n'ayant pas de fondement scientifique, elle reflète la misère actuelle de l'économie, et, dès lors, la misère des politiques économiques qui sont fondées sur elle.

BIBLIOGRAPHIE

MABLE B. et GUELLEC D. (1992), « Les théories de la croissance ndogène ». Revue d'Economie Politique, n°3 mai-juin.

RROW K. (1962), « Economic Welfare and the Allocation of esources for Invention ». In R. Nelson. Ed. The Rate and Direction of ventive Activity, Princeton University Press.

RTUS P. (1993), « Croissance endogène : revue des modèles et ntatives de synthèse ». Revue Economique V. 44, N°2.

ENETTI C. ; (1974), « Valeur et répartition ». Presses Universitaires Grenoble.

LARK J. B. ; (1899), « The Distribution of Wealth : a Theory of 'ages, Interest and Profits ». Ed. Mac Millan.

LARK J.B. ; (1907), « The Essentials of Economic Theory, as pplied to Modern Problems of Industry and Public Policy ».

LARK J.B. ; (1911), « Principes d'économie dans leur application ıx problèmes modernes de l'industrie et de la politique économique ». d. Giard et Brière.

ENUC J. ; (1930), « Les fluctuations comparées du chômage et des laires dans quelques pays de 1919 à 1929 ». Bulletin de la Statistique énérale de France, avril-mai.

OMAR E.D. ; (1957), « Essays in the theory of economic growth

OMAR E.D. ; (1977), Expansion et emploi, in Problématiques de la oissance. V. I. Ed. Economica.

AZIER B. ; (1991), « Economie du travail et de l'emploi ». Ed. récis Dalloz.

OULD J.-P. et FERGUSON C. E. ; (1991), « Théorie licroéconomique ». Ed. Economica. Traduit par J.-Marie LAPORTE J.-Michel SIX.

AHN F.H. et Matthews R.C.O. (1972), « Théorie de la croissance onomique ». Ed. Economica.

ARROD R.F. ; (1960), Second essay in dynamic theory. Economic ournal.

ARROD R.F. ; (1977), Théorèmes dynamiques fondamentaux, in roblématiques de la croissance. V. I. Ed. Economica.

ICKS J.R. ; (1963), « The Theory of Wages ». Ed. Mac Millan.

HILTON M. ; (1930), « Communication sur la relation possible existant entre le mouvement des salaires réels et le chômage ». Bulletin de l'Institut International de Statistiques, T.XXIV, 1.
JACQUARD A. ; (1997), avec participation d'H. PLANES, « Petite Philosophie à l'usage des non-philosophes ». Ed. Calmann-Lévy
JESSUA C. ; (1991), « Eléments d'analyse macroéconomique ». Ed. Montchrestien.
JEVONS W.S. ; (1909), « La théorie de l'économie politique ». Ed. Giard et Brière.
KALDOR N. (1987), « Economie et instabilité ». Ed. Economica.
KEYNES J. M. ; (1937), « Treatise of money ». Collected Writings vol. V et VI. Ed. Macmillan.
KEYNES J. M. ; (1971), « Théorie générale de l'emploi, de l'intérêt et de la monnaie ». Ed. Payot.
LECAILLON Jacques ; (1967), « Analyse microéconomique ». Ed. Cujas
LECAILLON Jacques ; (1969), « Analyse macroéconomique ». Ed. Cujas.
LEIBOWITZ Yeshayahou ; (1993), « Israël et judaïsme ». Ed. Desclée de Brouwer.
LORDON F. (1991), « Théorie de la croissance : quelques développements récents ». Observations et diagnostiques économiques. Revue de l'OFCE N° 36.
MAIRESSE Jacques ; (Sous la direction de) ; (1982), « Emploi et chômage ». Ed. Presses de la fondation nationale des sciences politiques.
MALINVAUD E. ; (1980), « Réexamen de la théorie du chômage ». Ed. Calmann-Lévy.
MARSHALL A. ; (1971), « Principes d'économie politique ». T.II. Ed. Gordon et Breach.
MARSHALL A. ; (1977), « Principles of Economics. ». Ed. Mac Millan Press LTD.
MARX K. ; (1985), « Le Capital », livre I. Ed. Flammarion, Paris.
PIGOU A.C. ; (1933), « Theory of unemployment ». Ed. Mac Millan.
QUESNAY F. ; (1969), « Tableau Economique des Physiocrates ». Ed. Calmann-Lévy.

REBELO S. (1990), « Long run policy analysis and long run growth ». NBER Working Paper, n°3325.
RICARDO D. (1970), « Principes de l'économie politique et de l'impôt ». Ed. Calmann-Lévy.
ROMER P.M. (1990), « Endogenous Technological Change ». Journal of Political Economy.
ROMER P.M. (1991), « Progrès technique endogène ». Annales d'économie et de statistique. -N°22 -. Traduit par Catherine BAC.
RUEFF J. ; (1926), « Les variations du chômage en Angleterre ». Revue politique et parlementaire, 10 décembre.
SADIGH E. (1992), « L'analyse marginaliste de la répartition et le raisonnement ricardien ». IME, Document de travail.
SADIGH E. ; (1994), « Crise et dépense du profit ». Ed. Centre national de la recherche scientifique, Université de Bourgogne.
SAMUELSON Paul A. ; (1983), « L'Economique ». T2. Ed. Armand Colin.
SAMUELSON Alain ; (1990), « Les grands courants de la Pensée Economique ». Ed. Presses Universitaires de Grenoble.
SCHMITT B. ; (1975), « Théorie unitaire de la monnaie, nationale et internationale ». Ed. Castella, (Suisse).
SCHUMPETER J. ; (1935), « Théorie de l'évolution économique » Ed. Dalloz.
SISMONDI ; (1971), « Nouveaux principes d'économie politique ». Ed. Calmann-Lévy.
SMITH A. ; (1776), « The Wealth of Nations ».
SOLOW R.M. ; (1972), « Théorie de la croissance économique ». Ed. Armand Colin.
SOLOW R.M., TOBIN J., VON WEIZACKER C.C. et YAARI M. E. ; (1966), « Neoclassical growth with Fixed Factor Proportions », review of Economic Studies, XXXIII.
SOLOW R.M. ; (1995), « Les évolutions de la théorie de la croissance », Problèmes économiques N°2432, 19 juillet.
SPINOZA B. ; (1996), « Traité de la réforme de l'entendement ». Traduit par S. Auffret. Ed. Mille et une nuits.
WALRAS Léon ; (1976), « Eléments d'Economie Politique Pure ». Librairie générale de droit et de Jurisprudence.

WICKSELL K. ; (1954), « Value, Capital and Rent ». Ed. Allen and Unwin.

TABLE DES MATIERES

www.ingramcontent.com/pod-product-compliance
Lightning Source LLC
LaVergne TN
LVHW050653051026
849532LV00002B/625
* 9 7 8 2 7 3 8 4 7 1 7 4 1 *